多元化退潮：
数据背后的经济真相

程实 ◎ 著

中国金融出版社

责任编辑：仲　垣　张黎黎

责任校对：刘　明

责任印制：丁淮宾

图书在版编目(CIP)数据

多元化退潮：数据背后的经济真相（Duoyuanhua Tuichao：Shuju
Beihou de Jingji Zhenxiang）/ 程实著. — 北京：中国金融出版社，2014.3

ISBN 978-7-5049-7428-0

Ⅰ.① 多… Ⅱ.① 程… Ⅲ.① 世界经济 — 研究 Ⅳ.①F11

中国版本图书馆CIP数据核字 (2014) 第034575号

出版
发行　　**中国金融出版社**

社址　　北京市丰台区益泽路2号
市场开发部　　(010) 63266347，63805472，63439533(传真)
网 上 书 店　　http://www.chinafph.com
　　　　　　　　(010) 63286832，63365686 (传真)
读者服务部　　(010) 66070833，62568380
邮编　　100071
经销　　新华书店
印刷　　保利达印务有限公司
尺寸　　169毫米×230毫米
印张　　20.75
字数　　316千
版次　　2014年3月第1版
印次　　2014年3月第1次印刷
定价　　38.00元
ISBN 978-7-5049-7428-0/F.6988

如出现印装错误本社负责调换　　联系电话(010) 63263947

自序：叛逆的时代

　　这是一本现实主义而非理想主义的书，这本书质疑的，不是现实，而是人们对现实的理想化认识。所谓"多元化退潮"，是指 2012 年以来全球经济新生的一股趋势潮流，多元化不进反退，新兴市场崛起受阻，美国经济王者归来，"西方不亮东方亮"渐成历史，"西边日出东边雨"变为现实。铁一般的现实是不会给金子般的幻想让步的，愿景未必就是现实，数据却不会撒谎。尽管人们对多元化的美丽前景还是念念不忘，但经济数据却早已把潮流渐变的信息悄悄深藏。写作本书的目的，就是和读者一起，在数据海洋中闲心品味全球经济的风云变幻，用数据挖掘和数据结构还原多元化退潮的经济真相。

　　这是一个叛逆的时代，一切都不按常理出牌，全球经济复苏和国际金融市场运行也是如此。危机似乎释放了她们的野性，以至于她们走上了一条与众不同的发展之路，一路跌宕起伏，一路历经沧桑，"黑天鹅"频现路旁。人们认为理所应当、市场以为势在必然的那些事情，并没有一个个听话地变成现实，"对的"、"好的"未来，却没有成为她们选择的未来。面对叛逆的现实，自闭于老旧思维和传统观点中的人们无所适从、满心恐慌，只能将这些不羁的疯狂看作危机时代的一种无奈的偶然、一种短暂的乱象。

人们总以为，叛逆是一时的，随着时日流转，叛逆的经济世界总会走上那条宿命的必然之路；然而，真正需要改变的，不是市场已经做出的选择，而是人们看待叛逆的方式。这本《多元化退潮：数据背后的经济真相》就是想提供一种看待叛逆时代的新思维：抛弃愿景、质疑共识、尊重现实、挖掘数据、正视本原、寻找逻辑，从偶然中发现必然，从退潮中体味方向。我在2013年曾经写过一本名为《盗梦空间与亚当斯密：电影与经济的思想共鸣》的叛逆小书，书中把全球经济结构演化比喻成《盗梦空间》里的梦境转换，你以为从一层梦境中醒来，就会进入一个稳定、真实的世界，但实际上，梦境是嵌套的，不真实、不稳定也是连续的，危机令全球经济从不稳定的单极世界中警醒，但这并不意味着危机后的多元化世界是真实的存在、不变的未来。事实上，自2012年以来，一场多元化的退潮大戏开始上演，一度霸权式微的美国经济悄然王者归来，一度激情崛起的新兴市场却骤然跌落深渊，国际金融市场也动荡起伏，无论是美元、黄金、石油、股市，还是比特币，都表现得焦躁不安，趋势演化经常性、大幅度地背离主流预期。

这本《多元化退潮：数据背后的经济真相》，就是要正视并还原这一段危机后的叛逆时代，从思想深处尊重全球经济复苏的真实选择，用严谨的技术方法丈量并记录下经济发展的这一段不规则的步伐，并走出传统经济理论的认知局限，利用思想激荡、理论共鸣和真实感悟的成果，探寻多元化退潮的内在动因，归纳叛逆行为的必然逻辑，并由此展望叛逆时代的未来以及中国在其中的理性选择。

通过数据解构、理论创新和趋势分析，本书试图告诉人们，多元化的退潮并不是历史倒退，也不是短期偶然，而是危机后全球经济曲折前行过程中的一种阶段性必然。在"西进东退"取代"西退东进"的结构趋势演变过程中，美国去风险和新兴市场加杠杆的对比、美国折返跑战略的成功、美元堰塞湖的形成、新兴市场内在稳定性的缺失等一系列因素都给多元化的退潮提供了有力的解释。只有找到退潮的趋势动因所在，才能对全球经济的未来演化抱有理性预判，才能对中国经济应走之路形成更清醒的认识。

作为一本着眼于全球经济新趋势的经济书，本书有四个特点。

第一个特点是素材新鲜。本书由五个部分72篇文章（不含引言）组成，其中60篇写于2013年、5篇写于2014年，有7篇写于2012年，反映了笔者在2013年这个典型的"叛逆之年"对全球经济演化新趋势的紧密观察和连续思考。

第二个特点是逻辑连贯。本书五个部分之间相互关联、互相印证，第一部分描写多元化退潮大戏的全局景象，第二和第三部分聚焦于美国和新兴市场这两个大戏主角，第四部分简要论述了欧洲和日本这两个大戏配角的表现，第五部分则分析了多元化退潮对国际金融市场的影响。在每一部分，都有一个提纲挈领的引言，对这一部分的写作主旨、文章结构和内在逻辑进行了说明；在引言之后还安排有最核心的题眼文章，建议读者优先阅读；此外，每一篇文章前注明了写作时间和成书时的作者点评，方便读者了解文章背景、写作目的和随后的变化，把握作者动态思考的逻辑。

第三个特点是内容严谨。本书收录的都是专业性文章，数据都为第一手资料，来源广泛，从国际货币基金组织（IMF）、国际清算银行（BIS）、世界贸易组织（WTO）、世界银行等国际权威组织，到 Bloomberg、Wind、Ceic 等主流数据库，再到各国官方统计机构和市场权威研究机构，不一而足。本书不仅是对全球经济演化新趋势的原创性解读，也是对我自己利用海量数据挖掘来连续、动态和独立观察、分析、预判全球经济和国际金融市场运行的一种方法展现和经验总结。

第四个特点是思想叛逆。本书充分展现了现实经济运行和传统经济思维之间的冲突，并试图于多个领域在领悟、继承经典理论的基础上提出一些新思维、新理论。例如，基于对美国经济长期运行的理论分析和经验观察，提出了测量美国经济内生动力的方法；基于霸权货币的特殊性，提出了美元汇率运行的"DO/DO 机制"；利用跨学科的思想碰撞，提出了"安倍心理学"概念；基于南欧的地缘特点，提出了欧债危机的政治地理学解释；基于新兴市场严重分化的事实，提出了"新兴市场整体概念崩塌"的重要判断等。

　　当然，这本书可能还存在一些本人没有注意到的问题，而且可以肯定，它只是对这个叛逆时代的一个初步研究，未来还有很多扩展的空间，这也是我持续观察、研究和分析全球经济的兴趣所在、动力源泉。

　　说实话，我并没有野心去改变这个时代。写这本书，我真正想做的，就是丢掉所有的野心，平心静气、原原本本、专业细致地去记录、去分析、去解读这个叛逆时代的时代隐语，借由这一切，去唤醒、激发那些最终能够带来改变的力量。

　　也许，这才是一个经济学者的使命所在，至少，我现在以为是这样。

2014 年 1 月 19 日晚于北京陋室。

目　录

第一部分

全球经济——多元化退潮

世界发展不以人的意志为转移，好的事情既不会必然发生，更不一定会立刻发生。而这，恰是2012年以来全球经济最大的现实，"西退东进"后继乏力，甚至在一定程度上被"西进东退"所取代。虽然新兴市场依旧保有相对较高的经济增速，但发达国家特别是美国的变化趋势明显更加积极，多元化正在"退潮"！

引言

人们总是喜欢将 2008 年爆发并持续演化至今的这一轮金融危机称为"百年难遇"的危机，之所以"百年难遇"，不仅是因为危机造成了巨大的经济损失，更因为危机改变了全球经济金融运行的固有逻辑。正因为如此，危机后的复苏，也没有按照人们设想的方式去演绎，反而呈现出"偏离共识"的核心特征。

作为本部分的题眼文章，《2013 年全球经济十大"误判"》就是对这一核心特征的具体表述。2013 年，是危机演化的第六年，同时也是复苏启动的第四年。伴随着危机的淡去和复苏的推进，2013 年的全球经济运行并没有前几年那么跌宕起伏，但平淡之中却尽显诡谲，市场的主流预期、理论的经典判断和传统的经验法则不仅没有在现实中得以应验，反而变成了误导性的认知陷阱。点明这十大"误判"的目的，是为了警醒世人：只有远离陷阱，避免轻信，了解真相，才能真正把握复苏的内在逻辑和演化趋势，才能在风云诡谲的后危机时代顺势而为、趋利避害、险中求胜。

为什么共识会变成谎言？从思想层面看，原因在于市场人士迷信固有经验、经典理论和权威言论，缺乏对现实微妙变化的细致观察和耐心思考，进而让共识包含了过多的固执、自负和臆想，进而偏离了现实本身。在《科斯：大道无形　大爱无疆》这篇文章中，我们一边缅怀 2013 年逝世的科斯，一边则对此进行了反思，科斯的"大道无形"具有极强的现实意义，科斯一生反对"黑板经济学"，他每一次的学术突破无不建立在尊重事实、认知事实、思考事实的基础上，而现在，要突破陈旧思维模式和所谓共识的思想束缚，我们也需要拿出务实主义精神，在数据中还原全球经济复苏的真相。

从整体上看，全球经济复苏最大的共识就是"多元化"。几乎所有人在分析危机时，都会将冷战后单极世界的内在失衡和美国霸权的不稳定性视作根源性风险，因此，从单极走向多元，被理所当然地看作解救危机的良药和毋庸置疑的发展方向。2008 年以来的现实似乎也验证了多元化的势在必然，新兴市场快速崛起，发达国家蛰伏调整，"西退东进"不断改变着整个世界的力量对比。

尽管笔者并不质疑多元化是长期方向，也不怀疑多元化对全球经济稳定是有益的，但需要强调的是，世界发展不以人的意志为转移，好的事情既不必然发生，更不一定会立刻发生。而这恰是 2012—2013 年以来全球经济最大的现实，"西退东进"后继乏力，甚至一定程度上被"西进东退"所取代，新兴市场依旧保有相对较高的经济增速，但发达国家特别是美国的变化趋势明显更为积极，多元化正在"退潮"！

口说无凭，IMF 的《世界经济展望》（WEO）数据库是了解全球经济整体事实的基本素材，《全球经济自由落体？》和《无亮点复苏中的亮点》两篇文章先是分析了 2012 年 10 月和 2013 年 1 月的 WEO 结构数据，由此指出"一些市场耳熟能详的热门言论，例如 V 形复苏、简单多元、脱钩增长，更像是一种感性愿景，而非理性判断"，并强调由于全球经济缺乏复苏亮点，"增长的时代精神将再度拥抱真实要素和市场力量"。在充分掌握并研究海量数据的基础上，《透过数据看趋势》一文基于 2013 年 4 月数据更进一步指出，IMF 也有两个问题，一是全面偏乐观，二是对包括中国在内的新兴市场的经济复苏有所高估，并由此判断美国经济复苏力度将强于数据水平、全球财政巩固可信度不足，而国际金融市场动荡将超出预期。2013 年全球经济的演绎验证了这些判断，不过，更重要的是，事实表明，只要及时解析时间序列数据，而非简单跟随主流预期，犯系统性认知错误的可能性就会小很多。

随着多元化的退潮表现越来越明显，越来越多的市场人士也开始注意到全球经济"西进东退"的短期趋势，但对于这种趋势出现的原因却不明所以。《政策"不折腾"是复苏的关键》从政策视角给出了一个解释，除了基本面原因之外，较高的政策稳定性为优质复苏提供了保障。从危机后主要国家货币政策的动向看，只有美联储始终保持宽松态势，其他主要货币当局在 2010 年短暂的通胀压力下都有过加息举动，这种先松后紧再松的政策反复给复苏造成了负担。

对全球经济整体而言，复苏的负担不仅源自分化的货币政策，还源自地缘政治的冲突加剧。《叙利亚局势拖累全球经济复苏》和《战争阴影笼罩全球经济》

两篇文章以叙利亚局势为切入点，分析了政治风险对全球经济复苏的冲击途径和可能结果，并指出在多元化退潮的敏感时期，政治风险和经济风险会产生相互加成的效果，进而加剧分化、恶化冲突，甚至可能会导致全球经济秩序的深层混乱。

复苏的负担正在加大，混乱的根源正趋复杂，多元化的退潮也正带来伤害。在 2012—2013 年连续两年的"西进东退"之后，全球经济更显疲态，IMF 两年中连续八次下调全球增长预期，《全球经济前景黯淡》一文基于 2013 年 10 月的 IMF 数据更新，分析了全球经济"增长无依"和"旧恨又添新仇"的全局窘境。在整体前景黯淡的背景下，多元化退潮的混乱结构也还将延续。《危机的南北逆转》一文强调了 2013 年新兴市场对发达市场实现"规模赶超"之后面临的风险逆转困境，而这又构成了"西进东退"格局难以快速改变的原因，从未来演化看，多元化的退潮不仅没有结束，可能还正在迎来高潮。

在多元化的退潮正在迎来高潮的时刻，全球经济的基本面分化也正深层加剧，而基本面分化不可避免地导致政策博弈更趋复杂，一系列政策异动不断出现。2013 年下半年，不仅 QE 退出被延后，欧洲央行还进行了出人意料的降息，《竞争性宽松和结构性通缩》一文分析了发达国家在通缩压力加大背景下开启第三轮宽松货币政策的利益取向，而《全球政策博弈陷入囚徒困境》则从全球视角分析了发达国家的利益诉求和新兴市场的巨大分歧。多元化退潮导致政策博弈陷入囚徒困境，全球经济的未来也由此变得更加扑朔迷离。

在全面掌握危机演化历史和全球经济海量数据的基础上，《2014 年全球经济复苏三大趋势》、《2014 年全球财政债务风险的新变化》和《危机结束了吗？》给出了对 2014 年乃至更远未来的理性展望。危机在新兴市场的演化可能才刚刚开始，全球经济的未来看上去依旧乏善可陈，如果还沉迷于多元化顺畅推进、自然演化的愿景预期，那么，难免会大失所望；但如果对多元化的退潮有切实观察和严谨分析，那么，也不需要对此过分紧张，弱复苏只是多元化退潮的必然结果，只要新兴市场正视全球经济渐进复苏的本质，放下不必要的心理负担，利用增速放缓之机实现经济结构优化，多元化的退潮还是有望渐次消退，全球经济也有望在两大阵营接续领跑的推动下实现可持续的长期复兴。

成文于 2013 年 11 月 25 日。其实，原文标题是《2013
年全球经济十大谎言》，在书稿整理过程中把"谎言"
改成了"误判"，毕竟，误判是无心的，谎言却可能是
有意的，区别这一点很重要。

2013 年全球经济十大"误判"

错误不仅是一种惩罚，也是一种财富。所以，与其对判断错误善意忽视，
不如在总结错误的过程中放下自负、抛弃陈见、审视自我、认清现实并读懂新
势。已经过去的 2013 年，尽管不像危机前几年那么轰轰烈烈，但也算是非常
有特点的一年。这一年，全球经济运行呈现出经常性偏离预期的另类特征，危
机的冲击更多体现在思想认知层面，而非增长趋势层面。2013 年全球经济运
行和国际金融市场变化的现实表明，一系列主流预期和市场共识正在陷入误区
之中，甚至产生与现实的严重背离。而识别和参悟这些"误判"，是掌握趋势
信息、走出认知误区的有益一步。按照影响程度和冲击幅度由大到小的排序，
2013 年全球经济有如下十大"误判"。

"误判"一：强势美元将王者归来。

自年初美国经济有惊无险地迈过财政悬崖以来，市场就对美元走强形成了
一致预期，从传统汇率决定理论看，美元走强既有美国经济可持续复苏作为物
质基础，又有源自利率平价、产业资本内流、相对购买力平价和国际资产配置

等多方面的金融助力。年中以来，美元升值的一致性预期更趋强烈，甚至有大量机构将美元升值作为策略决定的基准前提和主要假设。但实际情况却是，无论是美元指数，还是美元有效汇率，即便有过阶段性的短期走强，也从未真正意义上强势过，从全年走势看，基本处于中期双向震荡、长期低位徘徊的状态。美元走强的误判表明，市场用普通货币的汇率决定思维来审视和判断霸权货币的汇率走向，本质上是行不通的。2008—2011 年，受美国经济首次衰退和二次探底两轮危机的影响，美元在国际货币体系中的霸权地位受到冲击，但 2012 年以来，伴随着美国经济的周期领跑，美元地位得以巩固，而欧元在欧债危机爆发后的日渐式微则进一步突出了美元的主导作用。作为霸权货币，在美国利益最大化战略下，美元的长期走势自有其稳定趋势，对中短期状态起决定性影响的，是全球化和危机这两个关键变量，而不是简单的利率平价、购买力平价或资产选择。对于未来而言，这一误判提示我们，危机不仅没有动摇美元的霸权地位，甚至可能还有所加强，"国际货币体系多元化"尚是愿景，不是既有格局，如此背景下，预判美元汇率走向，首要之举就是将美元置于霸权货币地位，注意霸权货币和非霸权货币在汇率决定上的根本不同，尊重客观现实，警惕一致性预期，注重观察全球化和危机这两个影响美元长期贬值和短期升值相互转换的阈值变量。

"误判"二：QE 将于 2013 年 9 月或 10 月退出。

自 5 月伯南克在讲话中提及 QE 退出以来，QE 退出预期高企，在 8 月末 9 月初，退出预期达到顶峰，经济学家普遍预期 9 月美联储启动 QE 退出的概率超过 50%。而实际情况却是，9 月美国选择继续保持 QE 购债规模，随后 10 月政府关张、债务上限和耶伦获提名等事件接踵而至，美联储不仅将 QE 退出推迟到了 12 月，甚至还在考虑降低超额存款准备金利率等新宽松手段。这一误判充分表明，市场对美国货币政策存在三重误解：第一，美国货币政策基调始终是宽松的，QE 退出貌似紧缩性措施，但其本身不仅不改宽松基调，而且还通过"延后退出"达到了超预期宽松的动态不一致效果；第二，QE 政策不仅是货币政策，也是财政政策的补位政策，当前美国经济复苏的核心风险主要体现在财政侧，无论是 QE 及时"推出"还是延后"退出"，都是对财政风险的货币对冲手段；第三，美国货币政策变化并不是规则导向，而是相机抉择，表面上 Evans 规则设置了政策收紧的门槛，但伯南克从来没将失业率门槛视为"触发式"的，而耶伦则在试图降低并淡化这一门槛。对于未来而言，这一误判提示我们，单从货币角度审视美国货币政策可能是不够的，受抵补财政风险的影响，美国宽松货币基调的维持时间、超常规政策的实际力度可能都将超出预期；此外，要淡化对 QE 退出的过高关注，过于关注 QE 可能会忽视真正威胁美国经济复苏的内生风险。

"误判"三：黄金是避险资产。

黄金非货币化之后，人类始终没有断绝对黄金"复辟"的幻想；2008 年金融危机以来，黄金价格更是一路飙涨至最高 1923 美元 / 盎司，这进一步激发了市场对金本位回归的畅想，尽管大部分理性分析均否定了黄金回归货币体系的可能，但绝大多数市场人士依旧将黄金视作重要的避险资产。但 2013 年 4 月中旬黄金连续大跌彻底颠覆了市场对黄金的属性认知。金价大跌本身并不可怕，可怕的是没有人能够从宏观角度为大跌找到可信服的解释，在经济学家和市场人士集体失语的过程中，人们幡然醒悟，黄金也变成了"风险资产"。受此影响，2013 年全年金价持续下跌，弱势美元也未能挽回美元颓势。对于未来而言，这一误判提示我们，黄金的货币属性和避险功能都已遭受重创，回归大宗商品本位后的价格走势可能更趋波动且缺乏支撑。在当前格局下，美债市场的避险地位进一步凸显，美国高债务背景下的债务风险可能并不大，美国收益率曲线的变陡峭趋势可能也会较预期水平更趋缓和。

"误判"四：弱复苏不会伴随着强市场。

2013 年以来，全球经济复苏依旧保持着一贯的偏弱态势，年内 IMF 连续四次预期调整都处于"下调增长预估值"的状态。但和传统思维和历史经验不一样的是，弱复苏并没有抑制资产市场的表现，甚至伴随着异常醒目的市场走强。美欧股市均已收复 2008 年危机以来的失地，美国股市甚至还在不断创出历史新高。这一误判表明：一方面，美欧貌似脆弱的复苏态势实际上具有相对较强的微观基础，企业竞争力和生存发展能力已有明显恢复，市场对去风险后的复苏可持续性保有较强信心；另一方面，美欧股市和房市的反弹，一定程度上也包含有些许泡沫成分，危机尚未结束，新的泡沫风险已经开始积聚。对于未来而言，这一误判提示我们，决定市场表现的并不是宏观经济增长速度的高低，而是微观主体在复苏中的受益程度；而危机演化尽管在 2013 年整体趋向缓和，但新泡沫的形成也给未来形势反复埋下了隐患，复苏依旧将是一个异常曲折的过程。

"误判"五：通胀将变成核心风险。

自 2009 年全球在危机冲击下启动宽松货币政策以来，全球宽松浪潮已经经历了三次涨潮：以 QE1 为标志的第一次全球性宽松、以 QE2 和 QE3 为标志的第二次全球性宽松，以及以 QE 延后退出以及欧洲央行超预期降息为标志的第三次全球性宽松。传统理论认为，作为一种货币现象，通胀压力必将由于宽松政策的持续加码而不断加大。但现实却是，2013 年全球经济不仅没有感受到类似于 2010 年的、明显的局部性通胀压力，甚至还出现通缩风险加大的迹象。2013 年末，美国和欧洲的月度通胀率均降至温和水平以下，而日本在黑田东彦宽松货币政策的大力刺激下虽有走出绝对通缩的苗头，但全局性通胀的形成尚缺乏有力支撑，发达国家整体已经滑落至真实通缩的悬崖边缘。这一误判提示我们，通胀不仅是一种货币现象，也是一种经济现象，在全球经济弱复苏状态下，经济活力匮乏带来的自然通缩压力很大程度上抵消了宽松货币政策的通胀效应，而全球化的退潮更从多种渠道降低了全球通胀率的长期中枢水平。因此，尽管 2013 年末全球宽松货币大潮进入第三季，但通胀压力依旧是局部性的，不是全局性的，发达国家甚至还面临较大的通缩挑战。通胀尚不足以构成现在和未来的核心风险。

"误判"六：安倍经济学有"三支箭"。

作为 2013 年最出镜的政策名词，安倍经济学虽然自提出以来就饱受非议，并于年中一度遭遇股市短期暴跌的考验，但从全年日本经济、金融运行的结果来看，安倍经济学可谓成果斐然，下半年日本已经出现温和通胀，日本股市全年走势也强于欧美，实体经济增长在初步走出通缩陷阱后呈现出积极反弹的迹象，在IMF全年都在调降大部分经济体增长预期的背景下，日本经济增长预期是少数被大幅上调的，IMF甚至在权威的《世界经济展望》中毫不讳言对日本的另眼相待："日本正在走一条独一无二的复苏之路。"在很多人看来，安倍经济学的独特之处恰在于它的丰富内涵，大规模量化宽松货币政策、扩张性财政政策和结构调整政策这"三支箭"共同构成了既作用于短期、又放眼长远的政策搭配。但实际情况却是，所谓"三支箭"有虚有实，第一支箭是核心，第二支箭是配合，第三支箭则只是幌子。日本经济的当前命门是"通缩顽症"，走不出通缩的长期陷阱，所有改革都将如石沉大海，难有实效。而日本通缩的独特之处在于，它不仅是货币现象和经济现象，同时更是心理现象。因此，安倍经济学的反通缩大业，既要将核心力量放在货币扩张层面，也需要借由"三支箭"的组合形成心理层面的巨大威慑力，通过政策箭雨的预期引导、心理暗示和情景营造，借由从众、说服、信念和传染等社会心理学通道打破长期通缩的社会认知僵局，并由此激发日本经济长期蛰伏所蕴藏的潜能。对于未来而言，这一误判提示我们，兵无常势，水无常形，搞清楚经济症状的形成机理，才能更好地对症下药。安倍经济学2013年游走于虚实之间，并取得了明显成效，但这种阶段性成功仅仅只是一个较好的开始，宽松货币政策的通胀效应已然显现良多，而金融市场和日本民众的关注焦点也已转向结构改革层面，未来安倍只有将第三支箭从虚态转为实态，才能巩固刚刚形成的通胀预期，并借由总需求提振将日本经济真正拉出长期通缩的旋涡。

"误判"七：欧洲会分崩离析。

2013年最老套的误判莫过于欧洲的分裂。之所以老套，是因为自2010年欧债危机恶化以来，几乎年年都有市场人士预言欧元区必将解体。从逻辑上看，不给出具体时限的预言本身只是一种投机取巧，别说欧元区必将解体，如果将思维放飞至无极限收敛的未来，人类灭亡也是必然的。很多人坚持这种无谓的预言，只是为了博一个必然之事偶然兑现所能带来的虚名，这种单边预期的赌博对市场分析和预判并无太大意义。不过值得注意的是，2013 年关于希腊或意大利等边缘国家要退出欧元区的言论相比前几年少了很多，这也暗示了欧洲局势的明显改善。实际上，欧元区不仅没有崩溃，反而实现了经济上的触底反弹，上半年的塞浦路斯危机一度造成短期慌乱，但并没有形成蝴蝶效应，下半年欧元区结束了持续两年的衰退，呈现出核心国强者恒强、边缘国否极泰来的积极迹象。对于未来而言，这一误判提示我们，欧洲很可能会接过美国经济稳健复苏的接力棒，成为全球经济下一个复苏亮点，欧洲资本市场则由此具有了相对较强的吸引力。当然，欧洲的问题并没有根本解决，实际上也不可能根本解决，从欧元区成立那一天起，结构失衡和内部博弈就是永恒的主题，在主权分散性不可能改变的背景下，欧洲经济完全的和谐大同也只是愿景。因此，冲突和摩擦是不可避免的，南欧国家与生俱来的不受认同注定其将长期扮演边缘角色，欧洲局部突然出现紧张局面的可能性不能排除，但财政巩固的进展、银行业联盟的结成和货币政策的超预期宽松将给欧洲带来整体复苏的曙光。

"误判"八：比特币是未来货币。

2013 年最让人目瞪口呆的金融现象，就是比特币（Bitcoin）兑美元价格的疯狂上涨。上半年，受黄金避险地位突然崩溃的激励，1 比特币价格从年初不到 20 美元一路飙升至超过 200 美元；下半年，在短期蛰伏之后，受 QE 退出预期由强转弱、欧洲央行意外降息的影响，市场恍然大悟，宽松货币不仅没有远去，反而有变本加厉之势，比特币价格由此再度飙升，于 11 月突破 1 比特币兑 1000 美元大关，并在 11 月 29 日实现了赶超金价的历史性突破。比特币天然不是货币，但未来的全球货币天然就像是比特币，超主权、有供应量约束和边际生成成本递增的特质使得比特币一出现就受到市场的追捧。但比特币不得不接受一个尴尬的现实：越是被爆炒，其进化为未来货币的可能性就越小。从根本上看，比特币热是危机五年演化的一个伴生结果。次贷危机是微观信用的崩溃，政府以宏观信用注入，拯救金融机构；随后，透支使用的宏观信用开始崩塌，主权债务危机爆发，政府被迫加大宽松货币政策力度；再然后，货币信用缺失，全球竞争性宽松导致汇率市场大幅波动，部分新兴市场由于汇率急贬濒临危机，市场对整个信用货币的信心大幅下降。对信用货币的失望，恰恰引致了对比特币的过高期望，而投机势力则借机疯狂炒作不切实际的期望，进而带来了比特币的"郁金香泡沫"。对于未来而言，这一误判提示我们，货币的进化是与全球科技、信息和经济发展阶段息息相关的，当前及未来很长一段时期，比特币进化为国际货币体系重要一员的物质基础尚不具备，信用货币尽管千疮百孔，但还会是绝对的主流。揠苗助长式的炒作，不仅不会加快比特币发挥货币职能的进程，反而会摧毁比特币的货币前景，让其回归纯粹投资品的本位，而一旦失去未来货币的光环，比特币的投资价值又会受到巨大打击。所以说，比特币2013年的辉煌恰恰说明：每一个巅峰背后都可能藏着可怕的悬崖。

"误判"九：新兴市场是个整体。

抱团发展是过去十多年新兴市场快速崛起的重要法门，由于新兴，所以势弱，唯有携手，方能与发达国家抗衡。但鲜为人知的是，持续崛起之后，2013年新兴市场已经实现了一个历史性的跨越：IMF的预估显示，根据购买力平价测算的新兴市场整体经济规模首次超越发达国家。量变导致质变，在整体规模赶超的背景下，新兴市场内部出现剧烈分化。从经济基本面看，"金砖四国"和其他新兴国家的差距进一步拉大，"金砖四国"本身也越来越像四个和而不同的国家，而不是一个具有较大相似性和协同性的整体。巴西和俄罗斯这两个资源国家由于全球需求的长期疲弱已经变成了全球增长的落后者，印度和中国虽然在增速上还处于领先地位，但印度已经行至金融市场混乱的危机边缘，中国则面临着全面深化改革的诸多挑战。经济基本面的分化导致利益分歧和政策分化，危机初期的自然趋同逐渐消失，新兴市场不得不各自寻找持续崛起的动力。对于未来而言，这一误判提示我们，只有永恒的利益，没有永远的朋友，作为新兴市场的领头羊，中国在分化中面临着更大的挑战：既要避免新兴市场这一概念的突然崩塌，进而失去与发达国家整体抗衡的力量，在国际经济秩序中再度沦为配角；也要提防新兴市场局部危机的连带影响，培育内生经济增长动力，并重视新兴市场内部博弈的可能影响，以"我"为主谋求长期可持续发展。

"误判"十：中国经济会硬着陆。

　　过去十年，世界银行在评估新一年全球经济主要风险时，几乎都会将中国经济硬着陆列为其中一条，在其他条目全都一一兑现的背景下，中国经济硬着陆被很多西方人士视作最可能兑现的下一个预言。但2013年的实际情况却是，中国经济增速虽然已经明显放缓，但硬着陆预言还是落空了，下半年起，中国经济开始回暖，年末中共十八届三中全会对全面深化改革的顶层设计则进一步增强了市场信心，中国经济增长神话的"第二季"虽然还未正式开演，但导演和剧本均令人期待。对于未来而言，这一误判提示我们，唱空中国的言论不可能真正消失，因为距离和差异带来的误解很难被彻底化解。中国政治经济体制和西方大为不同，选择的经济发展道路也与西方迥然有异，应该说，大部分西方人士对中国地方政府债务、国企改革、房地产问题等风险要素的预警是有益的，但借此唱空和做空中国的现象却值得警惕。中国的问题有中国的特色，自然也有中国的解决之道。对于西方，中国需要用更开放的姿态展示自己，消除不必要的误解；对于自己，全面深化改革的路线图已然明确，中国需要的是，用务实、细致和稳健的执行与落实真正消除硬着陆的隐患。

成文于 2013 年 9 月 6 日。科斯独立、务实和低调的学术精神，才是留给世人的最大财富，这也是笔者始终认为科斯的贡献已经超越经济学领域的原因。经济研究者都应该以科斯为镜。

科斯：大道无形　大爱无疆

2013 年 9 月 2 日，著名经济学家罗纳德·哈里·科斯（Ronald H. Coase）逝世，万人哀痛，世皆黯然。作为新制度经济学派的奠基人、产权理论和交易成本理论的开创者，科斯在八十多年学术生涯里对经济学边界的拓展和思想的解放做出了杰出贡献；而作为关爱世人、关怀世界的智慧老人，科斯在 102 年生命时间里对经济学常识在全球范围内的普及、对拉近真实世界和理论世界的距离也付出了很多心血，且成果斐然。

大隐于市

从人生经历看，科斯有点像是电影《阿甘正传》里的主人公，一生伟大而又平凡。伟大之处在于，他几乎获得了一个经济学家所能得到的所有尊敬和荣誉；平凡之处在于，他看上去只是在人生不同阶段努力做好了一个学生、一个讲师、一个教授、一个主编和一个学者的本分，既没有太大的跌宕起伏，也没有额外的政治精彩，所有伟大成就的取得都像是一个顺其自然甚至是命运使然的过程。

1910 年 12 月 29 日，科斯出生在伦敦的威尔斯登，和阿甘一样，科斯出生就有腿疾，经常会戴上铁质器械辅助行走；17 岁的时候，在残疾人学校上学的科斯以优异成绩考入大学，并于 4 年后取得了商学学士学位。学生时代的科斯表现优秀，但也谈不上天赋异禀。22 岁的时候，科斯在一个不太知名的学校担任助理讲师；2 年后转到利物浦大学；又在 1 年后转至伦敦经济学院，在此一直待到 1951 年。从 22 岁开始，科斯先是当了 6 年助理讲师，随后又当了 9 年讲师和 4 年高等讲师。41 岁的时候，科斯获得伦敦大学理学博士学位，并离开伦敦经济学院，转至美国，先后在布法罗大学、弗吉尼亚大学和芝加哥大学担任教授直至退休，在此期间，他还于 1964 年起兼任《法学与经济学杂志》主编。就任职高校的经历而言，科斯也是一步一个台阶。比起 28 岁就成为哈佛历史上最年轻教授的萨默斯之流，科斯可能称不上"青年才俊"，但却是历久弥芳，他 27 岁身为助理讲师时写出的论文，虽然没有立时成为学术焦点，却在很多年后被重新发现并被奉为学术经典。

1979 年，69 岁的科斯被授予"美国经济学会杰出会员"称号；1991 年，81 岁的科斯由于"揭示了经济制度结构和函数中交易成本和产权的重要作用"而摘得经济学最高荣誉——诺贝尔经济学奖。对于科斯而言，独得诺贝尔经济学奖的确是恰如其分、实至名归，但在很多人看来，这个褒奖来得太晚，毕竟直至 1991 年，诺贝尔经济学奖已经评选了 22 届。而上帝似乎比瑞典皇家科学院更具慧眼也更加公平，为了弥补诺贝尔经济学奖迟到的遗憾，他给了科斯一个健康的身体，从而避免了科斯像凯恩斯和罗宾逊夫人一样由于不是足够长寿而与诺贝尔经济学奖终生错过。

大道无形

从学术成就看，科斯有点像是武林至尊张三丰，同样高寿，同样智慧，同样不拘泥于招式，同样随心所欲不逾矩，单纯而不简单，深邃而不复杂，在释放自己的同时也解开了学术于思想上的深层束缚。科斯一生学术成果丰厚，其中最著名的两篇论文分别是 1937 年的《企业的性质》和 1960 年的《社会成本问题》。科斯在学术上的重要贡献和伟大之处在于，他细致思考了经济学家们视作理所应当的基础性问题，打碎了经济学在发展过程中自加于身的锁链，并让学术理论真正接上了地气。

自亚当·斯密以来，现代经济学的核心主线在于发现、论证和完善市场机制。经济学家们先是发现了"看不见的手"，在庞大冗杂的经济体系里，数不清的生产者生产出五花八门的商品，数不清的消费者又在购买并消费着形形色色他们需要的东西。而价格机制潜移默化地发挥着调节作用，最终使得供需平衡，所有产品市场都能够达到出清的均衡状态，而社会资源也由此获得优化配置，消费者效用也由此实现有约束的最大化。这真是一个神奇的机制，但口说无凭，文字描述难以服众，以至于经济学家们不得不借助数学的力量来验证市场机制的存在性和有效性，最终他们做到了，经济学也由此具备了一定的"科学性"并进入繁荣发展期。

科斯很早就敏锐地发现，斯密式的市场机制作用于一个假想的抽象世界，经济学自鸣得意的理论体系其实都是建立在一系列假设基础之上，而这些假设尽管看上去颇有道理，但并不现实。于是，科斯进行了一系列在现在看来极具创新性和突破性的思考，而放在当时，这些思考既独辟蹊径，也有些离经叛道。首先，传统经济学有一个不易察觉的隐性假设，那就是供给者是无差异的，供给者是一个统称，而并不区分他到底是谁。但科斯注意到，商品供给者是不一样的，既有个人，也有企业，于是他提出了一个传统经济学无法回答的问题：为什么会有企业？

要回答这个问题，就必须要反思经济学的另一个重要假设，传统经济学默认经济人都是理性的，所谓的市场，即生产者和消费者发生交易的地方，也是一个理想化的无成本世界，就像是物理学中"无摩擦"的世界，人们不需要克服任何阻力或困难，就能自由生产、交易和消费。但现实却是，经济世界是有"摩擦"的，人们也并非完全理性，因此，交易在搜寻、协商和成交等环节都有成本。而企业的本质，就是利用管理机制替代市场机制，实现企业内部的成本集约。而企业的边界则取决于这种替代是否有效，企业规模发展到一定程度，管理机制协调资源配置的成本将等于并大于市场直接进行资源配置的交易成本，这时，企业就没有必要继续扩大了。

此外，科斯还注意到，传统经济学不仅默认供给者是无差异的，而且还默认交易是物的交换，但实际上，真实世界的交换本质上是权利的交换，无论交易对象是有形的苹果还是无形的排污权，买卖双方交换的是一系列的权利。而既然交换的是权利，那么法律上的产权设置就变得十分重要了。将法学概念融入经济学，再结合自己提出的交易成本，科斯得出了两个重要结论，这就是被后人津津乐道的"科斯定理"：如果不存在交易成本，那么只要产权是清晰的，无论产权最初如何分配，市场机制都能实现资源有效配置；如果存在交易成本，那么产权的最初分配将影响到市场机制作用后的资源配置结果。

本质上看，科斯的经济学学术贡献不仅在于引入了交易成本，开启了产权理论和企业理论，更在于解放了抽象假设之于经济学的束缚，进而让经济学更加贴近现实。更进一步看，科斯真正伟大的地方不在于他提出了什么、研究了什么，而在于他以一生践行并示范了务实主义的学术精神。科斯熟谙经典理论，但从不盲从和轻信任何权威，反对"黑板经济学"；科斯精通数理，但其经典论文从不炫技，很少使用数学，依旧能做到逻辑清晰、论证有力；"科斯定理"家喻户晓，但是科斯本人对教条式总结和机械式套用深恶痛绝，始终提倡在尊重现实的基础上关注现实和研究现实。

大爱无疆

从中国影响看，科斯就像他曾经研究过的灯塔，为中国经济社会的长期发展提供了理性的光亮。作为智慧老人，科斯对世界、对世人、对中国的关爱是真切朴实的，同为诺贝尔经济学奖获得者，他不像蒙代尔，经常现身于中国各类高峰论坛，也不像克鲁格曼，偶尔在媒体专栏上指点江山。科斯始终在切实地关注中国、研究中国，用经济学家最本分的方式表达关爱。他不仅多次自己掏钱资助围绕中国经济和制度的学术研讨会，还于晚年和助手王宁一起出版了《变革中国：市场经济的中国之路》，对中国从社会主义计划经济体制到市场经济体制的转型进行了详尽解读，为国际社会和学术界更多、更真切地研究中国经济体制改革提供了帮助。

大爱无疆，科斯虽然未能在有生之年真正踏上中国的土地，但他的影响却深入华夏大地：借由张五常等学者对科斯学术理论的宣传，中国在经济体制改革、国企改革、财政体制改革和金融改革中更加重视产权界定、交易成本和市场机制的重要性，应该说，科斯为中国经济改革红利的形成做出了不容小觑的潜在贡献；在科斯务实学术精神的鼓舞下，越来越多的中国经济学人不再唯"黑板经济学"马首是瞻，而是按照科斯提倡的方式，更切实地研究现实问题，更注重思想市场的建设，进而有望为中国经济学和中国实体经济未来的协同发展奠定基础。

对于中国和世界而言，科斯的学术成果和学术精神都将是宝贵财富。有道是：人瑞已去，余思未尽；期颐之功，大道无形；大爱无疆，经世济民；逝者科斯，千古传名。

成文于 2012 年 10 月 22 日。事后再看，2013 年全球
经济的真实增长率甚至还要低于当时的预估，这才是全
球经济"自由落体"的本质属性。

全球经济自由落体？

2012 年 10 月，IMF 公布了《世界经济展望》（WEO），这份内涵丰富的权威报告不仅向世人展示了全球经济的现状，还向市场传递了关于未来趋势走向的主流判断和复杂信息。作为一份影响深远的官方报告，WEO 的语言文字必然字斟句酌、中规中矩，但 WEO 里的大量数据却更加直白中肯、意味深长。解读 WEO 的"弦外之音"，全球经济五大现状特征昭然若揭。

其一，全球经济呈现出"普遍失速、长期低速"的趋势特征。

普遍失速意味着基准情形下全球经济的运行线正从潜在水平之上悄然移至潜在水平之下，2012 年 10 月，WEO 对 2012 年全球经济增长的预估值为 3.3%，较 7 月预期调降了 0.2 个百分点，这个 0.2 的威力要大幅超出市场的直觉，因为 1980—2011 年全球经济的年均增长率为 3.36%，0.2 个百分点的调降将使近三年来全球经济增长首次弱于潜在水平；此外，2012 年发达国家的经济增长预估值为 1.3%，弱于 1980—2011 年 2.51% 的年均增长水平；2012 年新兴国家的经济增长预估值为 5.3%，也弱于新千年以来 6.24% 的年均增长水平。长期低速则意味着在次贷危机和债务危机长期效应叠加的影响下，全球经济难以迅速扭转普遍失速的整体状态，复苏形态将更可能呈 U 形而非 V 形。10 月的 WEO 数据

有一个不易察觉的鲜明特点，即 2012 年和 2013 年的增长率预估值呈现出绝对值与调整值的不对称结构，2013 年全球、发达国家、新兴国家的预估经济增长率的绝对值均高于 2012 年，但 2013 年全球、发达国家、新兴国家的预估经济增长率较之 7 月数据的调降水平均大于 2012 年，也就是说，2012 年全球经济已经比市场预期的要弱，但 2013 年可能比预期的要更弱。此外，即便从绝对水平看，2013 年全球经济 3.6% 的预估增长率虽略高于 1980—2011 年的潜在水平，但仍低于新千年以来 3.75% 的年均水平，显示出长期低速的特征。

其二，全球经济呈现出"失速加剧、自由落体"的演化特征。

对于经济世界和金融市场而言，经济增长率的绝对值固然重要，但更重要、更难以度量的，则是经济增长率的相对值，即相对于前期预期的变化。WEO 的一个可贵之处，在于其提供了一组时间序列上的权威预期数据，让全球经济在不断演化过程中的相对变化能够得以显现。将 2012 年 10 月的 WEO 数据与 7 月、4 月的预期数据进行比较，全球经济失速在最近半年明显超出预期，而第三季度的恶化程度又进一步超出了第二季度，市场对这种超预期萎靡的失望程度则不断加深。失速加剧、自由落体的演化特征在数据上表现为两个方面：一方面，10 月的预期数据相对于 7 月的调降要明显高于 7 月的预期数据相对于 4 月的调降，10 月期 WEO 将全球、发达国家、新兴国家 2012 年的增长预估值分别下调了 0.2 个、0.1 个和 0.3 个百分点，大于 7 月 0.1 个、0 个和 0.1 个百分点的调降幅度；10 月期 WEO 将全球、发达国家、新兴国家 2013 年的增长预估值分别下调了 0.3 个、0.3 个和 0.2 个百分点，也不低于 7 月 0.2 个、0.2 个和 0.2 个百分点的调降幅度。另一方面，对于美国、德国、法国、意大利、西班牙、日本、英国、俄罗斯、中国、印度和巴西这 11 个重要国家，10 月期 WEO 调降了其中 9 个国家 2012 年的增长预估值，平均调降水平为 0.358 个百分点，而 7 月期 WEO 在更新数据时仅调降了其中 6 个国家 2012 年的增长预估值，平均调降水平也仅为 0.09 个百分点。失速加剧、自由落体的演化特征潜在表明，次贷危机和债务危机的长期真实冲击不容小觑，而全球政策层在过去半年的表现也尚未能起到力挽狂澜的明显作用。

其三，全球经济呈现出"欧洲领跌、新兴补跌"的区域特征。

在欧债危机愈演愈烈的背景下，全球经济呈现出欧洲领跌的区域特征并不出人意料。事实上，根据 10 月期 WEO 的预测，2012 年乃至 2013 年欧洲都将深陷泥淖。2012 年，欧元区经济增长预估值为 -0.4%，欧盟经济增长预估值为 -0.2%，继 2009 年之后再次进入衰退阶段，意大利和西班牙为衰退重灾区，2012 年经济增长预估值仅为 -2.3% 和 -1.5%，徘徊于欧元区之外的英国也掉入 -0.4% 的衰退陷阱，2013 年欧元区虽有望增长 0.2%，但依旧处于危险的衰退边缘，而意大利和西班牙则无法快速摆脱衰退梦魇。相对于欧洲领跌，新兴补跌的区域特征更不易察觉，也更值得关注。从预期数据时间序列上的变化看，2012 年以来，新兴国家不仅未能表现出 2008—2011 年脱钩复苏的相对强势，其边际失速速度甚至高于发达国家，令市场大失所望。在半年时间里，WEO 就将 2012 年新兴国家增长预估值分两次累计下调了 0.4 个百分点，而同期对发达国家仅下调了 0.1 个百分点；在半年时间里，WEO 将"金砖四国"——俄罗斯、中国、印度和巴西——2012 年的增长预估值分别下调了 0.3 个、0.4 个、2 个和 1.6 个百分点，平均下调幅度高达 1.08 个百分点，高于同期对欧元区、德国、法国、意大利、西班牙、日本、英国和美国平均 0.14 个百分点的调降幅度。此外，从绝对水平看，新兴国家高速增长的光环也日益黯淡，WEO 对 2012 年中国经济增速的估算已经"破 8"，而"金砖四国"中，中国和印度 2012 年、2013 年的增长预估值均低于 1980—2011 年的平均水平，巴西 2012 年的增长预估值低于 1980—2011 年的平均水平，俄罗斯 2012 年和 2013 年的增长预估值则低于新千年以来的年均水平。

其四，全球经济呈现出"美国逆袭、复杂多元"的结构特征。

2012 年全球经济最引人瞩目、最寓意深长的新变化正是危机以来"东强美弱"结构的逆转。一方面，新兴国家经济增长失速的速度和幅度都超出了市场预期；另一方面，美国经济的韧性和表现也出乎了市场意料。对于美国的相对强势，笔者早在 2012 年初就曾有过前瞻性剖析，而 2012 年 10 月期 WEO 则进一步彰显了这一特征。一方面，从绝对数据看，2012 年美国经济增长预估值为 2.2%，高于 2011 年的 1.8%，是主要国家中唯一实现 2012 年增速提升的；另一方面，从相对数据看，10 月期 WEO 将 2012 年美国经济增长预估值上调了 0.1 个百分点，是主要国家中唯一预期上调的，10 月期 WEO 还将 2013 年美国经济增长预估值下调了 0.1 个百分点，下调幅度也明显低于其他主要国家。这充分表明，2012 年以来，美国经济的表现不仅相对其他国家更为强势，甚至一定程度上超出了市场的乐观预期。事实上，2012 年 10 月初公布的数据显示，美国 9 月失业率降至 7.8%，不仅进一步肯定了美国经济温和复苏的态势，更加大了奥巴马连任的概率，进而潜在提升了美国政策的连续性和稳定性，为 2013 年美国经济稳健渡过"财政悬崖"的短期难关、实现长期内的持续复苏又增添了新砝码。

其五，全球经济呈现出"差异扩大、竞争加剧"的博弈特征。

从以上四种特征就可以看出，全球经济的区域差异、国别差异正在悄然加大，而有别于危机以来固有特征的新变化也在不断涌现。在全球经济普遍失速、长期低速的大背景下，这种差异性扩大将导致国家间的利益竞争不断加剧。根据 2012 年 10 月期 WEO 的预测，2012 年全球贸易增长预估值仅为 3.2%，大幅低于 2010 年的 12.6% 和 2011 年的 5.8%，2013 年全球贸易增长预估值也仅有望回升至 4.5%。在全球博弈结构日趋复杂的背景下，WEO 在截至 2012 年 10 月的半年时间里已将 2012 年和 2013 年全球贸易增长预估值累计下调了 0.9 个和 1.2 个百分点，贸易增速的大幅下调表明全球保护主义的抬头趋势一定程度上超出了市场预期。此外，值得注意的是，10 月期 WEO 对 2012 年和 2013 年新兴国家通胀率的预测为 6.3% 和 5.6%，明显高于发达国家的 2.0% 和 1.6%，通胀形势的迥然不同也为全球货币政策在宽松基调下的国别博弈增添了更多的不确定性。

总之，从 WEO 看世界，全球经济正在经历一段普遍失速、自由落体的黯淡时光，未来也将进入低速增长、竞争加剧的复杂阶段。如此背景之下，一些市场耳熟能详的热门言论，例如 V 形复苏、简单多元、脱钩增长、QE 互利等，更像是一种感性愿景，而非理性判断。数据不会撒谎，WEO 用数据还原了经济本色，对此，无论是市场主体还是宏观调控，都需要少一丝憧憬、多一份审慎。

成文于 2012 年 9 月 13 日。本文提到的全球风暴是
指美国财政悬崖和新兴市场风险释放导致的混乱，后来
的事实表明，将新兴市场视作危机第三阶段的震心是很
有预见性的。

无亮点复苏中的亮点

经济周期，不仅仅意味着繁荣和衰退的首尾相连和因果报应，更伴随着发
展模式的自然选择和时代精神的新陈代谢。正因为如此，长周期的车轮碾过，
每一次黯淡都孕育着新闪光的希望。凯恩斯说，长期中我们已经死了，所以短
期救赎很重要；但从另一方面说，全球经济从未死去，所以短期应对后的长期
发展也同样重要。短期的暴风骤雨最终会归于长期的平静，那么，风暴过后，
全球经济会呈现出怎样的新特征？在笔者看来，2013 年乃至未来几年，在美
国"财政悬崖"和欧债危机均得以恰当应对且并未发生灾难性恶化的大概率前
提下，全球经济将进入一段不温不火的复苏阶段，其核心特征将是"无亮点复
苏"。所谓无亮点，体现在四个方面。

其一，全球经济复苏缺少区域亮点。

2008—2012 年，尽管全球经济经历了次贷危机和欧债危机的轮番肆虐，但
从未全方位陷入增长泥沼。第一轮次贷危机，以美国为震心，其他发达经济体也
受到较大震动，但新兴市场的整体表现十分抢眼，即便是在全球经济衰退 0.6%、

发达市场衰退 3.64% 的 2009 年，新兴市场还是逆势实现了 2.8% 的正增长。第二轮欧债危机，以欧洲为震心，虽然在第一轮危机中表现抢眼的新兴市场未能延续独立增长的亮丽表现，但美国却实现了阶段性的复苏领跑，2012 年美国经济预估增长 2.0%，较 2011 年增速提高 0.3 个百分点，同期全球、发达市场和新兴市场的经济增速预估值则较 2011 年下降 0.4 个、0.2 个和 0.6 个百分点。展望未来，2012 年末 2013 年初可能到来的全球风暴将让危机进入第三阶段，这一阶段恐以新兴市场为震心，发达市场则陷入同步震荡。新兴市场经济受制于政策瓶颈、长期风险、增长疲惫、资本外流和金融不稳定，美国经济和欧洲经济则受制于财政巩固对经济增长的约束渐强。危机进入 2013 年，在前两轮危机中闪光的区域亮点都将失去独立于危机之外的增长动力，危机在完成从美国到欧洲再到新兴市场的全球震心轮转后，将真正体现出其全球化的杀伤力。

其二，全球经济复苏缺少政策亮点。

从政策救助的效果轮转看，2008—2012 年的两轮危机也伴随着宏观调控舞台的主角更替。第一轮次贷危机，财政政策发挥了救助主力军作用，货币政策则起到了相辅相成的助力。雷曼兄弟申请破产之后，全球经济金融全面告急，市场流动性几近枯竭，增长信心近乎崩溃，全球主要经济体均出台了大规模刺激政策，在通过降息和资金注入缓解流动性紧张的同时，政府支出的大幅增长最终避免了大萧条的重演。第二轮欧债危机，财政巩固的客观需要使得财政政策疲软乏力，货币政策特别是量化宽松货币政策起到了营造宽松货币环境、避免增长大幅失速的主力军作用，美联储主席伯南克在讲话中就曾不无得意地指出，截至 2012 年，两轮宽松货币政策通过降低长期收益率、刺激投资、提振股市、刺激消费带来了 3% 的增长收益，并多创造了 200 万个就业机会。2012 年末 2013 年初的风暴过后，危机进入第三阶段，各国财政政策依旧受到债务风险和赤字风险的桎梏，而货币政策也难以继续担当大任。新兴市场虽有降息空间，但 2013 年 5.6% 的整体通胀预估依旧限制了货币政策的作为。发达市场虽有量化宽松余地，但鉴于美国长期国债利率水平已降至数十年来的历史低点，而欧洲央行也面临"粥少僧多"的尴尬局面，量化宽松货币政策的实际效应恐将力有不逮。风暴过后的危机第三阶段，财政政策和货币政策的政策效果将同时失去亮点，全球经济将进入政策救赎的真空期。

其三，全球经济复苏缺少增速亮点。

区域亮点的缺失和政策真空期的到来，意味着全球经济将在危机发展的第三阶段呈现出自由落体的状态。没有独立增长极的逆势提振，没有政策有形之手的额外帮助，全球经济也将缺少增速亮点。尽管 IMF 对 2013—2015 年的经济增速预估值分别为 3.9%、4.36% 和 4.55%，高于 1980—2011 年 3.36% 的平均增长速度，但笔者以为，未来几年全球经济复苏态势远没有 IMF 预估数据显示的那么乐观，低速增长恐将成为常态，除却区域亮点和政策亮点缺失，还有如下原因：一是潜在增长率下降，2008—2012 年两轮危机对全球经济增长自然率的冲击将在政策真空期充分显现；二是可持续复苏的信心下降，亮点的缺失将使得市场信心缺乏超预期数据和事件的激励；三是全球博弈更趋激烈和复杂，全面的失速和普遍的乏力将使得全球各国在复苏利益分配和政策协作上更难以形成实际共识和共同行动，进而导致全球经济整体利益的受损。

其四，全球经济复苏缺少模式亮点。

2008—2012 年次贷危机和欧债危机的接续，不仅让美国和欧洲先后陷入危机震心，更从深层次摧毁了近几十年来经济增长的美国模式和欧洲模式。经济增长的美国模式是以增长依赖透支为核心，以房地产市场透支家庭购买力、家庭消费透支未来不稳定现金流、金融机构产品创新透支风险偏好为表现，最终透支的难以为继导致市场信心的骤然缺失、流动性的突然枯竭，次贷危机爆发。经济增长的欧洲模式则是以一体化为核心，以货币一体化激发生产要素配置效率为表现，最终一体化在福利、政治、财政和货币等多个层次的跛足搭配导致财政失衡缺乏有效约束、财政巩固缺乏有效互助，欧债危机爆发。而2012 年末 2013 年初的风暴过后，危机进入第三阶段，经济增长的新兴模式恐将失去色彩。经济增长的新兴模式是以制度优化、人口红利和追赶效应为核心，以新兴市场依托独立要素实现长期高速增长为表现，但随着经济规模的加大、人口红利的消失、制度瓶颈的到来、长期风险的积累、两轮危机的冲击和政策效能的降低，新兴模式也正日渐式微。当危机从 2008 年走进 2013 年和更远的未来，全球经济逐渐缺少值得称道的模式亮点。

缺少亮点的全球经济看似将走进一段黯淡的时光，但更值得强调的是，全面的黯淡正是新亮点孕育的最佳温床。在笔者看来，缺少亮点本身就是最大的亮点，全球经济的自由落体更像是一种洗尽铅华后的涅槃重生，市场原旨主义的回归将引致经济时代的变迁和发展模式的重建。从次贷危机到欧债危机，信用崩溃从微观层次转向宏观层次，而风暴过后，全球经济则有望在信用泡沫挤尽后进入一个信用重建的新阶段，金融机构和宏观政府超出自身承受能力的虚拟信用将被新生的市场信用所取代。从次贷危机到欧债危机再到风暴过后，随着增长的精神依托在资产膨胀、金融创新、政策刺激、区域抱团、脱钩发展、长期追赶等方面一一破灭，增长的时代精神将再度拥抱真实要素和市场力量。而如何在这新模式、新希望孕育的新阶段，顺应经济发展理念的新变化，适应全球经济增长的新趋势，把握新一轮周期发展的潜在机遇，将是中国经济迫切需要思考的关键问题。

成文于 2013 年 4 月 24 日。IMF 本来就有"过于乐观"
的积弊，拉加德上台之后，这一风格更加强化。

透过数据看趋势

　　品味经济世界的风云变化，没有数据是万万不能的，但数据也绝对不是万能的，透过数据看趋势，透过表象悟本质，透过喧嚣读潜语，才能既不失客观，也不会被数据的绝对意志所摧毁。2013 年 4 月，IMF 公布了一系列重要报告，并更新了其《世界经济展望》的基础数据库，分国别和分区域的总计 10538 组经济指标连续 39 年的时间序列数据构成了一片数据海，畅游其间，全球经济整体趋势、细节运行和未来发展的形象更加丰满起来，而金融市场发生的一系列变化也能得到别样的解释。

　　对于经济分析而言，充分掌握数据本身十分必要，但没必要拘泥于数据。特别对于 IMF 公布的数据，笔者以为，需要多一点辩证认识，IMF 数据的确权威，也是各种判断的基准证据，但 IMF 的数据也存在不易察觉的三大问题。

　　其一，IMF 在数据预测方面有明显的"全面偏乐观"的特征。

　　2013 年 4 月，IMF 就将 2013 年全球经济增长预估值下调了 0.2 个百分点，2013 年 1 月，IMF 曾将 2013 年经济增长预估值下调了 0.1 个百分点，再之前的 2012 年的几次数据公布和更新，IMF 基本也是在不断调降全球以及绝大多数主要经济体的增长预估值。IMF 连续下调预估值的动态过程，一方面意味着全球经济复苏的实际演进过程差强人意，另一方面也潜在表明 IMF 一直处于过于乐观的"预期超调"状态。从 IMF 总裁拉加德上任以来的言论看，她也始终不吝表达 IMF 对全球经济快速复苏的信心。因此，某种程度上理解，预测数据全面偏乐观可能是 IMF 意图提振市场信心的一种"善意误差"，这也寓意市场无须对 IMF 预测数据的绝对水平过于纠结。

其二，IMF 的个别数据具有一定程度的"误导性"。

由于 IMF 数据涉及范围广，因此即便源自各个经济体的基础数据不存在统计误差，IMF 也需要在国别比较、区域综合过程中融入更多的技术元素，而技术选用和数据处理难免具有主观性，这是数据结果出现误导性的根源。例如，根据 2013 年 4 月的预测数据，2017 年，中国 GDP 的全球占比有望从 2012 年的 14.92% 升至 18.27%，同期，美国 GDP 的全球占比则将从 2012 年的 18.87% 降至 17.94%，中国将取代美国成为全球经济规模最大的经济体。但值得注意的是，这种全球占比的计算是基于美元标价的，IMF 在这里使用的是基于购买力平价的折算汇率，2012 年这个折算汇率是 1 美元兑 4.186 元人民币，很显然，相对于我们经常见到的市场汇率，这种折算汇率高估了人民币，进而高估了以美元标价的中国 GDP。IMF 数据具有广泛接受性，如果直接使用 IMF 的部分处理后数据，显然有误导之嫌。

其三，IMF 的数据也有可能出错。

作为全球性机构，IMF 是少数提供超主权宏观数据的组织，且不论 IMF 和世界银行、亚洲开发银行等超主权组织的区域数据存在明显差异，即便 IMF 自己，也偶尔会出现很难被发现的自相矛盾现象。例如，笔者就发现，同为 IMF 于 2013 年 4 月公布的报告，《世界经济展望》第 56 页的表 2.3 中，2012 年亚洲实际经济增长率为 5.3%，2013 年的预估值为 5.7%，但《亚太地区经济展望》第 5 页的表 1.1 中，2012 年亚洲实际经济增长率则为 6%，2013 年预估值为 6.5%。两份报告出现如此矛盾，有损 IMF 的数据权威，但也告诉我们一个道理，任何数据背后都有人的参与，在分析经济世界的过程中，完全依赖数据和完全天马行空，都是非理性的。

从笔者近十年来观察和使用 IMF 数据的经验来看，IMF 数据的重要性，并不在于其绝对值本身，而是可以通过 IMF 数据的相互比较、相互关联和前后变化，读懂全球经济运行的大趋势和新变化，以及作为最权威的跨主权组织和经济研究机构之一，IMF 对这些趋势和变化的态度。同样，IMF2013 年 4 月发布的《世界经济展望》、《全球金融稳定报告》、《财政监测报告》、《亚太地区经济展望》和同步更新的主数据库，也给市场传递了一些重要的宏观趋势新信息。

首先，美国经济复苏力度可能要超出数据显示的水平。根据 IMF 的预测，2013 年美国经济有望实现 1.9% 的增长，增速较 2012 年下降了 0.3 个百分点，数据本身似乎暗示着美国经济复苏势头放缓，但 IMF 分析指出"这一增长率是在力度很大的财政整顿（相当于 GDP 的 1.8%）的背景下取得的"，实际上，在家庭去杠杆化、房市去泡沫化、增长渐趋内生化的背景下，美国经济复苏韧性明显超出其他发达经济体。有鉴于此，IMF 也首次确认全球经济从"双速复苏"进入"三速复苏"状态，即在新兴市场之外，回归强势的美国也已成为全球经济复苏的主要引擎。再看当下，美国经济的近期表现并不好，甚至有著名投行转而唱空美国经济，2013 年 3 月末以来，美国经济的短频数据也连续弱于预期，特别是就业形势有恶化迹象。结合 IMF 数据蕴藏的大趋势体味现在的小变化，2013 年第二季度美国经济增长率可能会明显弱于第一季度，但美国复苏基础依旧牢固，那些推动复苏的要素并未发生根本变化，因此，短期走弱不改中长期强势复苏的态势，现在唱空美国，可能颇为短视，偏离实际。

其次，全球财政巩固的可置信度可能正在下降。2010 年以来，债务危机取代次贷危机，成为困扰全球经济的核心风险，如此背景下，财政巩固被普遍视作夯实国家信用和化解债务风险的必然选择。实际上，财政巩固的确非常必要，但其带来的增长动力缺失也让政策层十分烦恼。2013 年 4 月，IMF 悄然流露出对财政巩固的偏好微变。在《财政监测报告》中，IMF 指出"必须持续推进财政整顿，将债务比率降到更合适的水平上，尽管在实践中难以精确判断怎样规模的公共债务才是审慎的"；在《世界经济展望》中，IMF 则指出"尽管自动支出削减机制缓解了对债务可持续性的担忧，但这是错误的做法，美国目前应实施规模更小的、更有效的财政整顿，同时承诺未来加大整顿力度"。考虑到这两份报告的分量，IMF 措辞的转变非常值得品味，当然，我们不能说 IMF 在鼓励各经济体开空头支票，但至少 IMF 暗示，大规模的财政巩固不合时宜。2013 年以来，全球主要财经媒体一度掀起了一场关于 R&R（Reinhart 和 Rogoff）学术论文的大讨论，有学者发现，R&R 的经典结论是来自数据和技术的错误。而 R&R 的《债务时代的增长》一文，完全可视作财政巩固的理论基石之一，这篇学术文章的一个经典结论是"负债率超过 90%，经济体可能会出现增长灾难"。这场貌似学术圈的论战，正在向 IMF 的观点靠拢，即越来越多的专业人士认为，负债率并不存在统一的警戒线，而是因国而异。实际上，因国而异意味着每个经济体可能都适合更高负债，这实际上放开了政府加大财政支出、减弱财政巩固的手脚。

最后，国际金融市场的波动性可能会大幅超出预期。拉加德曾在 IMF 报告公布前，就毫不讳言对日本货币新政的支持。IMF 的此种态度在数据海中也有体现，尽管 IMF 始终在调降绝大多数经济体的增长预期，但却于 2013 年 4 月将日本 2013 年和 2014 年的经济增长率分别上调了 0.4 个和 0.7 个百分点，潜在表明了对日本新政获得经济成功的信心。此外，IMF 在《全球金融稳定报告》中明确指出，"通胀预期得到了更好的控制，因此央行将有更多余地为经济活动提供支撑"，这又是对日本超预期宽松政策的声援。在谈到敏感的汇率问题时，IMF 的措辞更耐人寻味："美元和欧元似乎稍被高估，人民币则稍被低估，对于日元的定值，偏高偏低的证据都存在。"联系国际外汇市场的走势，IMF 的表态潜在意味着，美元汇率的短期强势可能难以形成长期大牛市，而日元的走势可能将完全处于"随机游走"的大幅波动状态，向哪个方向演化都有可能。考虑到黄金一度暴跌，美股也曾由于谣言上演过一刻惊魂，汇率市场则可能渐趋失序，整个全球货币政策的不确定性和金融市场的高度波动性可能都会超出预期。

成文于 2013 年 5 月 10 日。制定货币政策就像在菜市场里拉小提琴，谁能更专心致志、心无旁骛，谁就更有节奏、更加优雅。

政策"不折腾"是复苏的关键

对于全球货币政策制定者而言，危机后的世界就是一个天然的经济学实验室，事实上，尽管绝大多数经济体都选择了宽松的大方向，但政策风格的内在差异造成了政策效果的现时反差。从 2010—2013 年全球经济告别 2009 年衰退后的政策演化和复苏进程看，货币政策稳定性是经济复苏稳定性的重要基石，"不折腾"的政策为复苏速度和质量的同步提升创造了良好的环境，而"折腾"的政策不仅让实体经济在增长动力匮乏和通胀压力较大的反复纠葛中陷入不稳定的困境，还把政策调控自身间接逼上了难以为继的窘境。

继 2013 年 4 月日本央行祭出大幅超预期的宽松政策后，5 月初，印度央行将基准利率降至 7.25%，欧洲央行也将基准利率降至 0.5% 的历史低位并放出"对负存款利率持开放态度"的狠话。而 5 月 7 日，澳大利亚央行又宣布降息，将基准利率降至 2.75% 的历史最低位。尽管包括欧元区、澳大利亚、印度在内的诸多经济的体宽松货币新政迭出，且不断呈现出"创纪录"的极端形式，但经济形势并不乐观。从深层次看，危机爆发后货币政策演化缺乏稳定性是这些经济体增长瓶颈和政策瓶颈同期而至的根本原因。

以欧元区和澳大利亚作为发达经济体的例子，以印度和中国作为新兴市场经济体的例子，大部分现在陷入增长速度放缓困境的经济体都曾在利率政策上出现过方向性逆转，这种事实上的"相机抉择"一定程度上不仅未能起到夯实复苏基础的作用，可能还会成为放大经济周期波动的不稳定因素。货币政策和经济形势的动态演化生动地诠释了这一点。

众所周知，2008 年 9 月雷曼兄弟事件后，全球主要央行都进行了大幅度的降息操作，并采用了一系列超常规的量化宽松政策，向市场注入了大量流动性。时间长、力度大的全球宽松货币政策 V1.0 成功将全球经济从 2009 年的衰退中挽救出来，但也不可避免地带来了短期通胀上行的压力，几乎所有经济体都在 2010—2011 年上半年受到了这股通胀压力的影响，并先后进入压力顶峰期：欧元区通胀顶峰期出现在 2011 年 9 月，峰值通胀率为 3%；澳大利亚通胀顶峰期出现在 2011 年第二季度，峰值通胀率为 3.5%；印度通胀顶峰期出现在 2010 年 1 月，峰值通胀率为 16.22%；中国通胀顶峰期出现在 2011 年 7 月，峰值通胀率为 6.5%。

面对 2010 年起陆续出现的通胀上行压力，大部分经济体习惯性地开始收紧货币政策，全球经济刚走出几十年来首次全局性衰退，就迫不及待地进入了"政策退出"的环节：澳大利亚央行和欧洲央行分别于 2009 年 10 月和 2011 年 4 月启动了 2008 年危机后的首次升息，印度央行和中国央行也分别于 2010 年 3 月和 2010 年 10 月开始调升基准利率。

事后来看，全球大部分货币政策制定者均于彼时小看了金融危机的威力，并高估了自身经济复苏的内生动力和可持续性。这一波危机后的政策收紧阶段都只持续了一小段时间，危机后欧元区第一次加息和最后一次加息仅隔 3 个月，澳大利亚紧缩了 13 个月，印度与中国第一次和最后一次加息则分别隔了 19 个月和 9 个月。

虽然持续时间不长，但紧缩性货币政策依旧给实体经济造成了较大抑制性影响，全球经济复苏于 2011 年下半年再度出现全局性的停滞危险，所谓的"二次探底"不期而至。受此影响，全球诸多经济体又重新拾起"被退出"的宽松大旗，全球宽松货币政策 V2.0 时代再度开启：2011 年 11 月和 12 月，澳大利亚央行和欧洲央行先后进行了紧缩后的第一次降息。2012 年 4 月和 6 月，印度和中国央行也再度降息。值得强调的是，从全球宽松货币政策 V1.0 后的最后一次升息到全球宽松货币政策 V2.0 后的第一次降息，澳大利亚隔了 12 个月，中国隔了 11 个月，印度隔了 6 个月，欧洲甚至只隔了 5 个月。方向完全相反的两次基准利率调整，竟然前后相隔不足一年！危机后大部分经济体羊群式的"宽松—紧缩—再宽松"之路不可谓"不折腾"。

政策反复的结果是，通胀来得快去得更快，紧缩性政策可能还未来得及对物价稳定施加威力，通胀就已经消失殆尽，但经济复苏却逃不过雪上加霜的致命又一刀。在通胀高峰出现 2 个季度后，澳大利亚的通胀率就降到了 1.6%；在通胀高峰出现 3 个月后，欧元区的通胀率就降至 3% 以下，但 2013 年第一季度经济增长率却较通胀高峰期下降了 0.7 个百分点。新兴市场的情况更加令人唏嘘：印度的通胀几乎就没有消失过，但 2013 年第一季度经济增长率却较通胀高峰期下降了 6.9 个百分点；在通胀高峰出现 11 个月后，中国的通胀率就降至 2.2%，但 2013 年第一季度经济增长率却较通胀高峰期下降了 1.8 个百分点。

大部分经济体不稳定的货币政策放大了波动性风险，并给这场百年一遇的金融危机爆发后的全球经济复苏带来了额外的不确定性。那么，有没有反例？有，美国就是反例。2008 年以来的现实表明，美联储保持了最为稳定的宽松货币政策，并给美国经济复苏创造了良好的货币环境。事实上，在全球先后承受通胀压力的阶段，美国 2011 年 9 月的通胀率峰值高达 3.9%，远高于欧元区等发达经济体，但美国既没有提升处于历史最低水平的 0~0.25% 的基准利率，也没有明显削弱注入流动性的力度，QE 从 1 到 2 到 3 到 3s，中间还夹杂着扭转操作，美联储的常规政策和非常规政策自始至终都没有真正紧缩过。

稳定的宽松货币政策消除了大量不必要的不确定因素，给复苏创造了宽松、稳定的货币环境，美国经济也自 2012 年起就呈现出周期性领跑的态势，而根据笔者的测算，剔除库存、政府支出和贸易三大波动因子的影响后，2012 年第四季度和 2013 年第一季度，美国经济内生增长水平分别为 3% 和 2.77%，复苏兼具质量和速度。鉴于美国经济超出其他经济体的复苏稳健性，IMF 在 2013 年 4 月的《世界经济展望》中首次宣布，全球已经进入美国、新兴市场共同引领的"三速复苏"时代，而不再是美国缺席的"双速复苏"时代。

对比美国的"不折腾"和欧元区各国的"折腾"，政策稳定性是稳健和可持续复苏的关键。那么，为什么危机之后货币政策的稳定性如此重要？学术研究给出了一些极具说服力的解释：一方面，宽松政策和信贷扩张的影响是不对称的，信贷扩张引致的通胀效应持续时间长，增长效应持续时间短，市场必然会有一段时期在没有察觉增长激励已经消失的同时，被正值高潮的通胀效应所困扰，而这种经济过热的虚假信号会诱使货币政策转向紧缩；另一方面，紧缩货币政策的短期影响和长期影响又是不对称的，长期内收紧银根会从需求面着力打压通胀，但短期内紧缩政策很容易从供给面造成微观企业融资成本上升，并给实体经济带来深层打击，同时还会带来长期通胀中枢上行的压力。

事实上，如果仔细品味 2008 年以来中国经济的运行状态，就会发现，学术研究所显示的影响效应很好地映射进了现实：先是增长受制于次贷危机，随后 2010—2011 年的信贷大投放引发通胀短期上行，政策层收紧银根；后来通胀压力很快消失，但资金变得紧俏，变相高利贷出现，影子银行蓬勃发展，微观企业状况恶化；再后来政策层再度放松银根，并引导金融体系切实支持实体经济，但微观层面的状况改善却难以快速跟随政策的转向，于是出现了 2013 年第一季度"金融热、经济冷"的状况。笔者以为，如果把经济、金融看作一个整体，2013 年的"热油炒生菜"一定程度上是经济、金融体系在不稳定政策影响下自身功能紊乱的一种阶段性表现。

而改变"金融热、经济冷"的状况，让复苏呈现出如美国经济般的稳健性，无论是中国，还是其他在危机后出现过货币政策反复的经济体，都应该戒骄戒躁，切实降低政策自身的波动性，让货币政策回归政策搭配中的配角本位，给结构性政策发挥主角作用做好配合。只有稳健货币政策保持并增强内在稳健性，复苏才会更稳定、更具可持续性。

成文于 2013 年 9 月 1 日。叙利亚战争虽然没有最终爆发，但本文将海湾战争和科索沃战争作为经济分析的样本，得到了一些有意义的结果。

叙利亚局势拖累全球经济复苏

2013 年 8 月下旬，叙利亚局势急剧恶化，以美国为首的西方国家发动对叙利亚武装干预的可能性明显上升。受此影响，国际金融市场大幅震荡。笔者以为，对于全球经济而言，叙利亚问题的尴尬之处恰在于它的爆发时点。无论美国经济、欧洲经济还是新兴市场经济，正处于各自较为关键的敏感阶段，叙利亚问题放大了现有不确定性的不确定性，并由此给全球经济复苏蒙上了阴影。

首先，美国经济正处于 QE 政策即将启动退出和债务上限之争渐趋激烈的敏感阶段，叙利亚局势恶化可能将拖累美国财政巩固进程，加大美国债务负担，进而给美国经济可持续增长带来一定压力。笔者分析了 1991 年海湾战争和 1999 年科索沃战争期间的美国经济数据，发现如下结果。

一方面，局部战争对美国实体经济增长的整体影响偏负面，战争导致的投资收缩会抵消政府国防支出增加带来的短期增长提振效应。海湾战争爆发于 1991 年 1 月，此前备战阶段的 1990 年第四季度，美国政府国防支出季环比年率增长 6%，1991 年第一季度战争爆发期间，政府国防支出季环比年率增长 3.5%，均高于 1947—2013 年美国国防支出 2.96% 的季度平均增长率。这两个季度，强劲的国防支出分别给美国经济提供了 0.4 个和 0.24 个百分点的增长贡献，高于 0.19 个百分点的历史平均增长贡献。但受战争影响，1990 年第四季度和 1991 年第一季度，美国投资大幅减少，并造成了 3.64 个和 2.04 个百分点的增长拖累，不仅抵消了国防支出的增长贡献，还直接导致这两个季度美国 GDP 分别萎缩了 3.4% 和 1.9%，陷入十年来首次衰退。再看 2013 年 8 月这个时点，美国经济刚刚走出金融危机的阴影，复苏基础并不稳固，而且增长对投资的依赖较大，2013 年第二季度，美国实际 GDP 季环比年率增长 2.5%，其中投资做出了 1.48 个百分点的增长贡献，甚至高于消费的 1.21 个百分点。如果美国武装干预叙利亚，那么国防支出的增长贡献虽然有望小幅提升，但投资受到的打击可能会产生相对更大的增长拖累效应，进而对美国经济复苏进程产生负面冲击。再加上美联储退出 QE 已成定局，长期利率呈上升趋势，美国经济增长可能将面临双重压力。

另一方面，局部战争将带来一定的财政压力和债务风险。海湾战争爆发的 1991 年，美国国防支出占全部支出的比例从 1990 年的 23.95% 上升至 24.14%，创 1990 年以来的最高点；美国财政赤字则升至 4.8%，大幅高于此前两年的 3.09% 和 4.06%；美国政府总债务占 GDP 的比例也升至 68.38%，较 1990 年跃升了近 5 个百分点。值得注意的是，本次叙利亚局势恶化同 1991 年海湾战争和 1999 年科索沃战争的宏观背景完全不同，从债务规模看，2012 年美国负债率为 106.5%，2013 年预估值为 108%，远高于前两次局部战争时期的水平。而从债务可持续性看，现在的形势更是不容乐观。海湾战争和科索沃战争期间美国国债上限分别为 4.145 万亿美元和 5.645 万亿美元，战争期间和战后一段时间内美国国债发行均没有触及上限，海湾战争结束 2 年后、科索沃战争结束 3 年后美国国债上限才被提升。但叙利亚局势恶化前，美国国债总额就已达到 16.394 万亿美元的上限，财政部使用各种特殊方法也仅能维持到 2013 年 10 月中旬不发生债务违约，2013 年 8 月 26 日，美国财长杰克·卢（Jack Lew）就已致信众议院议长博纳，要求共和党同意提高债务上限，但在战争降低减赤可信度的背景下，美国国会关于国债的上限之争可能更趋激烈，如果未能及时达成一致，美国债务违约风险可能将突然跃升。

其次，欧洲经济正处于刚刚走出连续衰退和德国大选将至的敏感阶段，叙利亚局势恶化可能将中断欧债危机渐趋缓解的演化态势，加剧欧洲内部分化，并给欧洲经济彻底摆脱衰退带来一定的压力。作为欧洲最重要的三个国家，德国、法国和英国均参加了 1991 年海湾战争和 1999 年科索沃战争。从历史经验看，局部战争加大了债务负担，削弱了投资增长，进而拖累了经济增长。海湾战争爆发的 1991 年，德国、法国和英国的公共财政赤字率分别为 2.9%、3% 和 3.1%，不仅较 1989 年和 1990 年明显上升，还压到了 3% 的警戒线。2013 年 8 月，欧债危机的紧张局势逐步缓解，经济形势趋向好转，2013 年第二季度，欧元区实际 GDP 实现 0.3% 的环比增长，结束了此前连续 6 个季度负增长的衰退态势。但值得强调的是，欧债危机并未根本性终结，根据 IMF 的预测，2013 年欧元区负债率将从 2012 年的 93.62% 升至 95% 左右，欧盟负债率也将从 2012 年的 87.22% 升至 89% 左右，债务风险依旧广泛存在。叙利亚局势恶化将加大参战欧洲国家的政府支出，并对市场信心产生全局性负面影响，进而可能导致债务风险上升，债务危机再度恶化。此外，欧元区经济复苏的基础也并不稳固，2013 年第二季度经济增长虽已实现由负转正，但失业率不降反升，7 月为 12.1%。在就业不足的背景下，信心趋强对经济复苏贡献较大，2013 年 8 月，欧元区消费者信心就从 2012 年末的 −26.3 升至 −15.6，投资者信心则从 2012 年末的 −16.8 升至 −4.9，叙利亚局势恶化带来的恐慌效应可能将削弱信心，特别是投资者信心，进而导致经济复苏缺乏支撑。

此外，欧债危机的不断改善和欧洲经济的持续复苏很大程度上依赖于德国经济的稳定表现和欧洲国家的内部团结。对于这两大支柱，叙利亚局势恶化将对其中至少一个产生破坏性影响。伊拉克战争之前的 2002 年德国大选的经验表明，当时德国社会民主党领导人格哈德·施罗德明确的不参战态度虽然损伤了美德关系，但却让他在大选中轻松获胜。德国民众存在较强的反战倾向，特别是由于历史原因对美国发动的局部战争心存反感。德国的偏好明显和法国不同步。对于欧洲经济整体而言，无论是德国态度的模糊，还是德国与法国之间的隔阂，都不利于内部稳定，进而会对经济复苏产生不利影响。

最后，新兴市场经济正处于经济增长放缓和局部金融震荡的敏感阶段，叙利亚局势恶化可能将带来"滞胀"压力，导致局部危机扩大化。从历史经验看，在中东局势紧张阶段，国际油价的上涨往往给全球经济带来一定的通胀压力，而新兴市场由于经济增长的能源消耗较大会受到较大影响。海湾战争爆发的1991年和科索沃战争爆发的1999年，新兴市场的通胀率就分别高达49.89%和12.81%。再看现在，2012年以来新兴市场呈现出经济增长放缓的态势，2012年整体经济增速为4.9%，较2011年下降了1.3个百分点，根据IMF的预测，2013年经济增速也仅为5%。值得注意的是，叙利亚局势恶化之前，新兴市场的通胀压力相对不大，2013年IMF预测的通胀率为5.9%，较2011年下降1.3个百分点，并低于21世纪以来6.77%的年均水平，但这一预测是基于2013年国际油价下跌4.7%的情景假定的，而叙利亚局势的恶化已经让国际油价大幅飙升。因此，受叙利亚问题的影响，新兴市场面临的输入型通胀压力大幅加大。在经济增长乏力和通胀压力骤增的背景下，新兴市场陷入"滞胀"困境的可能性明显加大，一旦陷入"滞胀"，政策将面临两难，长期经济发展的稳定性将有所下降。

历史经验表明，局部战争期间新兴证券市场往往面临着较大的资本外流压力。根据IMF的数据，海湾战争爆发的1991年，净流入新兴市场的国际资本为1039.76亿美元，其中证券投资净流入仅为110.6亿美元；而科索沃战争爆发的1999年，净流入新兴市场的国际资本则为365.99亿美元，净流入量是1990—2012年的最低值，当年新兴市场证券投资净流出为279.76亿美元。再看2013年8月，受QE政策即将退出和发达国家经济基本面好转的影响，新兴市场本就面临着较大的资本外流压力，叙利亚问题可能将使得形势进一步恶化。根据IMF的统计，2012年流入新兴市场的国际资本仅为1448.67亿美元，创2003年以来的最低点，而证券投资净流入为1649.02亿美元，1981年以来首次超过全部资金净流入量。值得强调的是，新兴证券市场易发生大涨大跌的情况，资金流动则具有较大不稳定性，在印度和印度尼西亚等少数新兴市场股市近期大幅下跌的背景下，国际投资者可能将由于叙利亚局势恶化进一步加快证券投资的全球布局调整，大幅撤出新兴市场股市，进而导致印度尼西亚和印度等少数新兴市场的局部危机更趋恶化，同时也可能由此波及其他基本面还比较健康的新兴市场经济体，导致金融震荡在新兴市场的波及范围扩大。

成文于 2013 年 8 月 29 日。现代战争的冲击力是超越物理空间的，所以，从经济金融角度看，这个世界没有真正意义上的"安全岛"。和平与每一个国家、每一个人息息相关，不管你能不能听到枪炮之声。

战争阴影笼罩全球经济

黑云压城城欲摧，甲光向日金鳞开。金融危机的阴霾尚未散去，叙利亚的战争阴云又席卷而来，2013 年 8 月 28 日，奥巴马声称，美国已有定论，叙利亚政府近期大规模动用化学武器攻击平民。尽管奥巴马尚未最终决定武装打击叙利亚政府军，但局部战争已经箭在弦上、一触即发。作为经济学者，笔者无意也无力分析政治局势的未来演化和战争爆发的可能形式，但正如美国第三任总统杰弗逊所言"战争对于惩罚者本身所造成的惩罚不亚于对受害者本身"。从经济角度看，叙利亚如若爆发局部战争，经济世界少有赢家。具体而言，叙利亚局势的恶化将对全球经济复苏带来三重不利影响。

首先，地缘政治动荡将加大全球经济的潜在"滞胀"风险。对于全球经济而言，叙利亚只是个小国家，但卷入叙利亚动荡甚至可能直接参与军事打击的都是全球经济举足轻重的国家。现在看来，军事打击几乎已经不可避免，但即便短期内战事不会打响，全球经济的增长信心都将受到一定程度的打击。而当下，主要国家经济复苏均处于不稳定状态，全球经济复苏基础尚不稳固，内生增长动力虽有一定体现但也依赖于信心的维系。如果战事爆发，紧张情绪激化，消费者信心和投资者信心都会受到打击，全球增长压力恐将明显加大。更重要的是，叙利亚局势恶化已经导致国际油价飙升至 110 美元 / 桶以上，如若战事爆发，中东石油运输安全恐将面临更大威胁，并推动油价继续上涨。本来全球"滞"的压力是主线，如果不合时宜的供给冲击引致"胀"的压力凸显，那么"滞胀"格局的形成和加固将给每一个经济体带来政策两难和复苏困境。以史为鉴，海湾战争爆发的1991年，全球经济增长率仅为2.2%，通胀率则高达17%，随后几年全球经济也始终处于"增长率低于2.3%、通胀率高于15%"的极端"滞胀"状态。当前，IMF对2013年全球经济增长的预估值为3.1%，对通胀的预估值则是3.8%，单从数据本身看已经有"滞胀"压力的雏形，而且这一情况还是基于油价2013年下跌4.7%的预期推定的，由此可见，如果叙利亚爆发战争，将构成全球经济的"黑天鹅"事件，全球经济可能将由此陷入宏观政策最不愿面对也最无力应对的"滞胀"噩梦。

其次，地缘政治动荡将加快全球经济和金融市场从"风险偏好减弱"（Risk Off）向"风险偏好增强"（Risk On）状态转换。地缘政治背后是针锋对麦芒的大国博弈，美国、英国、法国和德国似乎还未真正牵手，但基本站到了同一阵营，而俄罗斯在叙利亚问题上也表现强硬，两大阵营间的对立形势渐趋严峻，一旦美国真的发起军事行动，大国碰撞恐将进一步升级。战争阴霾和大国博弈势必将加快全球经济和金融市场的状态转换。在经济层面，风险偏好的增强抑制经济主体的"冒险冲动"；在金融层面，风险偏好的增强则将激励投资者尽快完成资产配置的结构转换。特别值得强调的是，此前受美国即将退出QE的影响，市场对全球流动性收缩就形成了预期，而在欧洲、美国、日本经济走强、新兴市场经济表现相对乏力的影响下，国际资本也已经启动了对投资区域的结构调整。全球资产配置的结构调整直接引致了近期的"东南亚金融动荡"，并引发了市场对新兴市场全局性危机的担忧。如若叙利亚形势进一步恶化并爆发战事，国际资本可能将进一步加快资产配置调整的速度和加大调整的力度，进而可能造成两方面影响：一是金融动荡的量级将超预期加大，类似印度和印度尼西亚这样的"边缘"新兴市场国家恐将遭遇难以抵御的金融危机，甚至可能由此发生难以预料的政治动荡和社会混乱；二是金融动荡的范围将非理性扩展，一些基本面较为稳定的中间层和核心层新兴市场经济体可能也将受到冲击。此外，在全球"Risk On"状态下，传统避险资产的吸引力明显加大，不仅金价获得支撑，而且美国国债也将受到青睐。实际上，在近期美国国债收益率持续上升并逼近 3% 的背景下，叙利亚如果爆发战争，某种程度上可以视作对美国退出 QE 的风险对冲，国际资本由于风险偏好趋弱向美国债市的流动将给美国国债收益率带来下行压力。因此，从根本上看，叙利亚如果爆发战争，新兴市场受到的冲击可能将明显大于以美国为首的发达国家，全球经济分化恐将进一步加剧。

最后，地缘政治动荡将放大全球经济现有不确定性的不确定性。全球经济复苏最大的敌人就是不确定性，无论是美国、欧洲、日本还是新兴市场，目前均处于不确定性较为集中的阶段。叙利亚问题不仅深度影响着牵涉其中的国家，也对全球经济环境造成了深远影响，不确定性本身的变数进一步加大。以 2013 年 9 月 22 日的德国大选为例，本来默克尔连任的态势较为确定，但叙利亚问题急剧恶化后，作为现任总理的默克尔面临两难选择，如果不积极回应，选择不参战，不仅对于其他反应较为积极的欧洲国家是一种"不合群"的表现，而且会对美德关系产生一定负面影响，甚至在部分选民看来，这也是德国政府在人道主义问题上未展现"大国"风范的表现；而如果积极回应甚至直接参战，那么 2002 年德国大选一幕可能重演，当时德国民众就极力不支持美国发起的伊拉克战争，这一次德国民众也很可能会对德国表现积极心存不满。对于默克尔而言，无论作何选择，可能都是一种赌博，原本较为确定的德国大选突然就变得悬念再生。而德国大选不确定性的加大，无论对于刚刚走出衰退的欧元区经济，还是对于呈现出向好迹象的欧债危机演化，都是不容忽视的风险。就全球而言，诸多不确定性可能都会由于叙利亚问题而变得更加不确定，如此背景下，全球化将受到抑制，全球要素流动放缓，国际贸易增长更趋乏力，根据 IMF 的数据，海湾战争爆发的 1991 年和科索沃战争爆发的 1999 年，全球贸易增长率分别为 4.74% 和 5.54%，增幅均低于相邻年份，且都低于 1980—2012 年历史平均的 5.6%。2013 年，IMF 预测全球贸易增速为 3.1%，在叙利亚局势恶化背景下，这一绝对值本就较低的预测可能也都过于乐观了。

总之，在战争阴霾笼罩下，全球经济复苏将面临更大挑战，无论对于微观个体还是宏观主权国家，都有必要加强对风险要素的考虑，行为选择更趋谨慎。

成文于 2013 年 10 月 20 日。全球经济从新兴市场导向向发达国家驱动的"转变"，是不以人的意志为转移的，这个"转变"恰是多元化退潮的一种表现。

全球经济前景黯淡

2013 年 10 月 17 日，美国在最后关头悬崖勒马，政府停摆和债务上限问题一并解决；10 月 18 日，数据显示，中国经济于第三季度创下 7.8% 的同比增长水平，增速较上一季度小幅回升。美国债务违约威胁的解除和中国经济下滑风险的暂缓让市场长吁一口气，全球经济貌似又将迎来一段平静期。但遗憾的是，真正值得弹冠相庆的时刻还远未到来，美国熙熙攘攘的财政争议让市场忽视了近来出现的其他一些重要信息。2013 年 10 月中旬，高盛全球领先指标显示全球经济增长恐将急剧放缓；而 IMF 在《世界经济展望》、《全球金融稳定报告》和《财政监测报告》中也表露出对全球经济下行风险的担忧，《世界经济展望》序言最后一段就点明"危机后的复苏仍在继续，但过于缓慢"，概要第一句更强调"全球增长进入低速挡位"。

2013 年 10 月更新的预测数据也表明，全球经济前景的确黯淡，复苏力度明显弱于 2011 年。根据 IMF 的预测，2014 年，全球经济有望实现 3.6% 的增长，增速虽然较 2013 年上升 0.7 个百分点，却低于 2011 年的 3.9%。不仅增长的绝对水平不高，相对变化更是尽显乏力，2013 年 10 月，IMF 将 2013 年和 2014 年全球经济增速较 7 月预测分别下调了 0.3 个和 0.2 个百分点。更进一步将 2013 年 10 月 IMF 的预测数据与一年前进行比较，结果更令人震惊和失望：2012 年 10 月至 2013 年 10 月这一年，IMF 将 2013 年和 2014 年全球经济增速累计下调了 0.72 个和 0.55 个百分点，将 2013 年和 2014 年发达国家经济增速累计下调了 0.34 个和 0.28 个百分点，将新兴市场经济增速累计下调了 1.14 个和 0.8 个百分点。一年前，IMF 对 2014 年中国、印度、巴西、俄罗斯、美国、日本和欧元区的经济增速预估值分别是 8.51%、6.39%、4.2%、3.88%、2.94%、1.53% 和 1.53%，一年后，IMF 将这些经济体的经济增速预估值分别降至 7.3%、5.1%、2.5%、3.0%、2.6%、1.2% 和 1%。

预测数据的前后比较显示，未来全球经济前景渐趋黯淡。结合 IMF 权威报告、历史数据和新近趋势，全球经济前景黯淡的原因有二。

首先，全球经济恐将增长无依。《世界经济展望》尖锐地指出"全球经济已进入另一个转变过程"，这"另一个转变"即从新兴市场主导转向发达国家驱动，2014 年新兴市场经济增速的绝对水平虽然依旧高于发达国家，但领先幅度和全球贡献却降至危机以来的最低。对于全球经济而言，这种增长引擎的"新转变"十分危险。一方面，这种转变不具有稳定性。恰如《全球金融稳定报告》所言，市场对美国货币政策正常化和中国经济增长中枢下移的预期已经在 2013 年开启了一场"小型压力测试"，测试结果显示，印度、印度尼西亚发生危机，国际金融市场波动性大幅上升，增长压力普遍骤增。测试表明，全球经济结构的"新转变"是一个充斥不确定性和市场恐慌的过程。另一方面，这种转变本质上也是跛足的。发达国家经济虽然整体呈现出较强的短期反弹态势，但只有美国经济复苏的可持续性值得信赖，欧洲和日本出现的积极迹象很大程度上是"信心自我实现的结果"，恐难长期维系。如果全球经济转而依赖发达国家驱动，那么最终可能会演化为美国单核驱动，这本质是过去五年危机治理的成果回吐，也是向不稳定霸权结构的非理性倒退。而且，由于过去五年国际货币体系和全球经济秩序已向多元化方向进行了改革，如果被动回到单极模式，全球经济博弈恐将更趋复杂，"黑天鹅"事件发生的可能性将进一步加大。

其次，全球经济旧恨又添新愁。《世界经济展望》强调"一些新的下行风险已经浮现，而旧有风险基本上依然存在"。这是一个令人尴尬的判词，却也是现实。危机演化五年，全球经济失衡未见明显改善，财政风险和债务风险依旧广泛存在，而全球化始终处于退潮状态，2014 年全球贸易总量增长速度依旧低于 2011 年和历史平均水平，发达国家依旧深陷"无就业增长"的困境，新兴市场的结构失衡程度和金融脆弱性则没有明显下降。不仅旧风险仍在，新风险也层出不穷：其一，如《全球金融稳定报告》所言，"长期利率的上升幅度可能大于此前的预期"；其二，《全球金融稳定报告》又警示，"美国降低货币通融性可能导致进一步的市场调整，并使得那些存在金融过度和系统脆弱性的领域暴露出来"，也就是说，美国退出 QE 的风险并不仅限于美国，而是在全球范围内"发现短板、挤兑短板"的过程中，新兴市场边缘经济体的危险大幅加大；其三，《世界经济展望》则强调，新兴市场经济体"面临着增长减缓和全球金融条件收紧的双重挑战"，"增速下降幅度往往大于早先的预测"，新兴市场的增速放缓既可能是周期性的，又可能由潜在增长率下降所致，这种复杂局势不仅使得新兴市场中长期增长中枢下移，也导致新兴市场内部出现分化，政策趋同性下降，协同发展的优势恐将消失。

总之，全球经济前景黯淡，现在还远未到真正可以喘息的时候。

成文于 2013 年 10 月 10 日。对于新兴市场而言，经济规模的全球占比超过 50% 是个具有标志性意义的、喜忧参半的"大事件"。

危险的南北逆转

2013 年 10 月 8 日，IMF 公布了《世界经济展望》（WEO），并同步更新了近 200 个经济体的宏观数据库。作为国际权威机构半年公布一次的核心报告，WEO 勾勒出全球经济的整体轮廓，并对未来运行趋势进行了展望。由于 10 月的已接近 2013 年末，因此本期 WEO 的预估数据更具有精准度和参考价值。综览整个 WEO 涉及的过万组时间序列数据，一个标志性的数据变化即将发生：根据 IMF10 月预估，2013 年，根据购买力平价折算的新兴市场国家 GDP 总量占全球的比例为 50.41%，首次超越发达国家的占比。这意味着，全球范围内，南北经济实力的对比正悄然逆转，新兴市场在连续多年的强势崛起之后终于迈过"规模超越"的门槛。

不过，值得强调的是，逆转具有两面性，对于新兴市场而言，规模对比的逆转是有利的一面，而 WEO 新鲜的、更广泛的数据也显示了不利的一面。

一是预期对比逆转。在 WEO 中，IMF 将 2013 年和 2014 年全球经济增长预估值较 7 月分别下调了 0.3 个和 0.2 个百分点至 2.9% 和 3.6%。对全球经济更趋悲观主要归因于对新兴市场的信心下降，IMF 并没有调降对发达国家整体的经济增长预估值，但却将 2013 年和 2014 年新兴市场经济增长预估值分别下调了 0.5 个和 0.4 个百分点。数据表明，IMF 对新兴市场领头羊的表现尤其看淡，WEO 将俄罗斯、中国和印度 2013 年经济增长预估值分别下调了 1 个、0.2 个和 1.8 个百分点，并将"金砖四国"（俄罗斯、中国、印度、巴西）2014 年的增长预估值分别下调了 0.3 个、0.4 个、1.1 个和 0.7 个百分点。

二是增速对比逆转。近十年来，新兴市场经济快速发展，根据笔者的测算，2003—2012 年，新兴市场经济增速较发达国家的领先幅度为 4.92 个百分点。但根据 IMF 的预估，2013 年新兴市场和发达国家的经济增速分别为 4.55% 和 1.17%，从绝对水平看，新兴市场经济增速放缓至 2009 年以来的最低水平，而从相对水平看，新兴市场经济增速较发达国家的领先幅度降至 3.38 个百分点，为 2002 年以来最低点。根据 IMF 的预估，2014 年新兴市场经济增速领先幅度将进一步降至 3.04 个百分点，2015—2017 年则都将低于 3 个百分点。新兴市场较发达国家的领先脚步正在明显放慢。

三是风险对比逆转。IMF 数据表明，2013 年发达国家经济增速较 2012 年放缓 0.3 个百分点，通胀率的预估值也从 2012 年的 1.97% 降至 1.37%；同期，新兴市场的经济增速同比放缓 0.37 个百分点，通胀率的预估值却从 6.06% 升至 6.18%。这一对比表明，新兴市场正面对着发达国家所没有的"滞胀"风险，这将给新兴市场的政策调控带来更复杂的局面和更无奈的两难。此外，值得注意的是，2013 年发达国家的财政赤字率从 2012 年的 5.91% 降至 4.5%，而新兴市场的财政赤字率则从 2012 年的 1.71% 升至 2.34%，这一对比表明在发达国家财政巩固取得一定进展的情况下，新兴市场的财政失衡风险却不减反增。

四是贸易对比逆转。10 月期 WEO 的另一个具有标志性意义的数据转变体现在贸易领域，2013 年，新兴市场经常项目余额的 GDP 占比从 2012 年的 1.4% 降至 0.83%，而发达国家的这一指标则从 2012 年的 –0.08% 升至 0.14%，结束了此前连续 14 年为负的状态。此外，2013 年，发达国家的出口增速从 2012 年的 1.7% 提升至 2.35%，而新兴市场的出口增速则从 2012 年的 4.23% 降至 3.54%。这一对比表明，在全球贸易整体增速下滑的大背景下，发达国家正从全球化中获得相对更大的增长收益。

全球经济趋势具有两面性的南北逆转，传递出四层重要信息。

其一，2012 年以来出现的西进东退正从短期现象升级为中长期趋势。美国经济周期性领跑和新兴市场经济增速下滑相结合，形成了与全球经济多元化方向相反的西进东退态势。IMF 数据表明，美国经济复苏不仅有力度，而且具有全球罕见的内生性；而新兴市场增速放缓并不是简单的疲惫调整，而是一系列体制、模式和结构风险长期积累后渐次释放的伴生现象。因此，美国经济强势复苏和新兴市场减速发展都有可持续性，西进东退态势并不会如市场预期般迅速扭转。

其二，全球经济出现大幅偏离基准预期的"失速"危机的可能性悄然加大。值得注意的是，对于全球经济而言，南北逆转是一种不稳定的结构。毕竟，从次贷危机到欧债危机再到闹得沸沸扬扬的美债危机，2008 年以来风险始终集中在发达经济体，欧洲和日本依旧徘徊在半衰退边缘，只有美国经济复苏力度较强，但美国的财政风险和政治风险不容小觑，全球经济复苏很难依赖发达国家，而新兴市场在风险释放过程中也无法像在危机中那样，为全球经济复苏提供稳定贡献。因此，全球经济在南北逆转过程中很容易遭遇两大引擎同时乏力的情况。

其三，经济趋势南北分化可能将导致政策博弈更趋激烈。危机阶段，全球财政货币政策方向趋同，政策的外部性影响是互补的，但在南北逆转的背景下，全球经济周期呈现出较为明显的结构性差异，发达国家和新兴市场的政策目标和政策取向不再自发趋同。在财政政策方面，发达国家的财政巩固压力大幅高于新兴市场；在货币政策方面，个体差异性更加突出，美国正在启动货币政策正常化进程，欧洲和日本则依旧需要坚持量化宽松，部分新兴市场经济体在汇率异动压力下选择紧缩货币，另一些新兴市场经济体则无须快速收紧银根。政策的个体差异性扩大，将导致全球政策的相互作用更加复杂，政策目标的达成则相对更加困难。

其四，新兴市场增长模式向内生转换更为急迫。一方面全球经济增长的下行风险有所加大，另一方面全球化带给新兴市场的相对收益正在缩小，两相作用，新兴市场经济增长更难指望外部需求，只有加快模式转型和结构调整，新兴市场才能依靠内生增长走出困境。

总之，南北逆转具有两面性。对于新兴市场而言，规模赶超代表着过去的成就，而增速放缓、风险增多和困难加大则意味着未来的挑战。唯有辩证认识南北逆转的两面性，才能更好地适应全球经济结构的新变化。

成文于 2013 年 11 月 14 日。本文比较早就提出了"结构性通缩"的判断，从后来的趋势演化来看，通缩已经变成比通胀更迫切、更显著的危险。历史从不简单重复，一旦重复，会比过去更残酷！

竞争性宽松和结构性通缩

人们很容易相信陈见和妄语，但现实经济的运行却很少按世人认为的常理和阴谋家臆想的线路去演绎。2008 年金融危机以来，发达国家实施了被比喻为"直升机撒钱"式的宽松货币政策，全球经济在货币刺激下逐渐走入复苏通道。在很多人看来，复苏基调的逐年确定和政策余力的逐步耗尽将必然带来宽松政策的终结。所以，当 2013 年 5 月，伯南克开始在言语中暗示退出 QE 的可能时，市场普遍认为，持续五年的全球宽松大潮即将告一段落。

但事实却是，自 2013 年 9 月以来，新一轮"竞争性宽松"渐露端倪：先是美联储连续放过 9 月和 10 月这两次被市场认为"极为合适"的 QE 退出机会；随后的 11 月 7 日，欧洲央行又意外降息 25 个基点；11 月中旬，一系列宽松言论接踵而至，欧洲央行首席经济学家暗示了扩大资产购买的可能，英国央行行长卡尼则表示可能将货币政策转变的失业率门槛从 7.0% 降低到 6.5%，耶伦则在获得美联储主席提名后的第一次公开发言中表示，"当前经济增长和劳动力市场远没有发挥出应有的潜能，在经济和劳动力市场明显好转前，美联储不会减小货币政策刺激"。

作为发达国家货币政策的核心趋势，"竞争性宽松"包含两层含义：第一，货币政策基调是宽松的，即便美联储可能将于2014年3月甚至更早一些滞后启动QE退出，并引发市场对货币政策"收紧"的联想，但从基调上判断，美国、欧元区和日本的货币政策的基本属性是宽松的，2014年发生基准利率调升的可能性几乎为零。第二，竞争性表现为多种类型的"超预期"。美国、欧洲和日本的货币政策的周期所处阶段虽不尽相同，但为了取得"动态不一致"效果，其在各自周期阶段都常有超出预期的政策选择，包括超预期延长超常规政策、超预期提高货币政策收紧的经济门槛、超预期扩展资产购买规模等。

在新一波"竞争性宽松"浪潮来袭的背景下，很多人会不由自主地联想到通胀。"通胀无论何时何地都是一种货币现象"，这句经济学名言如此深入人心，以至于大部分人忽略了两个重要的事实：第一，着眼过去，2009年至今已经近五年，全球货币政策宽松几乎处于不断加码、不断涨潮的状态，但全球性通胀从未真正显形，根据IMF的数据，2009—2013年，全球年均通胀率为3.7%，还略低于新世纪以来的年均4%，并大幅低于1980年以来11.9%的历史平均水平。其间通胀压力最大的是2011年，全球通胀率为4.8%。第二，着眼现在，担忧全局性通胀几乎没有必要，真正值得担忧的且正在被少数经济学家警示的，恰是发达国家的通缩风险。而从根本上看，发达国家近来的"竞争性宽松"恰是这种结构性通缩压力下的政策应对。

虽然听上去有些不可思议，但结构性通缩正在成为发达国家乃至全球经济复苏最大的威胁之一。结构性通缩同样包含两层含义。

第一，从全球范围看，通缩压力是结构性的，只有发达国家面临通缩挑战。根据IMF的预估数据，2014年，新兴市场的通胀率为5.67%，2014—2018年的预估平均值则为5.1%，通胀压力始终存在，发达国家的通胀率为1.8%，2014—2018年的预估平均值则为1.9%，均低于新世纪以来2%的平均水平和1980年以来3.6%的历史平均水平。看得更细一些，2013年9月，美国CPI同比增幅为1.2%，创近5个月最低和近35个月次低水平，2013年10月，欧元区的通胀率为 0.7%，创 2009 年 12 月以来最低纪录，欧美正从温和通胀状态下滑至绝对通缩的边缘；2013 年 9 月，日本 CPI 同比增幅虽升至 1.1%，但走出负增长状态仅四个月，长期通缩的惯性压力依旧很大。

第二，从发达国家看，通缩压力的成因主要是结构性的，而不是周期性的。一般而言，经济增长总是会借由需求上升带来通胀压力。但吊诡的是，现在发达国家的经济复苏却伴生着通缩威胁，这本质上表明，结构性通缩压力压过了增长反弹的周期性通胀动力。更进一步看，在美国经济一度周期性领跑、欧洲经济刚刚走出衰退泥淖、日本经济受益于安倍经济学的背景下，在货币宽松浪潮一浪接一浪的货币环境里，发达国家另类的结构性通缩压力产生的原因有三个。

首先，通缩压力源于"高缺口复苏"。宽松货币和经济复苏却伴随通缩隐忧，这很大程度上是因为发达国家普遍存在较大的产出缺口。根据 IMF 的预估，2014 年，发达国家的产出缺口依旧高达 2.51 个百分点，自 2009 年起连续第六年为负；希腊、意大利、美国、西班牙、法国和英国的产出缺口高达 9.49 个、4.03 个、3.96 个、3.58 个、2.54 个和 2.44 个百分点，日本和德国也有 0.49 个和 0.23 个百分点的产出缺口。产出缺口的存在，一方面表明如火如荼的经济复苏只是深蹲后的持续反弹，而远未实现现有禀赋条件下的资源有效利用；另一方面也意味着宽松货币政策的政策效应主要体现在激活潜在产能，而非刺激物价上涨层面。

其次，通缩压力源于"无就业复苏"。无论经济增长演绎得如何精彩，只要劳动力市场持续萎靡，工资上涨和物价上升的通胀螺旋就难以真正形成。现在，发达国家的经济复苏基本没有实现劳动力市场的有效联动，失业率的绝对水平普遍较高。2013 年 10 月，美国失业率为 7.3%，明显高于 1948 年以来 5.83% 的平均水平，美国青年失业率则高达 22.2%；2013 年，欧元区失业率为 12.2%，高于 1993 年以来 9.56% 的平均水平，欧洲 25 岁以下人口的失业率为 24.1%；2013 年 9 月，日本失业率为 3.9%，高于 1953 年以来 2.69% 的平均水平，日本 15~24 岁人口的失业率为 6.7%。

最后，通缩压力源于"多滞涩复苏"。尽管次贷危机已经结束，欧债危机的演化也渐趋稳定，但值得强调的是，危机影响并没有彻底消除，发达国家金融体系的运行效率尚没有恢复到危机前水平，货币流通速度低于长期趋势水平，进而导致宽松货币政策带来的基础货币扩张效应并未形成相对有力的广义货币供应增长。金融缓慢恢复过程中的滞涩效应带来了一定的通缩压力。

发达国家"竞争性宽松"趋势和结构性通缩压力的并存，看上去像是一对矛盾，实际上却是渐进复苏过程中可以理解的阶段性现象。对于新兴市场而言，2013 年末的情景很像是 2010 年，当时全球也被短期爆发性经济反弹冲昏了头脑，先是一股脑热议"政策退出"，随后欧美突然发现经济"二次探底"和通缩压力显现，于是"政策退出"还没怎么开始就骤然结束，美联储于 2010 年11 月推出 QE2，全球进入宽松货币政策 V2.0 时代，而受此影响，发达国家通缩压力缓解，新兴市场却遭遇局部通胀挑战，2011 年新兴市场的通胀率高达7.15%，较 2010 年蹿升 1.28 个百分点，较同期发达国家高出 4.44 个百分点，中国的通胀率也于 2011 年 7 月走上 6.45% 的阶段性高点。

历史从不简单重复。相比 2010 年的一个区别在于，2013 年发达国家经常账户首次从整体赤字变成整体盈余，这意味着发达国家处于资本输出状态，其宽松货币政策的外溢性影响可能相对更大。如此背景下，新兴市场更加不能轻易跟随全球货币政策"竞争性宽松"的新浪潮，但由此带来的增长压力将更大。远离"滞胀"陷阱，新兴市场需要更加以我为主，切实推进内生性增长。

成文于 2013 年 11 月 12 日。欧洲央行堪称危机后"爱折腾"的典范，这恰是近年来欧洲经济明显差于美国的一个重要原因。

全球政策博弈陷入囚徒困境

市场总是喜欢用"意料之外、情理之中"去形容超预期的政策变化，真正重要的，并不是刻意去发掘"意料之外"中暗藏的"情理"，而是从"情理"被忽视、"意料"被背离的事实中发现新鲜的趋势信息。2013 年 11 月 7 日，欧洲央行宣布下调主要再融资利率 25 个基点至 0.25%，下调隔夜贷款利率 25 个基点至 0.75%，如此意外之举将欧洲基准利率水平拉降至历史最低水平。

从欧洲看欧洲，德拉吉的政策异动虽属意料之外，但也符合欧洲经济复苏的根本利益。2013 年第二季度，欧洲经济终于结束了此前连续六个季度的环比衰退，实现了 0.3% 的环比增长。但从本质上看，欧洲经济仅仅是结束了连续下滑的极端颓势，初露触底和筑底的企稳迹象，离实质性复苏还距离尚远，2013 年第二季度，欧元区同比经济增长率依旧是 -0.5%，不仅未能实现由负转正，还大幅低于 1.44% 的历史平均增速。根据 IMF 的预估，2013 年欧元区年度经济增长率为 -0.44%，此前 2012 年为 -0.64%，2012—2013 年连续两年出现年度负增长，这是自 1992 年有统计数据以来唯一的一次。

衰退刚刚雨歇，复苏悬而未决。就欧洲经济而言，威胁依旧广泛存在，包括希腊可能的第三轮救助问题、其他边缘国家如魅影般暗藏的财政问题、法国评级被调降显露出的核心国问题、区内利益转移所引致的结构矛盾问题等。但值得注意的是，大多数威胁是政治性的，因此很难在经济政策层面加以应对。

与此相比，欧元汇率过高的威胁不仅影响同样巨大，而且关键在于，它是可以被解决的。历史数据显示，1996 年至今，欧元区实际出口的季度增长平均值为 5.2%，为欧洲季度经济增长的平均贡献高达 1.73 个百分点，但 2013 年上半年两个季度，出口仅分别带来了 0.08 个和 0.59 个百分点的增长贡献，这在很大程度上和 1 欧元兑美元同期（2013 年上半年）从 1.28 美元左右持续上升至最高 1.38 美元有很大关系。降息有助于压低欧元汇率，并业已在外汇市场上取得立竿见影的效果。此外，由于 IMF 预测 2014 年欧元区的产出缺口依旧高达 2.45%，因此，降息还能通过提振投资、激活闲置产能带来刺激效应。从欧洲看欧洲，欧洲央行降息实属情理之中。

尽管在欧洲央行议息会议前，投行和媒体也都谈论到了降息，但绝大多数人还是认为现时降息是不可能的，彭博资讯的事前调查就显示，70 位经济学家中仅有 3 位预测会降息。笔者以为，从全球看欧洲，欧洲央行的出人意料之举显露出三层潜藏的全球趋势信息。

首先，全球政策博弈已陷入意外叠加的囚徒困境。欧洲央行的"意外"之举，很大程度上是对美联储前一阶段出人意料动作的响应。尽管 2013 年第三季度美国实际经济增长和就业恢复都超预期，但美联储依旧没有按照市场预期的常理出牌，在 9 月和 10 月都未启动 QE 退出，并在最新学术研究中显露出更低退出门槛的偏爱。美联储超预期的货币宽松导致美元指数最低跌至 79，并给欧元带来额外升值压力。对全球而言，美国、欧洲和日本三大发达经济体的货币政策已呈现出新一轮"竞争性宽松"态势，如此囚徒困境实际上给全局复苏带来了更大的不确定性和潜在通胀恶化可能。

其次，大范围偏离基准预期已成为现阶段全球经济运行的常规属性。由于出人意料已形成链式反应，全球经济复苏和国际金融市场的实际运行更具波动性，意外扰动在不断堆积之后，有可能性形成新的"黑天鹅"事件，市场主体风险管理的难度相应加大。

最后，全球政策错位将给新兴市场带来双重冲击。由于欧美货币政策的宽松属性超预期，而新兴市场货币政策整体偏中性，包括印度在内的部分新兴经济体甚至已明显收紧货币，因此全球货币政策在结构上呈现出错位态势。一方面，这种错位态势导致市场对美联储退出 QE 的担忧始终悬而未决，并对长期内发达国家利率上升保持预期，这种靴子未落地的状态将使得新兴市场面临持续的资本外流压力；另一方面，货币政策的结构错位将使新兴市场货币在前期整体普遍贬值后，面临越来越大的升值压力，而从新近数据看，包括中国在内的诸多新兴市场经济体近来经济增速下滑态势得以初步遏制，这在很大程度上和新兴市场经济体对发达国家特别是对欧洲出口的明显恢复有关。政策错位将给新兴市场出口带来汇率压力，而全球政策的囚徒困境则将给新兴市场出口带来保护主义抬头的压力。

总之，全球政策囚徒困境的悄然形成，无论对于发达国家还是新兴市场，都是风险。

成文于2013年11月1日。本文强调了阵营"整体概念"的分化，这是一个非常重要但很少有人提及的趋势特征。人心各异，指望抱团取暖反而可能会雪上加霜。

2014年全球经济复苏三大趋势

秋尽江南草未凋，晚云高，青山隐隐水迢迢。转眼之间，始自2010年的危机后复苏即将告别第四个春秋，进入第五个年头。回望2013年，全球经济现实运行留给市场最大的教训在于，既不可妄自菲薄，更不要盲目乐观。危机后的复苏，本身就是一系列矛盾的集合体，由于定语是"危机后"，所以这种复苏一方面体现出自然愈合的持续性，另一方面则呈现出深层受伤的脆弱性。正因为如此，危机后的复苏始终是一个缓慢、渐进和曲折的过程，2013年如此，2014年也不例外。不过，由于危机后的复苏已经从前期阶段逐渐进入中间阶段，2014年全球经济也呈现出特征渐变的趋势，差异性和分化性的色彩进一步加重。从数据解析2014年全球经济复苏，呈现出三大趋势。

首先，复苏进程延续，但渐进性凸显。

根据2013年10月IMF的预测，2014年，全球经济有望实现3.59%的增长，增速较2013年提升0.71个百分点，且近三年来首次超过1980—2013年3.37%的历史平均水平。据笔者测算，在IMF有统计数据的188个经济体里，有 135 个经济体 2014 年经济增长率有望较 2013 年有所提升，这一数据明显高于此前 3 年，2011—2013 年分别只有 93 个、70 个和 91 个经济体实现增长加速。从预估数据看，2014 年的复苏既具有一定力度，也具有较强的普遍性，因此复苏基调可以确定。

但值得注意的是，IMF 的预估数据自危机以来就表现出"过于乐观"的系统性偏差，以 2013 年经济增长为例，2012 年 10 月，IMF 的预估值是 3.62%，一年之后的预估值则下调为 2.9%，一年之中累计调降了 0.72 个百分点。而 2013 年 10 月，IMF 对 2014 年全球经济增长的预估值是 3.6%，未来一年里只需略微下调 0.21 个百分点，2014 年的复苏就会弱于趋势水平，如果和 2013 年一样下调 0.72 个百分点，2014 年的复苏甚至会弱于 2008—2013 年的危机中水平。因此，2014 年复苏虽然有望持续，但依旧较为脆弱，复苏过程是渐进的。

此外，全球经济复苏现实运行弱于预期不仅是全局趋势，也是个体层面的普遍现象，据笔者测算，在 2012 年 10 月至 2013 年 10 月的一年中，在 188 个有统计数据的经济体里，IMF 调降了其中 121 个经济体 2013 年的增长预估值，平均调降幅度为 1.05 个百分点；在这一年里，IMF 还调降了 121 个经济体 2014 年的增长预估值，平均调降幅度为 0.026 个百分点。从这一年预测数据的变化看，IMF 对巴西、中国和印度 2014 年的增长状况最为担忧，三国 2014 年的经济增速分别被下调了 1.7 个、1.26 个和 1.24 个百分点，调降幅度分别排在第 14、第 24 和第 26 位，排名靠前的，则大多是伊拉克、塞浦路斯、斯洛文尼亚和黎巴嫩等规模较小的经济体。

其次，复苏更趋稳定，但差异性扩大。

由于不确定性广泛存在，危机后的复苏具有波动性较大的本质属性，但随着复苏的逐年推进，波动性逐渐收敛，全球经济增长的稳定性有所提升。据笔者测算，2014 年，全球 187 个可计算经济体的经济增速较 2013 年变化值的标准差为 2.77%，低于 2013 年的 8.45%、2012 年的 12.67%、2011 年的 6.21%、2010 年的 4.72%、2009 年的 5.42% 和 2008 年的 3.86%。值得注意的是，复苏稳定性虽然有所提升，但复苏的差异性不断扩大。这种差异性体现在两个方面。

一方面，重要经济体呈现出不分阵营的个体差异性。在新兴市场阵营里，从绝对水平看，中国以 7.25% 的预估增速排名全球第 19 位，并位居金砖五国之首，印度的经济增速也高达 5.15%，巴西、俄罗斯和南非的增速较慢，分别为 2.5%、3% 和 2.93%；从相对水平看，2014 年印度、俄罗斯和南非的经济预估增速不仅高于 2013 年，还高于 1980—2013 年的历史均速，而中国和巴西的经济预估增速均同时低于 2013 年水平和历史均速。在发达国家阵营里，美国经济延续了 2012 年以来周期性领跑的态势，2014 年经济预估增速为 2.59%，较 2013 年提速 1.02 个百分点，已接近 2.67% 的历史均速；欧洲则可能成为 2014 年全球经济的最大惊喜，核心国表现稳健，德国和法国的经济预估增速分别为 1.4% 和 0.98%，较 2013 年提速 0.91 个和 0.8 个百分点，边缘国也表现抢眼，欧猪国家有望全面走出衰退，2014 年，希腊、意大利和西班牙的经济预估增速分别为 0.63%、0.71% 和 0.17%，分别较 2013 年提速 4.83 个、2.49 个和 1.44 个百分点，双轮驱动下，欧元区经济 2014 年有望增长 0.96%，结束此前两年连续衰退的弱势；唯有日本面临窘境，由于安倍经济学从社会心理层面产生的影响集中显现于 2013 年，在后续政策尚不明朗且结构性矛盾长期存在的背景下，2014 年日本经济增速可能从 2013 年的 1.95% 降至 1.24%。值得注意的是，新兴市场和发达国家的阵营差异已经趋向模糊，个体差异成为复苏分化的主导特征。

另一方面，发达和新兴经济体呈现出经济生态的本质差异。根据 IMF 的预测，2014 年全球通胀率为 3.76%，与 2013 年水平大体相仿，但从结构看，发达经济体的通胀率预估值为 1.8%，新兴市场的通胀率预估值为 5.7%，结合增长趋势水平上两大阵营的鲜明对比，新兴市场面临着"增速回落和较高通胀"的挑战，而发达国家"增速回升和较低通胀"的经济生态则相对更加良好。进一步看个体层面，2014 年，在全球 188 个有统计数据的经济体中，实现增速提升的占比为 71.8%，而通胀率上升的占比为 48.26%，并不匹配的数据暗示了两点，一是个体经济增速有高估倾向，二是个体层面的经济局势具有极高的复杂性。更进一步看细节，188 个经济体中，2014 年通胀率预估值排名靠前的大多是新兴市场经济体，阿根廷、埃及、印度、印度尼西亚和巴西的通胀率预估值分别为 11.38%、10.31%、8.88%、7.54% 和 5.77%，分别排名第 8、第 10、第 17、第 27 和第 54 位；排名靠后的则大多是发达经济体，德国、加拿大、瑞典、美国、法国、西班牙、荷兰和意大利的通胀率预估值均低于 1.8%，排名也都位居最后 20 位内。

最后，全球化有所改善，但冲突和矛盾将内生化。

由于危机后的复苏力度整体偏弱，因此复苏过程中的利益争夺十分激烈，进而导致全球化推进受阻。但随着复苏进程的持续推进和危机逆袭的可能降低，全球化再度小幅加速，根据 IMF 的预测，2014 年全球贸易有望实现 4.94% 的增长，增速较 2013 年提升 2.02 个百分点，其中进口和出口分别有望增长 4.75% 和 5.14%，增速分别较 2013 年提升 1.94 个和 2.1 个百分点。但值得强调的是，改善并不意味着深入推进，2014 年全球贸易增速依旧低于 5.52% 的历史平均水平。更重要的是，全球化有所改善也不意味着冲突缓解和博弈改善。2014 年之前，冲突是外生的，在复苏蛋糕较小的背景下，每个经济体都主动以各种形式争夺复苏利益，冲突更多表现为贸易壁垒的增加。但从 2014 年开始，冲突将由外生向内生转换，不仅发达国家和新兴市场经济体面临着截然不同的经济生态，而且两大阵营内部的形势分化也会加剧，这将导致单个经济体之间的政策取向被动出现分化甚至是南辕北辙，而阵营"整体概念"的淡化则使得政策协调更趋困难。总之，冲突和矛盾将内生化，全球政策的自然趋同将变成历史，冲突将更多表现为政策目标、方向和效果的对立与分化，以及由此带来的政治对抗和地缘冲突。

总之，复苏不易，2014 年的全球经济复苏注定将更是和而不同、复杂分化。

成文于 2013 年 10 月 21 日。很多人认为退出 QE 比财政债务风险更重要，但殊不知，这样想的人太多太多，两者的危险性可能已经发生了逆转。

2014 年全球财政债务风险的新变化

一不小心，笔者 2013 年 10 月 8 日发表的文章《新财政悬崖：老套路和新风险》就变成了 2013 年 10 月美债危机的现实判词：不仅美国两党的财政争议于最后关头趋向了一种"特殊的妥协"，而且更重要的是，2013 年的政府停摆和债务触顶最终还是演化成了真正意义上的"新财政悬崖"。根据 10 月 17 日奥巴马签署的法案，美国债务上限问题被延至 2014 年 2 月 7 日，政府关门问题则被延至 2014 年 1 月 15 日。在涉险渡过 2012—2013 年老版财政悬崖一年之后，美国经济势必要在 2013—2014 年转换关口迎来新版财政悬崖的挑战。值得注意的是，美国财政问题正显示出常态化特征，但能够带来的实质性威胁可能低于市场预期。笔者以为，2013 年 10 月美国债务闹剧的最大意义，就是让市场将风险关注点从货币层面转向财政层面，结合 2013 年 10 月 IMF 更新的庞大数据库和各类预测数据进行分析，2014 年全球经济的核心威胁可能并不是 QE 退出，而依旧是财政债务方面透支风险、失控风险和违约风险的集结、碰撞与相互催化。在风险核心定位于财政侧的背景下，数据解构中呈现的 2014 年全球财政债务风险新变化值得市场高度关注。

全球财政风险变化趋势

展望 2014 年，全球财政风险的演化态势具有三大特点。

其一，全球财政失衡未见明显改善。根据 IMF 的数据，2014 年，在全球有统计数据的 188 个经济体里，有 157 个经济体的财政支出大于财政收入，和 2013 年大体持平，略低于 2009 年危机高峰期的 162 个，高于 2010—2012 年的 150 个、144 个和 145 个，并大幅高于危机初期 2007 年和 2008 年的 101 个与 123 个。尽管 2014 年全球所有入不敷出的经济体的平均赤字率（财政赤字 /GDP）从 2013 年的 4.13% 降至 3.85%，但赤字率超过 3% 国际警戒线的经济体从 2013 年的 84 个上升至 88 个，依旧大幅高于危机初期 2007 年和 2008 年的 39 个与 54 个。2014 年，财政赤字率高于 5% 的经济体总数较 2013 年减少了 10 个，但依旧比危机初期的 2007 年和 2008 年分别多 16 个和 19 个。以上数据表明，尽管在危机演化 5 年之后，全球经济已经进入较为稳健的复苏通道，但 2014 年全球财政失衡情况仅较 2013 年略微下降，平均赤字率依旧大幅高于危机前水平，而且财政失衡在全球范围内具有明显的普遍性。

其二，新兴市场的财政状况相对恶化。根据 IMF 的预估数据，2014 年，发达经济体整体的财政赤字率为 3.54%，较 2013 年下降 0.96 个百分点，较 2012 年下降 2.37 个百分点，较 2009 年的阶段性高点下降 5.29 个百分点，这表明发达经济体的财政失衡风险已经取得较为明显的缓解。2014 年，新兴市场整体的财政赤字率为 2.25%，虽然绝对水平较发达经济体略低，但相对 2012 年上升了 0.54 个百分点，相对 2008 年更是大幅上升了 2.92 个百分点，这表明新兴市场的财政失衡风险有所加大。此外，2014 年，在全球有统计数据的 188 个经济体里，财政赤字率最高的十个经济体分别是基里巴斯、委内瑞拉、埃及、厄立特里亚、黎巴嫩、格林纳达、印度、圣多美和普林西比、佛得角以及毛里塔尼亚，其赤字率分别高达 16.08%、13.27%、13.2%、11.64%、10.96%、8.68%、8.49%、8.47%、8.37% 和 8.22%，这些经济体都是新兴市场经济体，其中印度还是金砖国家之一；而 2012 年全球财政赤字率最高的十个经济体里包含西班牙和日本，2009 年全球财政赤字率最高的十个经济体里则包含美国、希腊和爱尔兰。数据表明，新兴市场财政状况的变化趋势要劣于发达经济体，2014年新兴市场的财政风险相比发达经济体更值得高度关注。

其三，全球财政巩固压力有所加大。2014年，尽管财政失衡风险在全球范围内未见明显改善，但财政巩固的压力却较2013年有所加大。笔者利用IMF的预估数据进行了测算，2014年，全球有统计数据的188个经济体里，有105个经济体面临着缩小财政赤字率的压力，较2012年和2013年分别多增17个和25个。2014年，全球188个经济体面临着赤字率平均下降0.15个百分点的财政巩固压力。值得注意的是，虽然美国的财政巩固压力为1.13个百分点，在188个经济体里仅排名第31位，却在此压力下陷入了政府停摆的困境，因此，财政失衡风险和财政巩固压力并存的格局将使得部分经济体财政问题的内部争议更趋加大，引发财政僵局和市场震荡的可能性则有所上升。特别值得警惕的是，2014年，日本面临着赤字率下降2.7个百分点的财政巩固压力，欧洲的爱尔兰、意大利、希腊和法国分别面临着2.6个、1.15个、0.81个和0.48个百分点的财政巩固压力，这些国家最有可能发生类似于美国政府停摆的政治风险事件。

全球债务风险变化趋势

展望2014年，全球债务风险的演化态势具有三大特点。

其一，全球总体的债务风险进一步加大。IMF数据库没有直接提供全球债务的整体数据，笔者利用国别数据进行了大量计算，结果显示：从规模看，2014年，全球债务总量预估值为61.02万亿美元，自2002年以来连续13年同比上升，并首次超过60万亿美元大关；2014年，全球债务总量的绝对值规模相当于同期3.5个美国经济体量、6.25个中国经济体量、11.67个日本经济体量、16.29个德国经济体量、21.32个法国经济体量、23.23个英国经济体量、34.87个印度经济体量、35万个基里巴斯经济体量，整体规模庞大。从增速看，2014年，全球债务增长率为4.43%，较2013年大幅上升4.04个百分点；从占比看，2014年，全球负债率（债务总量/GDP）为79.37%，虽然较2013年小幅下降0.18个百分点，但依旧较危机初期的2007年高17.34个百分点，且绝对水平大幅高于 60% 的国际警戒线。

其二，债务风险的分布更趋分散。根据 IMF 的预估数据，2014 年，全球有统计数据的 174 个经济体里，有 51 个经济体的负债率高于 60% 的警戒线，个数较 2011 年、2012 年和 2013 年分别增加 3 个、2 个和 3 个。2014 年，全球有统计数据的 174 个经济体里，有 98 个经济体的负债率较 2013 年上升，占比为 56.32%。2014 年，有 28 个经济体的负债率高于 80%，有 14 个经济体的负债率高于 100% 的技术破产线，这 14 个经济体是日本、希腊、黎巴嫩、牙买加、意大利、厄立特里亚、葡萄牙、塞浦路斯、格林纳达、爱尔兰、美国、新加坡、马尔代夫和比利时。这 14 个经济体里，负债率最高且唯一超过 200% 的日本、负债率次高的希腊、负债率连年上升的意大利以及作为全球离岸金融中心的塞浦路斯和新加坡，是 2014 年最可能爆发区域债务危机的经济体，值得高度关注。

其三，债务风险依旧主要集中于发达经济体。根据 IMF 的预估数据，2014 年，发达经济体的总债务为 50.954 万亿美元，规模同比上升 2.32 万亿美元；发达经济体的总债务占全球总债务的比例为 83.5%，同比提升 0.27 个百分点；发达经济体的总债务增长率为 4.77%，增速较 2013 年上升 4.6 个百分点；发达经济体的负债率为 108.32%，同比上升 0.66 个百分点，且超出了 100% 的技术破产线。2014 年，新兴市场经济体的总债务为 10.07 万亿美元，规模同比上升 0.27 万亿美元，增长率为 2.74%；负债率则为 33.74%，同比下降 0.92 个百分点。从规模、增速和占比看，债务过高的风险依旧主要集中在发达经济体。但值得指出的是，根据 IMF 的预测数据，2015—2017 年，新兴市场经济体的总债务增长率分别为 5.99%、5.7% 和 5.11%，均高于 5%，且都高于同期发达经济体的总债务增速预估值，由此可见，新兴市场经济体的债务风险可能将呈逐渐加大的趋势，对此也不可掉以轻心。

成文于 2014 年 2 月 13 日。本文虽然在网络上转载不多，却被国家领导人批示了。此事表明，中国政策高层很关注一些严谨的基础性问题，这对浮躁的经济媒体和研究人员是一个警醒。与其为了吸引眼球而去制造一些"大观点"，不如平心静气地做一点"小学术"。

危机结束了吗？

如果说本轮危机中有学术明星，那么，"R&R"算是聚光灯下最闪耀的一对。自危机爆发以来，哈佛大学的 Carmen M. Reinhart 教授和 Kenneth S. Rogoff 教授笔耕不辍，接连发表了一系列长时间序列、宽国别视角的危机研究成果。令笔者印象深刻的，包括 2008 年的论文 *Is the 2007 U.S. Subprime Crisis So Different？*，在次贷危机刚一出现时就做了扎实的历史比较；还有 2010 年的论文 *Growth in a Time of Debt*，在欧债危机刚刚恶化时就对负债率区间与经济增速的关系进行了实证研究，这篇文章甚至还引发了 2013 年初一场关于"高负债真的会扼杀经济增长吗？"的全球大论战。

应该说，在诸多危机研究中，"R&R"是最有影响力的品牌标签，它不仅在学术研究和公共讨论中拥有非常高的引用率，也由于饱含历史底蕴和大数据智慧而对各国政策制定起到了潜移默化的重要作用。2014 年 1 月，在全球经济乍暖还寒之际，在美国经济数据弱于预期、欧洲形势暗疾隐现、新兴市场风声鹤唳的背景下，美国经济研究局（NBER）官网上又出现了打着"R&R"品牌标签的工作论文。在这篇名为 *Recovery from Financial Crises: Evidence from 100 Episodes* 的论文里，两位教授就1857年至今全球范围内的100次危机及其后的复苏进行了实证研究，这一研究无疑又是恰逢其时，对我们认识现下的处境、危机的影响和未来的趋势不无裨益。

"R&R"这个最新研究的主要贡献，在于对这100次危机的量级进行了标准统一的量化，并对每次危机后的复苏阶段是否伴随着"二次探底"进行了判断。"严重性指数"（severity index）是对危机量级的数理表述。这个指数又由两部分综合得到：一是危机爆发后，从波峰到波谷人均GDP下降的幅度，也就是危机的"深度"（depth）；二是自危机爆发至人均GDP恢复到危机前水平所需要的时间，也就是危机的"持续性"（duration）。例如，1857年法国危机中，人均GDP最大下降幅度为6.9%，从危机前波峰至复苏到这一波峰水平，经历了4年，那么，这次危机的严重性指数是10.9。值得注意的是，对于任意一次危机，在人均GDP恢复到危机前水平之前，随时都可能出现复苏中断、二次探底，因此，从这个意义上看，只有人均GDP恢复到危机前水平，才可以审慎判断危机结束。

基于"R&R"这篇论文的数据结果，笔者总结了五点结论。

第一，对于美国而言，次贷危机算不上百年难遇。在这篇论文的100个危机样本中，有6次美国危机被收录，1873年、1890—1893年、1907年、1920年、1929—1933年和2007年的美国危机的严重性指数分别为7.4、20.2、21.5、10.3、38.6和10.8，2007年次贷危机的危险程度仅排名第四，严重性指数甚至不及美国大萧条期间的三分之一。

第二，对于欧洲而言，本轮危机真正是百年难遇。"R&R"利用现在的预测数据进行估算，2008年希腊危机、2007年冰岛危机、2007年爱尔兰危机、2008年意大利危机、2008年荷兰危机、2008年葡萄牙危机、2008年西班牙危机、2008年乌克兰危机和2008年英国危机的严重性指数分别为36、23.2、24.9、23.3、15.8、19.2、20.4、22.4和18.1，不仅均超过了2007年美国危机的评价量级，甚至大部分已经超过美国大萧条期间的危机量级。

第三，就全球而言，本轮危机尚未终结。在这 100 个危机样本中，有 12个选自本轮危机。截至目前，只有美国和德国的人均 GDP 恢复到危机前水平，其他国家还需要较长时间才能彻底走出危机阴影。更进一步，真实状况可能比论文结果显示的更严峻，正如"R&R"在论文中所言："这篇论文用人均 GDP作为评价标准，而不是潜在增长水平，实际上让结果显得更加温和了。"

第四，就结构而言，新兴市场危机的严重性普遍大于发达国家危机。在这100 个危机样本中，有 63 个样本来自发达国家，有 37 个样本来自新兴市场。新兴市场危机深度的平均值和中位数分别为 14.8% 和 13.6%，大于发达国家的 9.6% 和 7.1%；新兴市场危机持续时间的平均值和中位数分别为 13.7 年和11 年，大于发达国家的 10.2 年和 8 年；新兴市场危机严重性指数的平均值和中位数分别为 24.8 和 22.4，大于发达国家的 16.9 和 13。

第五，就整体而言，本轮危机的严重性体现在持续时间长、影响范围广和反复性大三个维度的综合。如果比较单个国家的危机，那么，严重性指数排名最高的是 1926 年智利危机、1931 年西班牙危机、1983 年秘鲁危机、1931 年乌拉圭危机和 1893 年澳大利亚危机，本轮危机中最严重的 2008 年希腊危机仅排在第 17 位。但由于本轮危机涉及美国、欧洲诸国和新兴市场，其综合影响力已经远超少数单个国家危机，而且，在"R&R"选择的 12 个本轮危机样本中，有 6 个出现了二次探底，超出了 100 个危机样本 45% 的二次探底发生率，这也佐证了"R&R"的一个重要结论："越是严重的危机越容易出现二次探底。"

这五个论文结论，无疑是理解当前全球经济局势的重要依据，而这种实用性和时效性恰是"R&R"论文一贯的优点。在笔者看来，这篇论文的优点还体现在时间跨度大、评价范围广，当然，这同样是"R&R"论文的标志性特征。不过，值得指出的是，这篇论文也有三点不足。

一是偏乐观，论文对本次危机的数理评价用到了 IMF 的预测数据，而 IMF一直有过于乐观的预测偏好，此外，本文选择人均 GDP 作为判断危机深度的依据，技术上就存在低估危机量级的可能；二是粗线条，论文对数据的取用量虽然较大，但处理方法还是较为简单的，评价危机的指标选择也比较单一；三是略陈旧，论文选择的 12 个本轮危机样本，全是发达国家，考虑到 2012 年以来新兴市场的险象环生，这种忽视显然低估了本轮危机的演化潜力。

虽然存在些许不足，但不可争议的是，"R&R"出品，必属精品。结合这篇论文的重要结论看当下全球经济的现实，我们还可以得出以下五点推论。

第一，近期美国经济数据虽然略显黯淡，但美国经济周期性领跑的相对强势是有物质基础的，因为本轮危机对美国经济的伤害，横向比小于欧洲，纵向比小于大萧条期间。第二，全球复苏差异性不断扩大的态势不会快速扭转，经济基本面的分化在很大程度上源于危机周期的错配，在美国、德国走出危机的背景下，大部分欧洲国家和部分新兴市场国家还将受到危机深化或危机反复的挑战。第三，虽然欧洲经济自 2013 年年中以来触底反弹，但断言欧债危机已经结束有失乐观，欧洲国家的危机严重性可能超出了市场预期。第四，新兴市场危机阴霾甚重，考虑到当前土耳其、南非、印度、印度尼西亚、俄罗斯等国接连面临动荡窘境，而新兴市场危机的严重性指数长期高于同期发达国家危机，所以，一旦危机从部分边缘新兴市场国家向纵深蔓延，新兴市场受到的危机冲击可能会超出市场预期。第五，本轮危机尚未真正结束，较大的深度、广度和持续性意味着相对更大的反复性，因此，即便当前全球经济复苏尚未出现全局回冷的明显迹象，中国还是需要对随时可能出现的局势反复保有警惕。

第二部分
美国经济——强权的逆袭

美国是全球经济多元化退潮大戏的主角。虽然次贷危机后美国发生了几十年来首次全局性衰退，但美国经济在危机废墟上的重生速度却超出了世人的想象。美国经济借由危机实现了"先破后立"，迈过衰退这道槛，危机反而变成了美国释放风险、调整结构并提升经济发展质量的一道门。

引言

　　全球经济多元化的退潮大戏有两个主角，一个是美国，另一个是新兴市场。虽然次贷危机后美国发生了几十年来首次全局性衰退，但美国经济在危机废墟上的重生速度超出了世人想象。2011 年末，当大多数市场人士还在担忧美国经济将陷入第二个大萧条式的长期经济停滞时，笔者就基于数据挖掘率先提出了美国经济周期性领跑的判断，随后美国经济的表现逐步走强，不断超出预期，呈现出强权逆袭、王者回归的态势。应该说，市场对美国经济强势回归的认识经历了一个后知后觉、从怀疑到肯定的过程。因为从新闻报道看，美国经济一直问题不断、危机四伏，2011 年 8 月的美债危机、2012 年末的财政悬崖、2013 年 10 月的政府停摆均闹得沸沸扬扬，一定程度上掩盖了藏在数据中的基本面走强信息。直到 2013 年 10 月，政府停摆和债务上限闹剧再度有惊无险地得到解决，美联储于 12 月正式启动了 QE 退出，市场才最终肯定了美国经济强势复苏是全球"最稳定、最具确定性"的事情。市场的问题在于，它很容易从一个极端跳向另一个极端：2013 年末 2014 年初市场对美国经济的预期又有从过于悲观转为过于乐观的迹象。然而即便美国经济复苏具有相对强势，但毕竟还是危机后的复苏。本章糅合了笔者 2013 年对美国经济的一系列时序分析，在市场过于悲观的时候，笔者着意强调了美国经济复苏的内生动力，在市场最终又偏向过于乐观的时候，笔者则适时提示了美国经济强势复苏的局限所在。

　　作为题眼文章，《美国经济何以强大？》一文展示了次贷危机于美国经济的另一重意义：市场普遍认为危机敲响了美国经济霸权的丧钟，但从另一个角度看，危机实际上敲响的是美国经济风险释放的鼓点。美国借由危机实现了"先破后立"，迈过衰退这道槛，危机反而变成了美国提升经济发展质量的一道门。文章从"增长不求人，模式渐平衡，霸权今犹在，底蕴明更深"四个维度揭示了美国经济在危机后快速实现强权逆袭的根本原因，并由此肯定了美国经济长期复苏的基调。

接下来的 7 篇文章按时序还原了 2013 年全年美国经济的演化过程以及市场对其认知的阶段变化。2013 年初，美国官方公布的 2012 年第四季度经济增长率初值出现 2009 年复苏启动以来的首次负值，市场为之震惊，《美国经济又要衰退了吗？》一文却借由数据解析认为，这是财政悬崖作用下的短期现象，美国经济复苏并不会由此再陷衰退，内生动力保障了复苏的可持续性。紧接着，在 2013 年 1 月奥巴马开启第二任期的背景下，《美国经济的长期挑战》一文将视角从短期切换到长期，提出："一系列短期积极因素和长期有利风向都为奥巴马第二个任期内的经济复苏奠定了物质基础，但从风险视角审视，长期内美国经济依旧面临五重挑战。如何应对这些长期挑战，维护美国长期复苏的利益，将成为决定奥巴马最终经济答卷的核心命题。"

世事变化快。2013 年第一季度，市场还在为美国经济再陷衰退而忧虑，2013 年 4 月公布的第一季度经济增长率立刻就一扫阴霾，从增长数据看，美国经济似乎在坐过山车，大起大落，但《美国经济复苏是稳定的》一文，却借由全面数据分析强调了一点：美国经济复苏的内在稳定性超出了市场预期。应该说，复苏的内在稳定性一定程度上来源于美国金融体系的快速恢复，《美国银行业何以强势复苏》一文，从行业数据角度评价了美国银行业的复苏程度，并探析了美国银行业涅槃重生的原因。

镜头过渡到 2013 年 7 月末，美国经济发生了一件大事：官方首次应用统计新方法对长序列经济增长数据进行了调整，新方法将研究、开发和版权方面的支出作为投资纳入统计范围，并反映了养老金赤字对 GDP 的影响。《美国经济被五重低估》和《美国经济稳健复苏中尚有隐忧》两篇文章分别从长期视角和短期视角分析了此次统计方法调整揭示的趋势内涵。

2013 年 10 月，美国发生了举世瞩目的政府关张事件，再加上债务上限谈判遇阻，一时间美国经济复苏看上去很可能由于政治风险而"突然死亡"。《新财政悬崖：老套路和新风险》一文基于对美国政治生态和经济周期的分析，得出"两党最终将趋于一种特殊妥协"的结论，并认为政府关张和债务触顶"貌似美国危机，却并不会真正变成美国经济的危机"，随后的事实演化证实了此文的判断。

美国经济复苏在众多艰难险阻中的稳健前行，离不开美联储的保驾护航，接下来的 6 篇文章着重讨论美联储的货币政策。作为 2013 年最大的政策事件和 2014 年及未来最大的不确定性来源，美联储退出 QE 一直是个热议话题。《美联储退出：旧闻中看新意》和《一分为二看美国货币政策》两篇文章分别站在 2013 年 7 月和 10 月的时点立场，分析了美联储退出 QE 的路径选择和可能影响，《量化宽松究竟如何生效？》从学术视角简要探讨了 QE 政策的几种传导机制，12 月美联储真正启动 QE 退出后的市场反应则表明这些分析是有益的。2013 年末 2014 年初，美联储迎来了两件大事：一是百年诞辰，二是耶伦接替伯南克担任主席。《美联储的百年成绩单》一文做了大量长时间序列的数据解析，用有力的证据证明，美联储百年间取得了辉煌成果；《令人敬佩的伯南克经济学》对伯南克危机后的政策表现作出了肯定；《为什么不看好耶伦？》一文则从美联储未来政策需求和耶伦个人特点的比较切入，表达了对美国未来货币稳定的些许担忧。

最后，《美国经济复苏进入压力测试阶段》和《2014 年美国经济展望：下限稳固，上限难突》两篇文章对未来美国经济复苏进行了展望：一方面，美国经济强势复苏基调是确定的，强权的回归还将稳步推进；另一方面，美国经济也难以快速突破危机桎梏，实现又一轮炫目的繁荣。在多空两种力量的拉锯中，美国经济复苏将进入压力测试阶段，强权逆袭将达到怎样的高度，将取决于未来一段时期压力测试的结果。

成文于 2013 年 7 月 16 日。增长不求人，模式渐平衡，霸权今犹在，底蕴明更深——这就是美国经济的王者风范和十足底气。

美国经济何以强大？

门槛门槛，迈不过去才是"槛"，迈过去就变成了"门"。2008 年以来，美国经济一波三折、先抑后扬的表现充分表明，次贷危机不仅没有给美国经济在第二次世界大战结束后的黄金时代画上终止符，反而打开了一扇机遇之门。穿过这扇门，美国经济正带着过去繁荣的积累和危机涅槃的收获走向一片强势复苏的新天地。确切地说，美国经济自 2012 年初就显露出周期性领跑的强势，但直到最近，后知后觉的市场才彻底从全球经济多元化的一帘幽梦中惊醒过来，才赫然发现美国经济展现出令人熟悉的强大姿态。当前，美国经济再崛起已成共识，真正值得思考的是，美国经济的未来会怎样强大，又何以强大？笔者以为，答案在于：增长不求人，模式渐平衡，霸权今犹在，底蕴明更深。

增长不求人

这个世界上，唯一值得依靠的只有自己，外部贸易需求、内部政策刺激究其根本都只能带来短暂的增长快感，而不能引致长期可持续的增长。对于经济规模越大、开放程度越高的经济体，内生动力的重要性就越大。美国从来不是全球经济增速最快的经济体，但在具有可比性的发达国家中，美国经济的表现则一直具有领先性，未来这种领先优势还将进一步扩大。根据 IMF 的预测，2013—2018 年，美国经济有望实现年均 2.94% 的增长，增速不仅高于 2008—2012 年的 0.6%、新世纪以来的 1.82%，还高于 1980—2012 年的 2.61%。2013—2018 年美国经济的年均增速依旧低于全球平均水平 1.25 个百分点，但较发达国家平均水平高 0.66 个百分点，领先幅度较 1980—2012 年大幅提升了 0.53 个百分点。在同一族群中，美国经济未来不仅呈现出明显的领跑态势，其增长的实心化和内生性程度也有望持续增强。事实上，据笔者测算，2011—2012 年美国经济内生增长力度就已明显恢复，剔除库存、贸易和政府支出影响后的美国经济内生增长力度分别为 2.55% 和 2.37%，不仅较 2008—2009 年的 -1.54% 和 -4.17% 明显改善，甚至已高于新世纪以来 1.6% 的平均水平，并达到 1930—2012 年 2.5% 的历史平均水平。内生增长动力的恢复态势有望在未来延续，并推动美国潜在产出水平加速提升。潜在产出是资源有效配置前提下一国经济能够达到的真实产出水平，是经济发展实力的真实体现。根据美国国会预算办公室的预测，2013—2018 年，美国潜在实际 GDP 将从 14.67 万亿美元渐次升至 16.38 万亿美元，潜在经济增速则从 1.77% 渐次升至 2.47%，较 2010 年 1.49% 的阶段性低点大幅提升。推动美国经济内生增长动力恢复并增强的因素主要包括美国房地产市场的周期性复苏、美国消费主引擎的可持续表现和美国金融体系的能力恢复。

模式渐平衡

次贷危机爆发以来，经济发展的模式失衡一直被市场所诟病，由此，发展模式转型和经济结构调整不仅变成美国在危机期间面临的重要挑战，也成为全球经济发展的核心主题。从危机演化五年多的历程和结果来看，大部分经济体特别是新兴市场经济体，并未能有效实现发展方式转变，而美国的模式转型却已取得了明显成效。这体现在四个方面。

其一，储蓄—投资失衡得以缓解，根据 IMF 的数据，2012 年，美国储蓄相对于投资的缺口占GDP的比重为 3.03%，大幅低于危机爆发前 2007 年 5.02%

的阶段性高点，并低于新世纪以来 3.97% 的平均水平，接近 1980—2012 年 2.99% 的历史平均水平，2013—2018 年该指标的预测均值也仅为 3.2%。其二，贸易失衡得以缓解，根据 IMF 的数据，2012 年，美国经常账户赤字占 GDP 的比重为 3.03%，较危机前 2007 年的 5.06% 大幅改善，2013—2018 年该指标的预测均值为 3.2%，也低于新世纪以来 4.3% 的均值。其三，财政失衡得以缓解，2012 年，美国财政赤字占 GDP 的比重为 8.49%，较危机高峰期的 2009 年下降了 4.85 个百分点，在美国财政巩固硬约束不断显现的影响下，2013—2018 年美国赤字率有望渐次降至 4% 左右。其四，能源供需失衡得以缓解，根据世界银行的数据，2011 年，美国人均能源消耗量为 7069 千克油当量，较新世纪初的阶段性高点下降了 12.26%，美国能源消耗和供给之间的缺口为 2.77 亿吨油当量，较 2005 年的阶段性高点下降了 40.32%，未来随着以页岩气革命为代表的新能源战略的践行，美国能源供需失衡有望进一步改善。

霸权今犹在

次贷危机以来，霸权稳定论受到极大质疑，越来越多的市场人士认为，多元化不仅是全球经济发展趋势，也是一种稳定的组织形式。但事实却是，多元化刚刚形成共识，美国经济就呈现出再崛起的强势，多元化大势尚未稳定下来就被霸权恢复所动摇。纵观近五年多的危机演化，美国经济、金融霸权并未受到根本打击，甚至在某种程度上得到了加强，体现在以下几个方面。

首先，危机并没有成就新兴市场货币的强势崛起，反而将美元最强劲的对手——欧元置于困境，美元在国际货币体系中的霸权地位依旧稳固。根据 BIS 的数据，2008 年，国际债务工具发行中以美元标价的比例从 2007 年的 42.5% 降至 28.4%，但 2009 年和 2010 年该比例迅速反弹至 49.8% 和 74.4%，甚至超过了危机前，而 2010 年以欧元标价的比例则从 2004 年最高的 58.3% 大幅跌至 19.6%。此外，美元在贸易结算和外汇交易中也始终扮演着类似的核心地位。其次，美国货币政策的外溢性影响悄然加大，危机期间美联储始终保持着宽松基调，并进行了连续三轮的 QE 政策操作，在为本国经济复苏创造了良好货币环境的同时，也加大了其他经济体的输入型通胀压力，并最终导致包括欧洲央行在内的大部分其他央行都在危机期间出现了"先松后紧再松"的政策反复，加大了这些经济体经济复苏的曲折性和波动性。而 2013 年以来美国 QE 政策的退出又带来了国际资本回流美国的虹吸效应，美国政策的霸权影响又以另一种形式加大。最后，借由经济强势复苏带来的底气，美国在国际舞台的霸权影响未见明显减弱，一系列国际金融秩序改革的路径选择和区域性经贸协议的签订很大程度上依旧按照美国熟悉并偏好的模式和方向在悄然推进。

底蕴明更深

短期的经济强大需要把握机遇，长期的经济强大则需要培育底蕴。经济发展的底蕴就在于全要素生产率。决定经济大周期的，不是房地产行业、库存或宏观政策，而是科技进步和微观崛起。美国经济底蕴始终浓厚，未来则可能进一步增强。根据美国国会预算办公室的预测，2013—2023 年，美国潜在劳动力生产率有望实现年均 1.67% 的增长，增幅不仅高于 2008—2012 年的 0.95%，还高于 1980—2012 年的 1.5%；美国非农商业部门潜在全要素生产率则有望实现年均 1.25% 的增长，增幅高于 2008—2012 年的 1.24% 和历史平均的 1.11%。美国全要素生产率加速提升的动力来源如下。

一是美国再工业化的持续推进，在政策引导下，2012 年美国制造业对经济增长的贡献为 0.71 个百分点，不仅高于 2008—2012 年的 –0.008 个百分点，还高于新世纪以来的 0.25 个百分点和 1948 年以来的 0.69 个百分点。二是美国技术创新实力蓄势提升，根据世界知识产权组织的数据，2011 年和 2012 年，美国 PCT 专利申请量分别实现了 9.05% 和 4.91% 的增长，结束了 2008—2010 年连续三年负增长的态势。三是美国信息行业高速发展，根据世界银行的数据，2011 年，美国每百人宽带用户为 28.75 人，较新世纪初上升了 26.25 人，每百人互联网用户为 78.24 人，较新世纪初上升了 35.11 人，每百人移动电话使用量为 105.91 个，较新世纪初上升了 67.16 个。信息行业快速增长不仅提升了全要素生产率，还直接为经济增长带来了新动力。此外，值得强调的是，美国经济强势增长伴随着微观富裕程度的提升，根据 IMF 的数据，2012 年美国人均名义 GDP 为 4.99 万美元，未来将渐次提升，2018 年有望达到 6.37 万美元，美国还是世界上最富裕的国家之一，这进一步夯实了以消费为主引擎的美国经济复苏。

总之，美国经济的强大并不是因为政策调控直接给经济增长提供了多少助力，而是因为美国经济借助危机实现了发展模式转型。未来，美国经济尽管面临着长期失业率高企、高科技出口比例下降、劳动力市场僵化等一系列风险因素的挑战，但依旧有望凭借底蕴、积累和创新，在全球新产业革命的推动下继续实现可持续的强势增长。

成文于 2013 年 2 月 2 日。当时市场上很多人认为美
国经济栽了，但后来的事实表明，市场还是太小看美国
经济的实力了。美国经济不仅没有衰退，反而一路走强。

美国经济又要衰退了吗？

观人要观大节、略小故，观人如是，观经济亦然。2013 年 1 月 30 日晚间
9 点半（北京时间），美国公布了核心经济数据，数据一出，市场哗然：2012
年第四季度，美国实际 GDP 季环比增长年率仅为 -0.1%，不仅远低于上一季
度的 3.1% 以及 1947—2012 年历史平均的 3.23%，甚至还低于 2008—2012
年危机阶段季度均值的 0.525%，并为 2009 年第三季度以来首次负增长；而
根据彭博资讯的统计，数据公布前市场预期中值为 1%，实际经济表现不仅绝
对值为负，相对于预期水平也是十分羸弱。那么，在 2009 年 7 月正式告别最
近一次衰退之后，美国会不会在财政悬崖的冲击下再次步入衰退泥淖？结合时
间序列上的历史数据、奥巴马宣誓就职后的形势演化以及 GDP 数据的细节结
构，笔者以为，有四点事实值得强调。

首先，从 GDP 本身分析，数据结构瑕不掩瑜。

尽管 2012 年第四季度美国经济增长率仅为 -0.1%，但分项数据显示，短
期内政府助力减弱和投资波动是造成增长数据突然下降的直接原因。2012 年
第四季度，在消费、投资、净出口和政府支出四大引擎中，政府支出和投资的
拖累最大。第四季度，投资增长率从前一季度的 6.6% 降至 -0.6%，对 GDP

增长造成了 0.08 个百分点的拖累，远弱于 0.63 个百分点贡献的历史均值（历史均值均为 1947—2012 年的均值，下同），而在投资内部，库存变化直接造成了 1.27 个百分点的拖累，远弱于 0.08 个百分点贡献的历史均值。此外，更重要的是，第四季度，政府支出增长率从前一季度的 3.9% 降至 –6.6%，对 GDP 增长造成了 1.33 个百分点的拖累，远弱于 0.57 个百分点贡献的历史均值。在政府支出内部，联邦政府支出下降造成 1.25 个百分点的增长拖累，地方政府支出下降造成 0.08 个百分点的增长拖累；联邦政府的国防支出下降 22.2%，创下 1972 年第三季度以来的最大降幅，并给 GDP 增长造成了 1.28 个百分点的拖累。

纵观美国经济历史，政府支出和投资的增长本身就具有较大波动性，且对经济增长的持久贡献并不大。2012 年第四季度政府支出和投资的下滑，一定程度上属于季节因素、灾害因素、财政悬崖前期影响综合作用的结果，具有明显的短期特征。对于美国经济而言，事关增长持久性和强弱度的核心引擎始终是消费，1947—2012 年，美国实际 GDP 季环比增长年率的均值为 3.23%，其中有 2.13 个百分点的增长贡献源自消费。审视数据，美国消费引擎依旧强劲，2012 年第四季度，美国消费增长 2.2%，尽管增速依旧慢于 3.37% 的历史均速，但较前一季度增幅上升 0.6 个百分点，并明显高于危机期间（2008—2012 年，下同）0.8% 的增长均速。实际上，如果在 GDP 季环比增长年率中刨去政府和库存的影响，2012 年第四季度，美国内生增长水平为 2.5%，不仅高于第三季度的 1.62%，还高于危机以来 0.48% 的均速，甚至已经接近 2.58% 的历史均速。深入结构进行剖析不难发现，2012 年第四季度的 –0.1% 增长率表面上较为羸弱，实际上却暗藏着美国经济内生动力增强的趋势信息。

其次，从全盘数据分析，温和复苏趋势未变。

如果进一步结合 2013 年初以来公布的一系列数据，美国经济自 2012 年以来显露出的温和复苏迹象不仅没有逆转，甚至还呈现出进一步深化和强化的趋向，具体体现如下。

一是再杠杆初露端倪。房市方面，在止赎数据持续改善，新房销售、旧房销售、建筑支出持续增长的同时，房贷拖欠率下降至 7.4%，房贷申请不断恢复；

消费方面，家庭储蓄率也降至 3.6%，接近危机前水平，透支消费模式悄然回归。

二是市场供需同步趋强。生产方面，2012 年 12 月，工业生产指数从 11 月的 97.8 点上升至 98.1 点，ISM 制造业指数从 11 月的 49.9 点上升至 50.2 点，ISM 非制造业指数从 11 月的 54.8 点上升至 55.7 点；销售方面，2012 年 12 月，零售销售同比增长 4.7%，增幅较 11 月上升 0.6 个百分点；除汽车外的零售销售同比增长 4.1%，增幅较 11 月上升 0.7 个百分点；ICSC 连锁店销售同比增长 2.7%，增幅较 11 月上升 2.8 个百分点。

三是资产市场渐进恢复。房市方面，2012 年 12 月，标普房价指数同比上涨 5.5%，增幅较 11 月上升了 1.3 个百分点，并自 2012 年 7 月以来连续第 6 个月正增长，结束了此前连续 20 个月负增长的筑底态势；股市方面，在 2012 年业已收复危机以来失地的背景下，截至 2013 年 1 月 30 日，道琼斯指数、标普指数和纳斯达克指数又较 2012 年末分别上涨了 6.15%、5.31% 和 4.07%。

四是领先指标风向积极。实体经济方面，2012 年 12 月，OECD 美国经济领先指标持续升至 107.8 点，大幅高于危机期间最低的 97.71 点；美国经济咨商局领先指标持续升至 93.9 点，大幅高于危机期间最低的 78 点。就业方面，2012 年 12 月，整合工作小时指数从 11 月的 96.5 点进一步升至 96.9 点，表明实体经济复苏已经带来了更多的工作需求，工作时长延长预示着就业改善有望持续。

再次，从形势演化分析，前进之路暗礁犹存。

尽管 2013 年至今公布的各类数据显示，2012 年以来美国经济温和复苏的整体态势并未改变，但结合经济数据和经济事件，美国经济依旧面临着四重短期风险。

一是悬崖余震接踵而至。尽管 2012 年末美国两党就财政悬崖问题的展期达成短期协议，但财政方面的三大难题已经排上日程。美国国债已经触及 16.4 万亿美元的上限，辗转腾挪也只能为上限提升换回 2~4 个月的缓冲期；美国临时预算法案也将于 3 月 26 日到期；自动支出削减机制（至少其部分内容）也将于 3 月 1 日滞后启动，政治博弈之下，美国财政巩固或多或少将有所进展，政府支出拖累增长的态势难以快速扭转。

二是复苏信心有所动摇。随着财政悬崖及其衍生问题的不断深化，以及税收变化的减收影响于 2013 年真实显现，越来越多的美国人开始意识到，财政悬崖本质上不可能被完全避免，一系列的政策救赎都只能将悬崖冲击在长期内逐步分摊，这种认识将降低家庭对永久收入的预期，进而削弱消费信心和复苏信心。实际上，这种影响已经有所显现，2012 年 12 月，美国经济咨商局消费者信心指数就突然从 11 月的 66.7 点降至 58.6 点。

三是开放性悄然下降。季度数据显示，2012 年第四季度，美国净出口对增长造成了 0.25 个百分点的拖累，略微高于历史平均的 0.1 个百分点的拖累。实际上，出口对经济增长的拖累为 0.81 个百分点，而进口却对经济增长带来了 0.56 个百分点的贡献。这一正一负的增长影响都源自于开放性的下降，2012 年第四季度，美国出口和进口的增长率分别为 -5.7% 和 -3.2%，2009 年第一季度以来首次出现出口和进口同时负增长。虽然开放性下降直接引致的经济拖累并不明显，但却会间接削弱美国全要素生产率的恢复力度。

四是"黑天鹅"若隐若现。尽管 2012 年第四季度美国经济增长率降至 -0.1% 可能仅是暂时现象，美国经济复苏趋势未变，但 2013 年第一季度和第二季度美国经济的短期风险依旧不容小觑。如果随后的数据修正未能实现 2012 年第四季度增长率的"由负转正"，且 2013 年第一季度美国经济再度在短期因素作用下负增长，那么衰退技术性条件的"暂时"满足也可能会演变成"黑天鹅"事件，引致不必要的市场恐慌。

最后，从数据影响分析，宽松政策基调难转。

尽管从各方面分析，美国经济温和复苏趋势并未根本扭转，美国再陷衰退的可能性微乎其微，但出乎市场意料的 -0.1% 的美国经济增长率依旧敲响了美国政策制定者的警钟。财政政策被迫致力于财政巩固、货币政策保持宽松、汇率政策倾向于弱势美元的"两松一紧"政策搭配将继续为复苏保驾护航。

成文于 2013 年 2 月 20 日。任何事物都有两面性，
美国经济的确有相对强势的一面，但也有令人担忧的另
一面。这篇文章就是翻过硬币看另一面。

美国经济的长期挑战

2013 年 1 月 20 日，美国总统奥巴马宣誓就职，正式开启了他领导美国
的第二个任期。对于奥巴马第一个任期的经济表现，市场评价可谓毁誉参半：
一部分人认为，奥巴马在刺激经济增长、巩固财政状况和改善微观福利等方面
的表现都乏善可陈；另一部分人则认为，奥巴马成功地避免了"大萧条"的重
演，其功绩并未全然显现于经济数据之中。无论如何，在经历 2008—2011 年
的危机蛰伏之后，美国经济在 2012 年却呈现出周期性领跑的相对强势。尽管
2012—2013 年财政悬崖、债务触顶等一系列尾部风险集中爆发，但美国经济
基本面情况依旧健康：家庭消费有序恢复，房市投资触底反弹，失业状况趋向
改善。一系列短期积极因素和长期有利风向都为奥巴马第二个任期内的经济复
苏奠定了物质基础，但从风险视角审视，长期内美国经济依旧面临五重挑战。
如何应对这些长期挑战，维护美国长期复苏的利益，将成为决定奥巴马最终经
济答卷的核心命题。

挑战一是增长压力长期化。

根据 2013 年 1 月 IMF 公布的预测数据，2013 年美国经济有望增长 2%，

这一水平不仅较 2012 年低 0.3 个百分点，还较 2012 年 10 月的预测数据下调了 0.1 个百分点；这种较之自身的相对弱势可能还将在奥巴马第二个任期内延续，2013—2016 年，美国经济增长预估值的平均水平为 2.9%，低于危机前 1980—2007 年 3% 的历史平均水平。这意味着，美国经济增长面临较大压力不仅是短期现象，可能还将是长期趋势。增长压力长期化的原因主要是潜在增长中枢的下移，根据 IMF、OECD 和美国国会预算办公室的计算，金融危机爆发以来，美国实际 GDP 相对于基于经济基本面估算的均衡水平低 4.2%，却比线性趋势线低 13%，这粗略表明，金融危机对美国经济的均衡水平造成了接近 8 个百分点的长期增长损伤。均衡增长中枢下移一方面将加快宽松货币政策从产出效应向通胀效应的转移，加大"滞胀"的可能性，另一方面将降低增长的就业创造和吸纳能力，加大社会动荡与经济停滞并存的"滞乱"的可能性。

挑战二是国家信用缺失长期化。

2013 年初，财政悬崖短期协议达成后，债务触顶、自动减支机制启动和临时预算案到期的压力已经排上日程表，不仅在短时间内同时化解三方面的压力难度较大，而且更重要的是，短期困难虽然可以拖延式应对，但国家信用缺失却存在长期化的不利趋向。根据 IMF 的预测，2013—2016 年，美国赤字率和负债率均值分别为 5.47% 和 113.48%，大幅高于 1980—2007 年危机爆发前 3.06% 和 61.03% 的历史平均水平。除了长期透支增长的路径依赖，信用缺失长期化一定程度上还归因于财政、债务和增长的"负面三角效应"：高负债导致债务触顶成为常态，当前 16.4 万亿美元的债务上限可能在未来几年被逐级提升至超过 20 万亿美元，债务上限常态化的调升不仅将伴随政治上的剧烈博弈，还将引致对财政巩固的相应要求，而财政巩固本身又将对增长产生拖累，增长压力长期化则将进一步加剧债务方面的偿债风险和流动性风险。恶性循环之下，国家信用基础不断受损，最终将对美国经济领头羊和资金避风港的地位造成深层冲击。

挑战三是就业高压长期化。

尽管数据显示，2012 年 12 月，美国失业率已从危机高峰期的 10% 渐进降至 7.8%，但就业市场在长期内依旧明显承压，根据 IMF 的预测，2013—
2016 年，美国失业率均值为 7.33%，高于 1980—2007 年危机爆发前 6.1%
的历史均值。值得注意的是，失业率本身可能还低估了美国就业市场长期羸弱
的程度。截至 2012 年末，美国就业不足率（即失业、准待业和兼职的占比）
的阶段水平已经从危机前的 10% 以下上升并稳定至 14% 以上；美国平均失业
持续时间的阶段水平也从危机前的 20 周以下上升并稳定至 40 周左右。这潜在
表明，在失业率高企的同时，美国劳动者获取和维持工作的信心显著下降，而
失业本身对家庭和个人的直接伤害则悄然上升。就业高压长期化，一方面将降
低家庭的消费意愿和消费能力，进而对美国经济增长主引擎带来深层打击；另
一方面则将削弱劳动力市场乃至整个美国经济社会的"机会均等"，进而深层
动摇美国经济的增长精神。

挑战四是创新缺失长期化。

创新不仅是"美国梦"的影射，也给美国全要素生产率的提升和经济社
会的快速发展提供了深层助力。但金融危机对美国创新精神的损伤恐将长期
延续，具体表现如下：一是金融体系的创新速度恐将放缓。根据彭博资讯数
据，2008—2012 年，美国次贷危机和欧洲主权债务危机给全球金融机构造
成了 2.077 万亿美元的损失，其中，美国金融机构受损就高达 1.326 万亿美
元，在缓慢恢复过程中，美国金融机构的创新行为更趋谨慎。二是美国制造
企业的创新速度恐将放缓。2013 年 1 月末，受平庸财报的影响，美国苹果公
司股价大幅下挫，并丢掉了全球市值第一的宝座，以苹果为代表的美国企业
的创新能力也正悄然下降。创新缺失长期化，不仅是受到危机直接冲击的影响，
还与冲击引发的美国保护主义抬头有关。尽管保护主义能在短期内带来一定
的经济提振，但却会在长期内抑制资本、科技和人力资源等要素的国际流动，
进而给全要素生产率的提升，以及创新的传播、激励、普及和应用带来桎梏，
美国作为全球化的最大受益者，在这股由其主导的逆流中将受到明显的长期
负面影响。

挑战五是金融不稳定长期化。

尽管起始于 2008 年的次贷危机已于 2009 年正式终结，但美国金融体系的不稳定性并未彻底缓解，并可能长期延续。从微观层次看，尽管美国金融机构已经渡过了生存危机，但其发展势头却已明显趋缓。更重要的是，从宏观层次看，美国金融体系出现了两种长期不稳定迹象：一是货币流动滞涩现象，根据彭博资讯的数据，截至 2012 年第三季度，美国 M_1 货币转手速度已经从危机爆发前的 10 左右降至 7 以下，美国 M_2 货币转手速度则从危机爆发前的 2 以上降至 1.5 左右。二是经济金融地位不对称变化迹象，根据 IMF 的预估，2012 年美国 GDP 的全球占比将从危机前的 20% 以上降至 18.91%，2013—2016 年恐将继续渐次降至 18.09%；而根据彭博资讯的数据，美国股市市值的全球占比从 2011 年就开始触底回升，2013 年初已经从危机前的不足 29% 升至 32.65%，经济总量占比和股市市值占比的反向变化潜在意味着，在房市泡沫、衍生品泡沫被挤出后，美国新形式的金融泡沫可能正在悄然积聚，这可能将对未来金融体系的长期稳定带来不利影响。

总之，尽管美国经济当前呈现出阶段性领跑的态势，且出现了一系列有利于长期复苏的积极变化，但值得注意的是，长期复苏的挑战依旧存在。奥巴马在第二个任期的就职宣誓演讲中说："我们面临的挑战也许是新的，我们应对挑战的措施也许是新的，但那些长期以来指导我们的价值观——勤奋、诚实、勇气、公平竞争、包容以及对世界保持好奇心，还有对国家的忠诚和爱国主义——却是历久弥新的，这些价值观是可靠的。"奥巴马在第二个任期将如何在新的应对措施中借助这些可靠价值观的力量，不仅将决定美国经济的长期走向，还将考验"美国梦"的坚实与否，让我们拭目以待。

成文于 2013 年 5 月 12 日。船大则稳，船小易颠。
很少有人注意到美国经济的稳定性，所以本文着意用数
据来彰显这一点。

美国经济复苏是稳定的

没人能确切说清"预期"是什么，但作为最具威力的"局内人变量"之一，任何一个方向的"超预期"都会给市场走势带来及时、剧烈的影响。而一旦和普通人一样置身"市"外，预期的莫名其妙之处就昭然若揭。围绕着美国经济的预期和现实之纠葛就是一个例子。2013 年 1 月末，当统计部门公布 2012 年第四季度美国经济增长率初值仅为 -0.1%（最后确定的终值为 0.4%）时，不见市场有何恐慌，大家反而认为美国经济复苏动力"强于预期"，美国股市随后一路狂飙，连破历史纪录，美元也受到提振走出一波强劲升值，甚至连美联储也在议息会议中开始讨论终结 QE 的问题；转到 2013 年 4 月 26 日，当 2013 年第一季度美国经济增长率初值被确定为 2.5% 时，市场却普遍认为这一水平"弱于预期"，美国股市和美元汇率都受到沮丧情绪的影响，甚至有著名投行开始抛出唱空美国经济的论调。

-0.1% 是"强于预期"，2.5% 是"弱于预期"，该说美国经济太变化莫测，还是市场预期太匪夷所思？在笔者看来，关键在于美国经济增长率数据本身的波动性很大，市场又对易变的数据过于纠结，进而对美国实体经济基本面的内

在趋势缺乏具有连续性的认识。必须承认，对于金融市场而言，经济数据的绝对数值怎么样是一回事，数据相对于预期怎么样是另一回事，往往后者会更容易引发市场心理的变化。但同样值得强调的是，很多时候，市场出现剧烈波动，并不是经济基本面发生了多少真实变化，而是市场预期的形成包含了太多不稳定因子。要知道，所谓市场主流预期，往往是少数著名投行、少数大腕引导的预期，当预期经常性出现大幅偏差之时，很难区分这种偏差是源自基本面变异，还是预期引导者的技术错误、市场偏见或是有意为之。

就美国经济而言，需要强调的一点是，虽然围绕美国经济的预期变化起起伏伏，但从全面数据看趋势，美国经济复苏是稳定的，这种稳定性远远超出近期市场和媒体对美国经济忽好忽坏的担忧和猜测。还是从数据切入，2013 年 4 月 26 日公布的第一季度美国实际 GDP 季环比增长年率为 2.5%，在这 2.5 个百分点的构成结构中，消费贡献了 2.24 个百分点，投资贡献了 1.56 个百分点，贸易造成了 0.5 个百分点的损失，政府支出造成了 0.8 个百分点的损失。这个结构看上去不错，表明美国经济增长的主引擎表现强劲。

要说稳定性，则需要联系美国经济的长期结构特征更细看一步：美国经济之所以在第二次世界大战后长期处于全球经济领头羊地位，是因为美国经济内生动力强劲，说白了，就是不靠外需、不靠政府花钱刺激。在美国实际 GDP 统计中，有三个构成部分属于对内生动力影响不大的波动因子，分别是库存变化、贸易和政府支出，根据笔者的测算，1947—2012 年的连续 264 个季度里，这三个波动因子对美国实际 GDP 的增长贡献仅为 0.08 个、−0.1 个和 0.57 个百分点。但 2012 年第四季度和 2013 年第一季度，这三个波动因子却对经济增长率造成了极大的干扰，库存变化的增长贡献分别为 −1.52 个和 1.03 个百分点，贸易的增长贡献分别为 0.33 个和 −0.5 个百分点，政府支出的增长贡献分别为 −1.41 个和 −0.8 个百分点。三大波动因子这两个季度对增长的影响不仅明显高于历史平均水平，其本身的时序变化也是反复很大。波动因子的剧烈震荡导致这两个季度美国经济增长率的数据表现出现较大差异，并让市场预期的准确性明显下降。

值得强调的是，波动因子尽管抢了风头，但它们并不重要，重要的是美国经济的内生增长动力。而根据笔者的测算，剔除三大波动因子的影响后，2012年第四季度和2013年第一季度，美国经济内生增长水平分别为3%和2.77%，两者都较为强劲，延续了2010年以来的复苏态势，且差距明显小于实际GDP季环比增长年率初值 –0.1% 和 2.5% 显示的水平。也就是说，美国经济复苏没那么变化无常。

笔者以为，美国经济复苏是稳定的，这种稳定有两层含义，一是稳定地在复苏，二是复苏稳定地未达目标。2012年以来，美国经济发生了一系列深层变化：美国家庭去杠杆化接近完成，资产负债表的渐进恢复激励美国家庭重返危机前的消费模式，家庭储蓄率明显下降；美国房市去泡沫化接近完成，房市在经历漫长筑底后开始反弹，新房和旧房销售持续增长，房价也温和回升，房市投资不断提振；美国金融体系去危机化也已接近完成，美国金融机构的状况改善明显领先其他发达国家，金融深化持续推进，经济增长的金融助力不断增强。

从数据角度看，推动美国经济复苏的这些稳定因素未见削弱：2013年第一季度，美国个人储蓄存款占可支配收入的比例已经从上一季度的4.7%降至2.6%，这一水平恰与危机爆发前2007年第一季度完全一样；2013年前三个月，美国丧失住房赎回权案例数量分别同比下降了28.48%、25.43%和23.31%，不仅延续了近30个月同比下降的改善态势，降幅还明显大于2012年月均14.5%的幅度；2013年第一季度，少于10万美元的美国工商业贷款利差从上一季度的4.01%进一步降至3.94%，不仅低于2008—2012年危机期间的4.15%，还低于1986年以来历史平均的4.08%，表明美国小企业正从金融体系恢复中获得更好的资金支持，经济增长的微观基础进一步得到巩固。

2013年4月公布的数据不仅进一步确认了以前发现的证据，还显示出美国经济复苏稳定性的新证据，那就是作为美国经济主引擎，美国消费增长的结构悄然优化，这有望成为消费稳定增长的支撑，并让消费进一步发挥美国经济复苏的稳定器作用。2013年第一季度，美国消费增长3.2%，不仅高于2012

年季均的 1.83%、2008—2012 年季均的 0.78%，还已接近 1947 年以来 3.37% 的历史均值。更值得注意的是，美国消费增长呈现出具有稳定性的结构特征：商品消费为消费增长提供了 1.12 个百分点的贡献，较 2012 年第四季度下降了 0.33 个百分点，服务消费则提供了 2.07 个百分点的贡献，较 2012 年第四季度增加了 1.68 个百分点，商品和服务消费的此消彼长让美国消费结构靠近其 1947 年以来的传统结构，美国消费的含金量和可持续性悄然提升。更进一步看细节，2013 年美国食品和服装消费对消费增长的贡献分别仅为 0.07 个和 0.04 个百分点，低于历史平均水平，美国家庭娱乐和金融服务对消费增长的贡献则分别为 0.15 个和 0.44 个百分点，明显高于历史平均水平，潜在表明美国家庭消费信心可能要强于消费者信心指数所显示的水平。

美国经济复苏虽然在稳步推进，但复苏的任务显然还远未完成，2008 年至 2013 年第一季度，剔除三大波动因素后的美国经济内生增长季均水平为 0.23%，2012 年至 2013 年第一季度的季均水平为 2.32%，均低于 1947 年以来 2.68% 的季均水平。美国经济的主要掣肘因素是劳动力市场复苏缓慢和财政巩固拖累较大，数据表明，这两种掣肘因素也未见明显改善。而劳动力市场的状况更是令人担忧，不仅新近公布的非农就业数据远低于预期被市场热议，而且少有人觉察的是，美国劳动市场的固化和僵化可能也在悄然加剧，2012 年 1 月—2013 年 3 月，美国失业率从 8.3% 降至 7.6%，成年男子失业率从 7.7% 降至 6.9%，成年女子失业率从 7.7% 降至 7%，但青少年失业率却从 23.4% 升至 24.2%。这表明，美国就业的创造能力正在边际下降，劳动力市场的未来改善难度渐增。

总之，备受市场关注的美国经济主数据的确波动较大，且与预期出入较大，但深入分析，美国经济复苏是稳定的，复苏进程不会骤然逆转，复苏目标也不易轻易达到。对于货币政策而言，这意味着美联储既没有像日本那样走极端的必要，也并不太像前期市场怀疑的那样快速结束 QE，即便 QE 不会持续很久，至少美联储加息和出售资产，还是很远的事情。

成文于 2013 年 7 月 3 日。本文的分析完全基于美国银行业的全行业数据，如果没有这么完整的数据，行业监管和政策制定必然会缺少科学性。因此，数据建设也是行业建设的重要部分。

美国银行业何以强势复苏

经济是金融的基础，金融是经济的血脉。自 2012 年 1 月笔者首次提出美国经济周期性领跑的概念以来，笔者在随后一年半时间里撰写了多篇专栏文章，阐述了美国经济强势再崛起的阶段进展和内在动因。2013 年年中以来，美国经济的相对强势已经成为市场共识，本文着意强调的是，作为次贷危机的重灾行业和风险源头，美国银行业如今也已强势复苏，并悄然呈现出相对更强的增长可持续性，美国经济和金融之间呈现出强强互助、内生发展的态势。

应该说，由于中国银行业极为抢眼的表现吸引了大部分视线，美国银行业的悄然再崛起在一定程度上受到了市场忽视。2013 年 7 月 1 日，英国《银行家》杂志公布了基于 2012 财年数据计算的 2013 年全球千家大银行排名，根据一级资本排名，美国银行从之前的第一下滑至第三，国际银行业最强者的花冠百年来首次戴在了中资银行的头上。中国银行业的强势表现可喜可贺，但在耀眼的中国光芒之下，美国银行业的数据表现远比榜单表现更为强劲。实际上，美国银行业的榜单表现也并不算差，因为榜单变化并不大，在 2013 年前 15 强大银行榜单上，只是 2012 年排名第一的美国银行以及排名第五的花旗银行分别和 2012 年排名第三和第六的两家中资银行互换了下位置，其他排名完全没有变化。

结合 2013 年百强银行的大量财报数据、FDIC 公布的美国银行业历史数据和取自 Bloomberg 和 Wind 的其他数据，笔者对美国银行业的数据表现进行了纵向对比和横向对比，结果十分清晰地显示，美国银行业基本走出了次贷危机的影响，呈现出健康、有力的复苏态势，而 2012 年以来美国银行业的复苏已从多个维度跑赢国际银行业的基准水平。具体来看，美国银行业的强势复苏体现在以下几个方面。

其一，美国银行业的盈利状况大幅改善。2007—2009 年，美国银行业净收入连续三年下降，2009 年全行业甚至出现了 116 亿美元的净亏损，但 2010 年开始，美国银行业净收入不断上升，2011 年和 2012 年美国银行业分别实现了 1102 亿美元和 1302 亿美元的净收入，同比增速分别为 42% 和 18%，增长速度大幅高于 1934 年以来 4.71% 的净收入历史平均增速，2012 年的净收入规模则创下历史新高。2008 年次贷危机爆发初期，美国银行业未盈利机构的占比从 2007 年的 11.23% 蹿升至 23.44%，2009 年进一步升至 30.72%，2010—2012 年渐次降至 10.02%，2013 年第一季度，这一占比进一步降至 7.69%，已接近 2006 年 7.55% 的水平，表明美国银行业盈利状况改善具有全局性。此外，2008—2012 年，美国资产收益率（ROA）分别为 0.13%、−0.1%、0.65%、0.9% 和 1%，2013 年第一季度进一步升至 1.12%。而根据笔者的测算，按照 2013 年大银行排名，进入全球百强银行榜单的 16 家美国大银行的 ROA 平均值和中位数分别为 1.41% 和 1.3%，高于百强银行的 0.84% 和 0.8%，充分说明美国银行业的盈利状况要优于国际平均水平。

其二，美国银行业蕴藏的风险大幅降低。根据 Wind 数据，截至 2013 年第一季度，美国银行业房地产贷款拖欠率为 7.16%，较 2010 年第一季度的阶段性高点下降了 2.85 个百分点；美国银行业消费贷款、信用卡透支和工商贷款的拖欠率分别为 2.53%、2.65% 和 1.08%，不仅较阶段性高点下降了 2.18 个、3.12 个和 2.86 个百分点，还较危机爆发初期下降了 0.96 个、2.11 个和

0.37 个百分点。截至 2013 年第一季度，美国房地产贷款的撇账率为 0.72%，较 2010 年第一季度的阶段性高点下降了 0.72 个百分点，与危机前持平；美国银行业消费贷款、信用卡透支和工商贷款的撇账率分别为 2.37%、3.86% 和 0.38%，不仅较阶段性高点下降了 4.22 个、6.15 个和 1.6 个百分点，还较危机爆发初期下降了 0.58 个、0.69 个和 0.32 个百分点，表明美国银行业的信贷风险，特别是消费贷款和工商贷款蕴藏的风险已经明显下降。此外，根据笔者的测算，2013 年全球大银行排行榜百强银行的不良率的平均值为 2.85%，而进入百强榜的 16 家美国大银行的不良率的平均值仅为 2.67%，表明美国银行业的资产健康状况要优于国际大银行的平均水平。

其三，美国银行业的业务扩张开始加速。根据 FDIC 的数据，2007—2011 年，美国银行业总贷款金额连续五年负增长，2012 年则一举扭转颓势，实现了 5.43% 的增长。2011 年和 2012 年，美国总存款增长率分别为 8.18% 和 8.72%，不仅高于 2009 年和 2010 年的 3.11% 与 2.17%，还高于 1935 年以来 7.51% 的历史平均增速。此外，根据笔者的测算，2013 年全球大银行排行榜百强银行的贷款和存款增长率的平均值分别为 9.51% 和 11.7%，而进入百强榜的 16 家美国大银行的贷款和存款增长率的平均值则为 11.73% 和 15.51%，表明美国大银行的业务扩张速度要快于国际大银行的平均水平。

进一步利用更广泛的数据进行测算和分析，笔者发现，2012 年以来，美国银行业能够实现强势复苏的动因有五个。

一是美国银行业去杠杆化取得显著进展。利用 FDIC 提供的总股本和总资产历史数据进行估算，2013 年第一季度，美国银行业杠杆率渐次降至 8.87，较 2008 年下降了 1.8，较 2000 年、1990 年和 1980 年分别下降了 2.91、6.64 和 8.38，较 1940 年也下降了 1.73，当前杠杆率水平是 1939 年以来的最低水平。

二是美国银行业始终坚持盈利多元化。2009 年至 2013 年第一季度，美国银行业净息差（NIM）从 3.81% 降至 3.27%，盈利难度有所加大。但 2012 年，美国银行业非利息净收入占总净收入的比重渐次回升至 33.81%，较 2008 年提升了 7.02 个百分点，较 2000 年、1990 年和 1980 年则分别提升了 7.32 个、19.18 个和 26.29 个百分点，数据表明，尽管受到次贷危机的冲击，美国银行业始终高举综合经营的大旗，注重非传统业务的发展，为利差收窄背景下的可持续复苏奠定了基础。而根据笔者的测算，2013 年全球大银行排行榜百强银行的非利息净收入占总净收入比重的平均值和中间数分别为 38.05% 和 37.69%，明显低于进入百强榜的 16 家美国大银行的 57.81% 和 50.98%，表明美国大银行的综合化程度依旧要明显高于国际大银行的平均水平。

三是美国银行业的经营效率有所提升。根据 FDIC 的数据，2008—2012 年，美国银行数量不断减少，银行总数下降了 992 家；而与此同时，美国银行业从业人员数量仅在 2008 年和 2009 年出现了下降，2010—2012 年则不断增加，2012 年从业人员总数还较 2008 年增加了 15852 人。受此影响，2013 年第一季度，以单位利润所消耗的成本为表征的美国银行业效率比率从 2011 年的 61.19% 降至 58.77%，表明经营效率有所提升。

四是美国银行业聚力国内市场。危机期间，美国银行业愈发注重国内市场的发展，2012 年，美国银行业的国内机构贷款占国内外机构总贷款的比例为 92.78%，较 2008 年提升了 2.66 个百分点，较 2000 年、1990 年和 1981 年分别提升了 0.45 个、5.9 个和 14.09 个百分点。特别是 2012 年美国经济呈现出周期性领跑之后，美国银行业对本国市场的依赖更为明显，根据 Bloomberg 的数据，2012 年，美国市场对美国银行和摩根大通净收入的贡献就从 2011 年的 77.4% 和 74.8% 跃升至 86.6% 和 81%。

五是美国银行业的根基始终较强。从媒体报道似乎感觉美国银行业在危机中已受重创，但实际上，从 2007—2013 年《银行家》杂志全球大银行排行榜百强银行的分布变迁看，美国银行业没有大幅退步，2013 年就有 16 家美国大银行进入百强榜单，数量比 2008 年多了 3 家，和 2007 年持平。而 2013 年，德国和法国仅各有 5 家大银行进入百强榜单，数量比 2007 年分别少了 5 家和 1 家。和欧洲银行业的大退步相比，美国银行业更显底蕴深厚。

总之，2012 年以来，伴随着美国经济的周期性领跑，美国银行业也正悄然再崛起，其在国际银行业的相对表现可能仅逊于中国银行业，而明显强于全球平均水平。美国银行业强势复苏的根本动力是顺势而为、聚力发展。在实体经济和银行业同时复苏的背景下，美国经济复苏的稳定性和可持续性进一步增强。

成文于 2013 年 7 月 31 日。数据公布的当晚，笔者一直在守候着，在得到数据后立刻就进行了处理和分析。结果表明，笔者的期盼没有落空，这些数据的确蕴藏了很多重要信息。

美国经济被五重低估

北京时间 2013 年 7 月 31 日晚 8 点半，美国经济分析局（Bureau of Economic Analysis，BEA）公布了新一期美国 GDP 统计数据，该数据首次应用了统计新方法，将研究、开发和版权方面的支出作为投资纳入统计范围，并反映了养老金赤字对 GDP 的影响。笔者第一时间获取了修正后的数据，并与修正前的数据进行了比较。结合第一手数据的比较结果和更广泛的经济现实，认为此次 GDP 统计方法具有里程碑式的意义。一方面，美国率先使用国际新标准本身就起到了很好的示范效应，为知识经济时代全球 GDP 统计更趋信息化和科学化奠定了基础；另一方面，更重要的是，新方法揭开了美国经济的面纱，修正后的数据表明，美国经济被大幅低估。这体现在五个方面。

其一，美国经济体量被陈旧数据明显低估。

修正后，2012 年美国名义 GDP 规模为 16.245 万亿美元，较修正前扩大了 5598 亿美元，上调幅度为 3.57%；美国实际 GDP 规模为 15.47 万亿美元，较修正前扩大了 1.88 万亿美元，上调幅度为 13.81%。之前 BEA 在预估修正结果时曾表示数据调整可能会让美国经济规模增加一个比利时大小的体量，实际数据表明，之前的预估还是低估了调整幅度，名义 GDP 上调的 5598 亿美元略大于一个伊朗的经济规模，而 2012 年，伊朗的经济规模排名在 IMF 有统计数据的 187 个经济体中是第 21 位，比利时的排名是第 25 位。笔者还计算了 1929—2012 年历史序列上的数据变化，结果显示，这 84 年里，美国名义 GDP 规模和实际 GDP 规模年均分别上调了 2.78% 和 10.47%。

其二，美国经济增速被狭隘数据明显低估。

笔者还比较了修正前后美国经济增长率的变化，结果非常有力地表明，在纳入研究、开发和版权方面的支出后，美国 GDP 的增长速度明显提升。修正后，2012 年美国名义 GDP 的增速为 4.576%，较修正前提升了 0.536 个百分点；美国实际 GDP 的增速为 2.779%，较修正前提升了 0.568 个百分点。更长时间序列的计算表明，修正后，1929—2012 年美国名义 GDP 和实际 GDP 的历史均速分别为 6.51% 和 3.41%，分别较修正前提升了 0.032 个和 0.066 个百分点；将时间序列缩短至新世纪以来，修正后，2000—2012 年美国名义 GDP 和实际 GDP 的年均增速分别为 4.1% 和 1.94%，分别较修正前提升了 0.018 个和 0.121 个百分点。

其三，美国经济地位被权威数据明显低估。

IMF 的权威数据显示，美国 GDP 的全球占比自 1986 年达到 25.24% 的高点以来，就一直处于下降通道，在经过次贷危机冲击后，于 2012 年滑落至 18.87%。这一权威指标的持续下降一直被视作美国经济地位日薄西山的有力证据。但本次统计方法修正后，美国 GDP 的全球占比无疑会有所上升，对美国经济地位的低估有望得到初步修正。实际上，如果考虑到 IMF 在计算各国 GDP 全球占比的过程中，使用了明显高估人民币汇率的购买力平价折算方法，那么本次修正后的数据可能还是深层低估了美国经济在全球的影响力。

其四，美国经济平衡性被比例数据明显低估。

GDP 数据的一大用途是被当作诸多比例数据的分母。2012 年，美国赤字率为 8.45%，大幅高于 3% 的警戒线；负债率为 107%，高于技术破产线，并位居全球高负债国家排名的第 11 位。GDP 分母的变大将导致赤字率和负债率降低，表明美国财政失衡和债务违约的风险要小于之前的预期。此外，2012 年，美国经常项目赤字率为 3.03%，GDP 分母的变化则意味着美国国际收支失衡程度也小于之前数据显示的水平。比例数据的变化方向共同表明，美国经济内在的平衡性被市场低估了。

其五，美国经济底蕴被未修正数据明显低估。

美国经济的底蕴是科技创新和消费增长，将研究、开发和版权方面的支出作为投资纳入 GDP 统计后，美国经济规模、经济增速、经济地位和经济发展平衡性都有所提升，这本身就证明了美国科技创新的强大作用。即便未来其他国家跟随美国改变 GDP 统计方法，美国在知识经济和科技创新上的领先所带来的 GDP 数据提振效应也不会明显减弱。而根据笔者的测算，借由本次数据修正，2012 年美国人均名义 GDP 也从 50000 美元以下首次突破 50000 美元大关，达到 51703.86 美元，这更加夯实了消费增长的基础。

总之，GDP 统计方法修正后，美国经济被低估的实力充分彰显。对于美国经济而言，这将增强复苏信心，并为美联储退出 QE 提供有力帮助；对于金融市场而言，这将对美国股市提供上行动力；对于新兴市场而言，其与美国经济的差距可能被系统性低估了，美国统计方法更新就像《皇帝的新装》故事里的小孩，一不小心就暴露了"脱钩增长"的虚妄。

成文于 2013 年 8 月 1 日。上一篇文章从长期视角分析了美国统计方法修正的影响，本文则从短期视角进行了分析。

美国经济稳健复苏中尚有隐忧

北京时间 2013 年 7 月 31 日晚，美国首次公布了使用新统计方法后的经济数据。2013 年第二季度，美国实际 GDP 季环比增长年率为 1.7%，大幅高于市场之前 1% 的预估中值，但市场整体反应偏冷，因为从季环比增速的计算方法看，第二季度增速超预期的根源在于前期基数被大幅下调，美联储也发布了 FOMC 会议声明，将对美国经济表现的评价从"温和"（moderate）小幅降至"缓慢"（modest），使得市场看淡美国经济和 QE 退出的气氛进一步趋浓。

笔者以为，尽管在前期市场后知后觉进而强烈看多美国经济和美元汇率的背景下，预期适度降温并提升风险意识实属理性之举，但值得强调的是，个别季度经济增长率的绝对数值、预期对比和震荡变化并不具有太大的趋势意义，把握美国经济大趋势和新变化，需要充分理解美国经济增长的结构信息以及本次统计方法更新带来的深层影响。有鉴于此，笔者细致解剖了 1947 年第一季度至 2013 年第二季度美国经济的结构数据，并将修正后与修正前的数据进行了比较，结果非常有力：一方面，从整体看，美国经济稳健复苏的态势依旧值得充分肯定；另一方面，美国经济增长尚未达到繁荣的量级，一些潜在风险也在隐约闪现，再崛起尚在路上，复苏任务远未完成。

具体来看，让人对美国经济复苏基础稳固、大势依旧进一步充满信心的分析结果有三。

其一，修正后的数据整体优于修正前的数据。应用新的统计方法后，1947年第二季度至2013年第一季度的264个季度，美国名义GDP季度年率规模和实际GDP季度年率规模分别年均上调了3.1%和10.91%，季度经济规模数据的上调幅度甚至还大于1929—2012年年度经济规模数据2.78%和10.47%的上调幅度。此外，从经济增速比较看，1947年第二季度至2013年第一季度，修正后的美国经济季环比增长年率的历史均值为3.28%，较修正前提升了0.055个百分点；新世纪以来和2008年危机以来美国经济季环比增长年率的均值则为1.82%和0.83%，分别较修正前提升了0.105个和0.222个百分点。经济增长率普遍上调，且随时序渐近、上调幅度逐渐增大的态势表明，美国经济的增长表现要优于此前预期。凭借着危机期间持续的科技创新和研发投入，美国不仅避免了增长速度的过度下滑，也为全要素生产率的维持和提升奠定了基础。

其二，美国经济被忽略已久的稳定增长动力终于被再发现。本次应用的新GDP统计方法包含诸多内容，其中最重要、影响最大的是将研发、版权等知识产权纳入统计，具体归类在GDP统计投资类目固定投资项下非住宅投资的子类。笔者将这一子类的规模、增速和对GDP增长的贡献进行了测算，结果充分显示了知识产权纳入统计的重要性。从规模看，2012年第二季度，知识产权投资规模年化值为6265亿美元，按照IMF2012年对各国名义GDP的统计，这相当于少算了一个瑞士的GDP总量。在把知识产权纳入后，美国GDP构成中，投资占比从14.35%上升至16.13%，消费占比从70.86%下降至68.32%。从增速看，1947年以来知识产权投资的历史平均增速为6.75%，知识产权项下三个子项——软件、研发（除软件）和娱乐版权的历史增速分别为17.73%、5.97%和4.02%，增速都高于美国经济主引擎消费3.41%的历史增速。危机以来，知识产权投资依旧实现了2.37%的季均增长，增速还是高于消费季均增速的1.12%。从贡献看，1947年以来，知识产权为美国实际GDP增长的季均贡献为 0.14 个百分点，高于住宅、库存变化和净出口季均 0.11 个、0.08 个和 –0.1 个百分点的增长贡献。危机以来，美国实际 GDP 季均增长 0.83%，其中知识产权投资就贡献了 0.088 个百分点。由此可见，数据修正前，美国经济统计忽略了规模较大、增长稳定、贡献良多的一个部分。这个部分的再发现，势必将优化美国经济的全局数据表现，提升美国经济的复苏信心。

其三，美国经济的内生增长动力依旧较为强劲。从短期看，2012 年第四季度至 2013 年第二季度，美国实际 GDP 季环比增长年率 0.1%、1.1% 和 1.7% 的绝对数值的确显得较为乏力，均低于新世纪以来 1.82% 的季均增速。但值得强调的是，美国经济复苏的真实力度和可持续性的核心决定要素是增长的内生动力。笔者在季度增长率中剔除了库存变化、贸易和政府支出三大非内生和波动性要素的影响，结果显示，这三个季度，美国经济内生增长动力分别为 2.77%、1.32% 和 2.15%，不仅明显优于实际 GDP 增长率所显示的水平，而且有两个季度高于新世纪以来内生动力 1.64% 的季均增速，并整体接近历史以来 2.7% 的平均水平。从结构看，2012 年第四季度和 2013 年第一季度美国增长数据表现乏力，是由于政府支出分别造成了 1.31 个和 0.82 个百分点的增长拖累；2013 年第二季度，如果不是进口对增长造成了 1.51 个百分点的大幅拖累，可能增长数据还会更好看一些。

当然，数据分析不可能只有亮点而没有黯淡之处。在美国经济整体复苏的真实性和可持续性值得称道的同时，也必须指出，数据还显示了四重隐忧。

首先，美国经济增长的波动风险可能被些许低估。据测算，尽管 1947 年以来，修正后的美国季度实际 GDP 季环比增长年率的标准差为 3.99%，低于修正前的 4.06%，但值得注意的是，新世纪以来和危机以来，修正后的美国季度实际 GDP 季环比增长年率的标准差分别为 2.67% 和 3.26%，均高于修正前的 2.64% 和 3.18%，表明近年来美国经济增长的稳定性可能略微弱于之前的预期。

其次，股市繁荣带来的财富效应可能正在渐次缩小。2013 年以来（截至 2013 年 7 月末），美国道琼斯指数、纳斯达克指数和标普 500 指数分别上涨了18.28%、20.1%和18.2%，但2013年第二季度，美国消费增长率仅为1.8%，不仅低于第一季度的2.3%，还低于新世纪以来2.25%的均速。从历史来看，1947年以来美国季度增长的均速为3.28%，消费提供了2.09个百分点的季均贡献，是无可置疑的核心引擎，但受财富效应减小、消费信心回落的影响，2013年第二季度增速放缓的消费仅为增长提供了1.22个百分点的贡献，小于第一季度的1.54个百分点和新世纪以来季均的1.5个百分点。

再次，内生增长动力绝对水平的中枢稍有下降。尽管内生增长动力始终强于增长率表现一直是美国经济复苏的大亮点，但也必须指出，这一亮点也并不是全无可担忧之处。2012年第二季度至2013年第二季度，内生动力的均值为1.95%，而这五个季度前的三个季度，内生动力均高于3%，均值为3.21%。尽管当前内生动力的绝对水平依旧较高，且足以支撑较为强劲的可持续复苏，但能否改变中枢下降的不利发展态势，向2.7%的历史均值上行趋近，依旧是值得关注的核心态势。

最后，增长速度尚未达到历史均值。虽然2013年第二季度1.7%的经济增速高于预期，但此前四个季度修正后的美国经济增速均低于修正前数据，与修正提振增长的历史趋势相悖，表明2012年以来美国经济周期性领跑的态势虽然十分有力，但最近一年的复苏力度可能要小于修正前的数据水平和市场预期。而且，截至2013年第二季度，美国经济季度增速连续五个季度低于3.28%的历史均速，2009年第三季度首次走出衰退以来，美国经济季度增速均值为2.19%，也低于历史均速。数据表明，在全球复苏势头放缓的背景下，美国经济复苏的力度相对较为强劲，且发展势头良好，但从复苏量能看，还没有达到历史平均水平，离复苏后的繁荣还有较大距离。

总之，从数据修正前后的比较和结构数据解析看，美国经济复苏整体依旧十分有力，但复苏目标尚未完全实现，复苏风险还些许存在。对美国经济复苏，既要有大方向的充分信心，也要有对小变化的风险防范。美国经济再崛起，正在进行，既不可等闲视之，也不可过度夸大。

成文于 2013 年 10 月 7 日。从后来的事态演化来看，美国政府停摆事件的最终结果的确趋向了本文分析的这种"特殊的妥协"。

新财政悬崖：老套路和新风险

历史是最好的预言者，尽管 2013 年国庆期间美国政治经济局势在政府停摆和债务触顶双重夹击下陷入混乱，但未来演化和潜在影响并非全然扑朔迷离。在诸多不确定性作用之下，形势的摇摆正悄然趋近美国财政问题解决的传统路径，而美国问题的辐射和扩散则可能会偏离市场现在预期的方式，历史经验表明，内部问题永远是美国经济自身最大的问题，美国问题却可能会变成其他经济体经济复苏最大的外部问题。

新财政悬崖的演化：趋向一种特殊的妥协

表面上看，美国在财政问题的冲击下已经行至悬崖边缘：2013 年 10 月 7 日政府停摆进入第二周，10 月 17 日国债发行权限也将用尽，而以奥巴马为首的民主党人及其领导下的白宫和以博纳为代表的共和党人及其主导的国会众议院似乎陷入了博弈死循环，围绕着奥巴马医改法案这一矛盾焦点，双方各执一词，奥巴马强势表态不会放弃医保改革已取得的阶段性进展并于财政压力下将其搁置一年，博纳则一直在坚守所谓的"Hastert 原则"，始终不同意对没有得到众议院多数党党内议员多数支持的临时支出法案发起新一轮投票。

实际上，从美国政治生态看，两党博弈日趋激烈，争论态势渐趋白热化，本质上都只是政治力量分布更趋分散的必然结果。对于美国两党及其领袖而言，表面上的言辞冲突和激烈对抗是必须呈现出的政治姿态，而骨子里，没有人愿意并能够承担美国经济真正掉下新财政悬崖的责任，两党根本利益上的趋同要大于各自政论上的细节分歧。正因为如此，1976 年至 2013 年，美国政府一共停摆过 18 次，但从未发生过真正意义上的债务违约，这一次也不会例外。两党博弈得越激烈，妥协可能就会来得越突然。

当然，今时不同往日。即便有妥协，在当前美国政治格局和经济形势下，未来的妥协也是一种特殊的妥协，特殊在三处。

其一，将是更大范围内的妥协。如果将政府停摆和债务上限作为两个单一问题逐一解决，那么两党可能都已经骑虎难下，难以骤然放弃在单一问题上较为清晰的各自立场，但如果将两个问题裹挟在一起，更复杂的局面反而有利于缠斗双方各退一步，并由此换得安抚双方民意的各自进展，因此，在有限时间压迫下，两党很有可能将两个问题同时放上谈判桌，进而达成大框架内的一致意见。

其二，将是有共同底线的妥协。这个共同底线就是避免债务实质性违约的出现。所有人都清楚，债务违约的后果是"毁灭性的"，如若发生，美国的国家信誉将遭受前所未有的打击，美国经济和美元可能由此真正失去全球核心的地位，美国经济由此受到的损伤可能远大于 2008 年的金融危机。为避免债务违约，要么调升当前 16.7 万亿美元的债务上限，给借新还旧以新空间，要么就只有壮士断腕，大幅缩小财政支出，自发走入长期衰退的深渊。后一结果显然是不可接受的，因此，债务上限问题最多只是时间问题，而不是"是否调升"的选择问题。

其三，将是变化不多、变数不小的妥协。从形势发展看，政府停摆时间越长，共和党人的斡旋筹码就越少，因为在民主党执政背景下，政府关门对民众生活的影响范围日趋扩大，甚至将对社保发放造成冲击，博纳借财政年度转换的"逼宫"行为更容易被普罗大众特别是政治取向并不十分坚决的社会阶层视作损伤其自身利益的"捣乱"。如此背景下，妥协的结果将偏向奥巴马，医改法案可能会小幅调整，但发生重大变化的可能性不大。不过，值得强调的是，虽然妥协在内容上可能变化不多，但在时间上却有较大变数，由于10月17日债务发行权限用尽后，美国财政尚有300亿美元的腾挪空间，所以债务上限调升实质上的"最后期限"并不是十分清晰，但该问题的解决最多也就是在17日后拖延几日。而由于政府停摆问题并不具有类似于债务违约的硬约束，结束政府停摆的具体时间因此更具有不确定性，可以参考的是，在此之前，美国历时最长的克林顿政府停摆持续了21天。结合当前形势和美国历史，22日前（最多月末前），政府停摆和债务上限问题都得到解决的可能性较大，两个问题是否同步解决并不重要，具体的解决时间具有一定变数。

新财政悬崖的影响：外部冲击恐将大于内部影响

如果悬崖是可见的，那么真正掉下悬崖的可能性并不大。虽然2013年国庆以来美国在政府停摆和债务触顶共同形成的"新"财政悬崖前显得十分危险，金融市场恐慌情绪也有所加剧，VIX指数骤升，美国股市下跌，美元指数跌破80点大关，美国国债收益率上升，但结合历史经验，只要不出现极低概率的债务违约这一"黑天鹅"现象，财政风险和债务风险对美国经济的影响可能仅限于短期，内部冲击的力度也较为有限。

以1995年12月末发生的、美国有史以来最长时间的政府停摆为例。1995年第四季度，受政府关门21天的影响，美国经济增长率从前一季度的3.5%降至2.9%，主要原因是部分民众停薪导致的消费支出减少以及联邦政府的支出下降，该季消费对经济增长的贡献从2.4个百分点降至1.83个百分点，政府支出对增长的拖累则从0.19个百分点升至0.66个百分点，其中联邦政府支出造成的增长拖累从0.24个百分点扩大至0.9个百分点。不过，一个季度后，政府停摆的短期负面影响就消失殆尽，1996年第二季度，消费和政府支出的增长贡献就回升至2.8个和0.56个百分点，并将季度经济增长率推升至7.2%的阶段性高点，随后数年，美国经济也都以高于历史均值的速度增长，未见政府停摆遗留的影响。

再看当下，2013年第二季度美国经济增长率为2.5%，虽未达长期均衡水平，但内生增长动力较为强劲，政府停摆和债务触顶借由财政层面导致的直接影响可能并不大，高盛研究团队的估算认为，新财政风险将拉低第四季度美国经济增长率0.25个至0.5个百分点，而随着2014年第一季度财政支出的恢复，季度增长曲线则可能会在短期下行后再度上行。

实际上，稍微回忆下过去两年的历史，就能发现一个有趣而意味深远的现象，一度闹得沸沸扬扬的财政问题往往都没有带来美国经济的实质性问题，却都尾随着其他经济体的阶段性危机。例如，2011年8月，标普调降美国主权评级引发了所谓的美债危机，美国经济不见危机，反而开启了强势的周期性领跑，但欧洲主权债务危机却恶化升级；2012年末，美国财政悬崖又闹得满城风雨，但美国经济复苏却未见退潮，反而呈现出渐趋强劲的内生动力，但新兴市场经济体却发生了局部金融动荡。

之所以出现这种奇怪现象，根本原因在于，受美国政治格局和媒体渲染的影响，美国财政层面一旦出现问题，市场环境往往会变得风声鹤唳，恐慌情绪上升导致避险需求上升，国际资本会退出全球市场实质上的"最短板"，而美国财政问题基本都是风声大雨点小，并不会构成对美国经济复苏的实质性威胁，所以这种"退出短板"的模式改变往往会使得其他经济体遭受打击。此外，在内部财政问题引发社会关注的背景下，美国政策的内视性增强，对其他经济体也会产生潜在冲击。从最近的例子看，QE3（S）就是对2012年末财政悬崖的货币政策应对，而在当下新财政悬崖背景下，美联储可能也将进入"补位模式"，进而延缓QE退出，或降低货币政策正常化的可能力度。而对于2013年8月以来出现局部危机的新兴市场而言，美国新财政悬崖导致的全球资本"退出短板"趋向以及QE退出本身的易变性都将变成新的潜在风险。

因此，以史为镜，笔者以为，新一轮政府停摆和债务上限引致的美国新财政悬崖，终将趋向一种特殊的妥协，貌似美国危机，却并不会真正变成美国经济的危机，相反，新兴市场却需要高度关注美国老套路里的新风险。

成文于 2013 年 7 月 18 日。从 2013 年 7 月开始，退出 QE 就"已成旧闻"，但直到 2014 年，很多人还将退出 QE 视作"最大的风险"，可谓"惊弓之鸟"。

美联储退出：旧闻中看新意

如果市场反复在揣摩和确认一件几乎可以确定的事情，那么这件事情本身会如何演化可能并不太重要了，而其关键在于为何市场会如此在意？"关注超调"背后究竟藏着怎样的趋势内涵和市场恐惧？2013 年以来，特别是 5 月之后，美联储的政策退出就是这样一件被市场反复猜度的核心事件。北京时间 2013 年 7 月 17 日晚，美联储主席伯南克在众议院金融服务委员会的作证又毫不例外地吸引了全球媒体的高度关注。但有意思的是，细细品味伯南克的证词，和 5 月与 6 月的前两次讲话几乎没有太大的区别，既重申了 QE 退出的时序计划，又毫不例外地坚持了长期鸽派的政策立场。从某种程度上看，美联储的政策退出已成旧闻，为何市场却对例行程序中的央行言论丝毫不敢有些许轻视？

在回答这个问题之前，先简单梳理一下，对于美国经济和美联储的政策选择，确定和不确定的信息究竟有哪些。一方面，可以确定的：一是 2013 年第二季度美国经济增速会较第一季度有所下滑，但第三季度开始会明显回升，全年呈 V 字形的时序变化；二是美国经济内生增长动力较强，实体经济内在的稳定性要高于增长率数据显示的程度；三是美国通胀率短期内不会有明显蹿升，会保持在 2% 以下的温和水平；四是美国就业市场虽已明显回暖，但失业率难以骤然下降，劳动力长期失业和企业长期雇佣意愿下降的态势并未根本扭转；五是美联储会在 2013 年内启动 QE 退出，并会于 2014 年完成 QE 退出，但这两年基准利率都不会调升。另一方面，不确定的：一是美联储会在哪个具体时点启动 QE 退出，二是美联储会于何时开始加息，三是 2014 年上任的下一任美联储主席会不会延续伯南克的政策规则和松紧偏好。实际上，值得强调的是，这三个不确定因素并非是捉摸不定的"黑天鹅"因素，可以被理性预期。就 QE 退出时点而言，这实际上是一个选择题，2013 年美联储还剩下四次议息会议，分别是 7 月 30—31 日，9 月 17—18 日，10 月 29—30 日和 12 月 17—18 日，鉴于我们确定的 V 字型季度增长数据时序特征以及美联储数据公布的习惯，10 月末和 12 月是可以看到季度经济增速反弹的两个时点，美联储于彼时退出 QE 的可能性较大。就加息而言，我们也可以确信，"6.5% 的失业率 +2.5% 的通胀率"的 Evans 规则也只是必要条件，而非真正的触发条件，美联储的利率政策处于真实的"相机抉择"状态。至于伯南克的继任者，的确是最大的不确定性，但至少从目前掌握的信息看，未来美联储政策风格骤然转向鹰派的可能性也并不大。

梳理之后，可以发现，对于美联储的政策取向，确定性因素要多于不确定性因素，那么，市场为什么还是对伯南克的每一次讲话都给予了高度关注？笔者以为，这种"关注超调"背后，蕴藏了三个深层信息。

首先，2010 年"假退真松"的前车之鉴给市场留下了多疑的后遗症。2013 年年中的政策氛围在某种程度上和 2010 年初非常类似，当时美联储也在次贷危机终结、全球经济复苏大激励下，开启了货币政策"去超化"进程。后来的事实演化表明，尽管当时美国的通胀率也曾一度高企，但美联储仅仅是暂时结束了超常规货币政策，而并没有提升基准利率，也没有改变货币政策基调。美联储退出的"假动作"晃倒了包括欧洲央行在内的全球大部分央行，当时其他经济体纷纷以加息的方式退出宽松，只有美国始终保持着 0~0.25% 的基准利率未变。结果，当 2010 年下半年形势急转直下，全球经济出现二次探底，前期加息的央行措手不及、赶紧再降息时，实质性紧缩的全局性影响已经造成，再降息不仅未能及时阻止经济下滑，反而由于政策变向频率过快给实体经济造成了不必要的扰动。再看美国，由于货币政策主基调未变，所以在全球经济二次探底后，美联储只需要再度启动本属临时性的量宽政策，就能及时起到刺激性作用，而实体经济也不会受到利率提升的紧缩性拖累。回到现在，即便美联储退出 QE 几乎是确定性事件，但只要一天不加息，美国宽松货币政策就谈不上结束，正如伯南克几次讲话里都强调的，只要经济运行出现意外，美联储随时可以再度中止 QE 退出，甚至增加购债规模。如此背景下，全球迫切关注美联储的动向，在某种程度上是想捕捉到关于美国宽松货币政策根本性退出即利率政策变化的更多信息，但伯南克的精明之处就在于，这可以给出退出 QE 的大致时间表，却一直在模糊美联储政策基调改变的计划，甚至连涉及政策基调改变标准的 Evans 规则也被淡化。从本质上看，危机以来，美联储的货币政策之所以取得了相对较好的政策效果，也是因为它加强了政策的内视性，美国货币政策的基调短期内不会骤然改变，而这也是美联储传递了明确的 QE 退出信号，但市场始终感觉意犹未尽又心存余悸的根本原因。

其次，随着美国经济再崛起，美联储 QE 政策退出的外溢性影响明显加大，市场对此的担忧和恐惧悄然加剧，而担忧和恐惧直接引致了对美联储一举一动的过度关切。以内生经济增长、金融体系恢复和微观竞争力提升为基础的美国经济再崛起，使得美国货币政策的率先调整给其他经济体带来了多难态势。

其一，如果选择跟随，那么，由于大部分经济体货币政策的层次和厚度较为贫瘠，其选择大多只能是加息，而加息政策一旦实施，不仅本身会对增长造成抑制性影响，而且难以针对未来形势变化做出调整，一旦货币政策变得被动，整个经济体的金融稳定都将受到潜在冲击；其二，如果选择不跟随，那么，目前业已显现出的资本回流美国现象将难以根本缓解，在资本外逃压力之下，其他经济体坚持金融开放的信心和努力将受到考验，如果由此放缓金融开放和金融改革的脚步，实体经济的长期发展可能会受到保护主义和金融抑制的较大打击；其三，不管跟随与否，美国经济和政策的"双重领跑"本身就是对其他经济体可持续发展的一种挑战，特别是新兴市场经济体，"脱钩"已经被证明不现实，如何在美国主动性悄然增强的国际经济、金融秩序中保持信心，并在增长和通胀的底线可能被冲击的背景下继续推行结构调整，将决定未来很长一段时间的全球经济格局和多元化的最终走向。

最后，市场对美联储政策言论的"关注超调"潜在表明，金融市场可能正在进行自发调整，一旦未来美联储的退出言论转变为实际的政策行为，那么，金融市场的运行方式和趋势演化可能会与主流预期出现分化。即便美联储尚未真正放缓购债步伐，但 QE 政策退出的预期对国债市场、外汇市场、大宗商品市场和股票市场的影响已经有所显现，全球国债收益率整体呈上行态势，美元汇率在大幅波动过程中整体趋强，大宗商品市场除原油产品外大多表现乏力，全球股市分化悄然加剧。受"关注超调"的影响，当前的市场变化可能已经在较大程度上反映了政策的未来变化，在市场有效性部分体现的背景下，未来预期的实现能产生多大的趋势延续性影响还很难说。特别对于外汇市场、大宗商品市场和股票市场，未来购债力度减弱对其产生作用的机制是间接性的，而非直接性的，预期兑现后的趋势出现有悖于共识的可能性相对更大一些。

总之，美联储退出 QE 的趋势确定，但彻底退出宽松基调还存悬念。对美联储行为的"关注超调"折射了一些潜在的趋势性问题。对于其他经济体而言，现在需要注意的是，不要由于过度关注，产生不必要的过度反应。以我为主，才是复杂局面中政策调控的关键所在。

成文于 2013 年 11 月 1 日。本文强调，美联储是美国的中央银行，不是世界的中央银行，但市场上很多人忘记了这一点。

一分为二看美国货币政策

历史不会简单重复，只是经常雷同。2013 年 10 月 31 日凌晨，美联储公布 10 月议息会议声明，宣布维持基准利率和当前 QE 购债规模不变。这与一年前极度相似。2012 年 9 月，美联储在财政悬崖将近的压力下果断"推出"了 QE3；如今，在政府停摆和债务上限问题延后至 2014 年第一季度，进而形成新财政悬崖的背景下，美联储又迫于压力延后了"退出"QE 计划。

从果断"推出"到延缓"退出"，美联储的货币政策制定呈现出既不遵循传统规则，又经常出乎市场预料，甚至有些冒天下之大不韪的风格特征。辩证认识美联储的政策取向，需要从内部和外部两个维度一分为二进行分析。

一方面，从内部视角看，美联储决定的是美国的货币政策，政策目标必然是美国利益最大化。美国利益体现在何处？这取决于美国经济当前的客观现实。从细节数据看，事实在于：其一，美国经济复苏是稳定的。尽管 2012 年以来，美国季度经济增长数据波动较大，但增长的内在稳定性却优于数据表面显示的水平，如果剔除库存、贸易和政府支出三大波动因素的干扰性影响，美国经济内生增长趋势是较为稳定的，这意味着复苏具有较好的可持续性。其二，美国经济复苏力度欠佳。稳定并不代表有力，危机后的复苏本身就具有缓慢和渐进的本质属性，美国经济增长速度始终运行在趋势水平之下，根据 IMF 的数据，2014 年产出缺口依旧高达 3.96%，表明当前经济还远未能实现产能有效利用和资源有效配置。其三，无就业复苏风险较大。尽管失业率从 10% 的阶段性高点一路降至 7.2%，但劳动力市场僵化格局未见深层改善，劳动参与率大幅降低。其四，物价几无过快上涨压力。2013 年 9 月美国 CPI 同比增幅降至 1.2%，通胀水平极其温和。其五，财政风险不断加大。政府停摆和债务上限问题虽已短期缓解，但并未根本性解决，美国财政局面依旧十分严峻，财政巩固压力巨大。

基于以上五点事实，可以得出一点推论：美联储实行超预期宽松货币政策是符合美国经济复苏根本利益的。因为，复苏是可持续的，但需要宽松政策来维持这一良好势头，以避免增长失速威胁复苏基调，而就业不足带来的社会压力进一步强化了宽松政策的必要性，产出缺口的存在则意味着宽松政策还有进一步提振增长水平的效果空间；财政风险导致财政政策有心无力，甚至会形成潜在的增长拖累，出于政策搭配的需要，美国宽松政策基调需要更多依仗货币政策来维系，较小的通胀压力则使得这种搭配并不如想象中那么危险。

另一方面，从外部视角看，美国货币政策的影响并不局限于美国。对于包括中国在内的新兴市场而言，美国"紧财政、松货币"的政策搭配，本质上意味着美国货币政策已被绑架，这种内视性政策的外溢性影响格外值得警惕。

首先，需警惕偏离预期"常态化"所导致的金融市场波动加剧。美国货币政策被绑架，意味着美国政策演化轨迹将经常性地偏离主流预期，而政策异化又将导致实体经济运行的不确定性加大，国际金融市场"黑天鹅"事件出现的可能性也会上升。

其次，需警惕汇率急升急降、资金大进大出带来的异动风险。在美国货币政策被绑架的背景下，之前市场对美元升值形成的一致性预期恐将落空，美元指数事实上也已经一路从 84 跌至 79，美元汇率有悖于预期的走势将加大新兴市场货币急升急贬的可能；而 QE 退出预期所引致的国际资本撤出新兴市场的态势也已出现逆转迹象，资本大进大出的可能性加大。

再次，需警惕潜在通胀压力的加大。2014年，IMF对新兴市场整体通胀水平的预估本就高达5%以上，美国货币政策被绑架后，全球流动性过剩格局进一步强化，大宗商品市场再度涨潮的可能性上升，新兴市场又将面临着持续加大的输入型通胀压力。

最后，需警惕保护主义抬头倾向。美国货币政策被绑架，本质上是美国保护主义主导全局政策搭配的一种体现。为应对美国保护主义政策带来的外部挑战，包括中国在内的新兴市场一方面需要基于现实修正对美国政策演化的预期，另一方面则需要果断推进内生性增长政策的完善和执行，以内生增长冲抵美国内视性政策引致的外部干扰。

成文于 2014 年 2 月 16 日。人总是不甘寂寞的，这可能是中央银行越来越倾向于"有所为"而不是"无为而治"的另一个原因。QE 已经在退出了，但对于 QE 如何生效、究竟有多有效的学术讨论才刚刚热身。

量化宽松究竟如何生效？

曾有经济学家说过：火、轮子和中央银行是人类有史以来三项伟大的发明。和火一样，中央银行这个发明本身没有"善、恶、好、坏"的价值判断属性，关键是对它的使用是否适度、合理。没有火，人类还生活在茹毛饮血的野蛮时代，用火过度，人类也会自受其苦；没有中央银行，经济发展可能难以摆脱市场失灵的长期阴霾，中央银行行为不慎，实体经济则会遭受不必要的无妄之灾。和火不同的是，中央银行这个发明本身就具有超强创造力，因此它带来贡献或伤害的威力要远远超过其他事物。

正因为如此，经济学家对中央银行究竟该"有所为"还是"有所不为"一直存在较大争议，一部分经济学家认为，中央银行应尊重经济周期，克制自身行为，严守通胀目标，遵从单一规则，将自身对实体经济的干扰程度降到最低。这种洁身自好的建议从理论层面尚不足以说服所有同行，更关键的是，它不符合危机时期的政治需要和民众诉求。因此，更多的人倾向于认为，中央银行应相机抉择，在危机时积极行动是有益的。

事实上，这种理念已被全球主要央行付诸行动。危机爆发以来，各主要央行均进行了一定程度的政策工具创新，最具代表性的就是美联储推出了三轮QE。从结果来看，QE推出后，美国经济走出衰退，并呈现出加速复苏的态势。但经济学家很难确定这种强势复苏是经济自身韧性使然，还是在很大程度上归因于美联储的有所作为。

这个问题十分重要，因为它的答案一方面将对未来各国货币政策在危机中的反应提供借鉴，另一方面也决定了2013年末开启的QE退出将对2014年美国经济走向产生何种影响。不过遗憾的是，正如美联储三号人物Dudley在2014年初美国经济学会／美国社会科学联合会（AEA/ASSA）年会上所言："经济学家们还不完全了解QE如何奏效。"

虽然没有形成统一、确定的答案，但还是有经济学家对QE的作用机制进行了细致研究，西北大学Arvind Krishnamurthy教授就是其中最重要的一个。说到Krishnamurthy教授，他对"非常规货币政策的传导"（the transmission of unconventional monetary policy）的研究已经受到广泛重视，在著名的2013年度Jackson Hole会议上，组织者就把最重要的环节设置为他的发言。

那么，Krishnamurthy教授到底做了什么研究？为摒除新闻的干扰，笔者仔细研读了Krishnamurthy和合作者Annette Vissing-Jorgensen的重要论文《QE政策对利率的影响：渠道和政策含义》（*The Effects of Quantitative Easing on Interest Rates: Channels and Implications for Policy*）。这篇论文结合诸多经济学家的前期研究和QE1与QE2的实际经验，详细剖析了QE政策的传导机制。

在论文中，Krishnamurthy教授发现，由于QE1和QE2资产购买的结构不一样，其对利率下行的作用机制也不尽相同。有三种机制同时作用于QE1和QE2：一是信号渠道（signaling channel），不管QE是否包含购买高风险债券的内容，QE本身都会被视作未来基准利率下降或维持低位的信号；二是安全溢价渠道（safety premium channel），央行的购买会减少国债的有效供应，在市场主体对无风险资产存在习惯性偏好的背景下，国债收益率的相对降幅会更大；三是通胀渠道（inflation channel），QE 推升通胀预期，进而导致实际利率的下降幅度要大于名义利率。此外，另有三种机制单独作用于 QE1，分别是风险溢价渠道（risk premium channel）、违约风险渠道（default risk channel）和流动性渠道（liquidity channel）。和 QE2 只包含纯粹的国债购买方案不同，QE1 包含了高风险债券购买的内容，进而产生了降低违约风险、深层改善市场流动性的额外作用。

学术论文的研究结果读起来总是有些生涩，但其蕴涵的经济思想却不枯燥。Krishnamurthy 教授对 QE 传导机制的先期研究为人们更好地理解 QE 奠定了基础，也为美联储未来更平稳、更有序地退出 QE 提供了帮助。但必须强调的是，Krishnamurthy 教授的研究毕竟还是忽略了 QE3 这个样本，其提出的六种作用机制也许并没有涵盖 QE 生效路径的全貌。不过，值得庆幸的是，未来 QE3 的退出在某种程度上就是一个特别的案例，退出的过程将对后续研究搞清楚 QE 作用机制的全貌提供宝贵信息。当然，这需要更多经济学家的努力，更重要的是，还需要时间来去伪存真。

或许，要真正搞清楚量化宽松政策的作用机制，还要再等上五年时间。

成文于 2013 年 7 月 21 日。要想真正对美联储作出
百年评价，技术上、数据准备上的难度都超出了大多数
人的想象。美联储是值得学习的，与其去盲目批评美联
储的货币政策如何置中国于危险之中，不如实事求是地
去学习美联储的调控哲学和平衡之道。

美联储的百年成绩单

是非有考于前，而成败有验于后。自 1913 年伍德罗·威尔逊总统签署《联
邦储备法》，美联储至今已走过百年。百年之间，经济周期有起伏，金融动荡
无绝迹；百年之间，联储掌门有更替，褒贬争议无绝期。期颐之年，恰是回眸
评价、静思功过之佳期。那么，1913—2013 年，美联储究竟交出了一份怎样
的百年成绩单？

这是一个很难回答的问题，因为评价美联储的百年表现是一件非常有难度
的技术活，若想做到严谨、客观、全面和理性，则更是难上加难。因此，在正
式开始数据评价之前，有必要进行充分的方法思辨。在笔者看来，给美联储打分，
需涉及五个重要问题。

第一个问题：评价美联储表现的方法是什么？从方法论角度考虑，有两种
方法，即直接评价法和间接评价法。直接评价法以美联储的行为为评价核心，
考察美联储百年之间的政策选择，并分析这些政策直接产生的作用和影响；间

接评价法则以美联储的目标为评价核心，不考察美联储的行为，而间接考察美联储政策目标的实现情况。两种方法各有利弊，前者更为精确，却失之烦琐和冗杂；后者更为简便，却容易出现功过偏差。考虑到数据取用的可能性和百年跨度之复杂性，这里为了去繁就简，紧扣主题，选择间接评价法。

使用间接评价法，需要确定考察的对象，即美联储存在的目的和意义。而这就涉及第二个重要问题：评价美联储长期表现和短期表现有何不同？事实上，两种不同时间跨度的表现评价大为不同，因为美联储的短期目标和长期目标存在本质上的差异。宏观经济学中，政策调控的四大目标是经济增长、充分就业、物价稳定和国际收支平衡，这实际上是短期目标，特别对于掌控货币政策的美联储而言，短期里，政策可以产生一定的真实效应，并改变经济在菲利普斯曲线上的位置，但长期中，货币更像是笼罩在实体经济上的一层面纱，只有一系列真实要素才是经济发展的最终决定要素。那么，长期中，美联储扮演的是怎样一种角色，美联储的长期目标究竟是什么？这里，我们可以参考伯南克给出的权威解释。2012 年，伯南克给大学学生上了四堂关于美联储历史和政策的公开课，美联储官方网站提供了名为《美联储和金融危机》（*The Federal Reserve and the Financial Crisis*）的课程 PPT，第一课的题目就是《美联储的起源和任务》（*Origins and Mission of the Federal Reserve*），伯南克一开始就明确阐述了中央银行的长期使命，即保障宏观经济稳定（macroeconomic stability）和金融稳定（financial stability）。伯南克指出："所有央行都力求维持低水平和稳定的通胀，大部分央行努力促进产出和就业的稳定性；央行力求保障金融体系功能的有效发挥，并防止或缓和金融动荡和金融危机。"这里，我们考察美联储的长期表现，毫无疑问要以经济金融稳定性作为考察目标，而不是增长水平的高低。央行存在的长期理由，并不是为了刺激经济增长，而是为了促进经济发展的稳健性。

接下来的第三个问题：评价美联储长期表现要用到哪些指标？评价指标的具体选择，显然要围绕着经济金融稳定性这一核心标的。进一步细化，根据伯南克对稳定性的具体释义和美联储的职能，可以将经济金融稳定性分解为五个层次，即经济增长的稳定性、通胀的绝对水平和稳定性、银行业的功能性和稳健性、危机的易发性和伤害性以及美联储自身的波动性。对于稳定性，这里将根据目标性质，选择以核心经济变量的波动程度及其偏离均衡水平的长期幅度予以评价。对于银行业的功能性和稳健性，以资金融通这一核心功能的实现程度予以评价。对于危机的易发性和伤害性，以危机爆发的频率以及危机持续时间和 GDP 受损幅度予以评价。对于美联储自身的波动性，则以美联储政策干预的频率以及政策变向的时间间隔予以评价。

有比较，评价才有意义。接下来的第四个问题：评价美联储长期表现的比较参照物如何选择？从机构影响和市场地位看，可能只有欧洲央行才和美联储具有一定的可比性，但从成立时间看，欧洲央行短短 14 年历史无法形成美联储百年的可比对象。鉴于美国经济和美联储在全球范围内的超然地位，笔者将美联储长期表现的评价对象设置为美联储自己。只有美联储自己，才是功过是非的最好参照物。因此，这里对美联储长期表现的评价是分时序阶段的评价。结合复旦大学严维石博士 2006 年在其论文《美联储信息优势与其货币政策目标》中对美联储发展阶段的分析，以及美联储重要法规出台的历史，并出于公平评价的需要，笔者将美联储的百年历程等分为五个阶段：1913—1933 年为初生阶段，美联储几乎不具有调控经济的能力；1934—1953 年为弱冠阶段，1935 年的《银行法》将更多权力集中到美联储，但美联储尚未真正具有独立性；1954—1973 年为而立阶段，1951 年的《美国联邦储备—国库部门的协议》切断了美联储和财政部门血脉相连的脐带，美联储的独立性得以保障；1974—1993 年为有惑阶段，1978 年的《充分就业和平衡增长法》让美联储陷入双重目标取舍的长期摇摆之中；1994—2013 年为知非阶段，1999 年的《金融服务现代化法案》确立了综合经营，也让美国金融风险更趋复杂多变，美联储在危机中不断审视自身，并进行了一系列的创新以促进经济金融稳定。五个阶段的数据比较，能够为评价美联储长期表现提供更具有参考意义的内容。

接下来是涉及评价方法思辨的第五个问题：这样评价美联储的长期表现可能会有哪些不足？评价百年表现本来就是一个充满争议的事情，任何方法都会有种种不足，关键是方法自身的逻辑要统一。笔者使用的评价方法当然也存在诸多不足，整体而言，技术上的不足还是次要的，思路本身存在的逻辑缺陷才是重要的。这个评价方法最大的缺陷在于，你很难区分在长期目标的实现程度中，有多少比例可以归因于美联储。也就是说，在美国经济金融稳定性变化的长期过程里，经济自身的变化可能产生了一定影响，而这种测算很容易将这些内生变化算到美联储头上。就本文而言，没有采用技术手段剔除这种干扰性影响，但在指标选择和测算过程中，笔者也会尽量做出更有助于提升结果的客观性、明确性和可参考性的选择。

那么，在充分思辨美联储长期表现评价的方法论选择和可能的利弊之后，我们可以正式审视这一方法应用后的评价结果了。

第一，在经济增长方面，美联储为增强增长稳定性、充分挖掘增长潜能做出了贡献。先看美国季度经济增长的表现，美国季度经济增长率的官方数据最早只能追溯到1947年第二季度，为实现1913—2013年的数据比较，笔者借助NBER的资源收集了Robert J. Gordon教授1986年提供的1913—1947年的季度实际GNP数据，利用其测算了该阶段的季度实际GNP季环比增长年率，并和美国官方提供的实际GDP季环比增长年率数据衔接起来，完成了对1913—2013年五个阶段的季度增长波动率的比较。结果显示：从第一阶段到第五阶段，美国经济季度增长率的均值分别为1.25%、5.91%、3.97%、2.89%和2.47%，在后80年里，美国经济增长速度逐步放缓，与此同时，五个阶段美国季度经济增速的标准差分别为13.27%、12.21%、4.31%、3.9%和2.62%，表明美国季度经济增长的波动性逐阶段下降。再看美国年度经济增长的表现，由于可获得数据长度有限，笔者取用美国官方数据对1934—2013年四个阶段进行了比较，结果显示，这四个阶段美国经济年度增速的均值分别为6.37%、3.8%、2.82%和2.51%，年度增长率的标准差分别为7.14%、2.46%、2.32%和1.83%，在增速逐阶段下降的同时，美国年度经济增长的稳定性也在逐步提升。此外，笔者还结合美国国会预算办公室提供的潜在GDP估算，对1954—2013年三个阶段实际增长率和潜在增长率的偏离程度进行了比较，结果显示，这三个阶段，美国实际经济增长偏离潜在增长水平的平均幅度分别为 2.12 个、1.78 个和 1.2 个百分点，这意味着资源配置的有效性在逐阶段提升。以上测算表明，在美国经济增速渐趋平缓的长期发展过程中，美联储对平抑经济波动、促进稳定发展做出了贡献，而且，随着美联储的不断成熟，美联储维系增长稳定的作用也不断增强。

第二，在物价稳定方面，美联储为降低美国长期通胀水平和削弱通胀波动性做出了贡献。虽然增长率的绝对水平和央行并无关联，但值得强调的是，通胀水平的高低直接反映了央行维持物价稳定的成效。笔者利用美国官方 CPI 和 PPI 数据进行了测算，1913—2013 年五个阶段，美国 CPI 同比增幅的阶段均值分别为 1.72%、3.76%、2.59%、6.12% 和 2.47%，PPI 同比增幅的阶段均值则分别为 0.81%、5.09%、2.23%、5.11% 和 2.93%，结果表明，整体而言，美国长期通胀水平在后四个阶段整体呈改善态势，但第四阶段，即 1974—1993 年的有惑阶段美国通胀水平一度明显蹿升。再看通胀率的波动性，根据笔者的测算，1913—2013 年五个阶段，美国 CPI 同比增幅的阶段标准差分别为 8.55%、4.22%、1.81%、3.21% 和 0.92%，PPI 同比增幅的阶段标准差分别为 14.29%、7.6%、2.96%、5.3% 和 4.4%，除第四阶段波动率突然上升外，其余四个阶段的通胀率波动性均较前期有所下降。物价稳定方面的测算表明，美联储为美国长期通胀水平下降和物价稳定做出了一定贡献，但第四阶段在"滞胀"挑战下的失败也充分说明，随着经济金融形势渐趋复杂，美联储维持物价稳定的核心能力也需要借助思维突破、工具创新而不断加强。

第三，在银行监管方面，美联储为美国银行业的稳健发展做出了一定贡献。相比宏观经济，美联储对美国银行业的监管成效更难用指标测算来表征，因为行业发展更大程度上受到其自身规律的影响。但结合美国 1986 年启动利率市场化、1999 年开放综合化经营的大历史背景，美联储在银行业行业变迁中的稳定性作用还是可以通过部分数据得以体现。一方面，利用 FDIC 提供的数据进行计算，1934—1953 年的第二阶段和 1954—1973 年的第三阶段美国年均倒闭的银行数量从 21.1 家降至 4.05 家，但 1974—1993 年的第四阶段，利率市场化的推进给美国银行业带来了巨大震动，年均有 120 家银行倒闭，而 1994—2013 年的第五阶段，在美联储一系列有效政策的帮助下，即便受到百年一遇的金融危机的冲击，美国银行业年均倒闭数量也已大幅降至 27.7 家。另一方面，1934—2013 年的四个阶段内，美国银行业总贷款的年均增速分别为 8.82%、10.12%、8.31% 和 6.51%，始终保持着高于同期 GDP 增速的增长，这在一定程度上表明，美国银行业资金融通的功能发挥良好；此外，1934—2013 年的四个阶段内，美国银行业净收入的年均复合增长率分别为 25.75%、17.34%、25.4% 和 9.59%，虽然增长速度有所下降，但绝对水平始终大幅高于同期 GDP 增速，这在一定程度上意味着，美国银行业在美联储监管下长期处于快速发展的态势。银行业发展的相关测算表明，美联储对美国银行业长期功能的有效发挥做出了贡献，而伴随着虚拟经济百年内的持续快速膨胀，美联储以有效监管促进美国银行业长期稳健发展的难度也在不断加大。

第四，在经济危机方面，美联储为降低危机的易发性和减轻危机伤害做出了一定贡献。笔者结合 NBER 对美国经济周期的权威判定和美国经济增长数据进行了测算，结果显示：1913—1933 年的第一阶段，美国经济陷入了 6 次衰退；1934—1993 年的中间三个阶段，美国累计发生 11 次经济衰退，由于存在两次跨阶段的衰退，因此每个阶段发生的危机次数大体相当；而 1994—2013 年的第五阶段，美国只发生了 2 次经济衰退。而且，根据笔者的精确测算，1913—2013 年的五个阶段，美国经济陷入衰退的月份分别为 118 个月、37 个月、35 个月、45 个月和 26 个月，除第四阶段出现小幅反弹外，整体呈不断下降态势。更进一步，笔者将衰退所发生季度的季度经济增长率抽取出来进行了计算，1913—2013 年五个阶段里，每个阶段在衰退期间的平均衰退幅度分别为 5.93%、4.91%、0.74%、1.82% 和 1.39%，整体呈基本下降的态势。以上分析表明，一定程度上，美联储利用逆周期的政策有效降低了美国发生经济危机的可能性，其对冲危机伤害的能力也在不断提升，并为保障经济发展的稳定性夯实了基础。

第五，在政策波动方面，美联储自身的稳定性有所提升，政策干预对经济周期的干扰有所减轻。美联储的货币政策种类多样，特别是 2008 年危机以来，美联储在量化宽松方面做了大量工具创新，但值得强调的是，货币政策基调的频繁变化对经济运行产生的干扰作用要远大于创新性政策工具。因此，笔者利用可取得的数据，对 1974—2013 年最后两个阶段美联储利率政策的波动性进行了考察。结果显示，1994—2013 年，美联储共进行了 60 次利率政策操作，数量低于 1974—1993 年的 73 次。而且，1994—2013 年，美联储进行了 7 次政策转向，政策转向的间隔期（某个降息周期最后一次降息到紧随其后的第一次加息或某个加息周期最后一次加息到紧随其后的第一次降息之间的时间间隔）为 11.2 个月；而 1974—1993 年，美联储进行了 12 次政策转向，转向的间隔期仅为 7.67 个月。以上测算表明，最近 20 年，美联储相机抉择的随机性已经较前一个 20 年明显下降，美国货币政策的方向稳健性潜在提升，美国货币政策更多地倾向于为经济发展营造良好、适宜和稳定的货币环境。

综上，时序跨度很大的数据测算充分表明，美联储交上了一份令人称道的百年成绩单，在稳定增长、抑制通胀、银行监管、危机防治和能力建设五个方面均取得了长期成效。更可贵的是，尽管在政策调控方面，目前尚没有一个央行能够在成熟度、稳健性和历史性方面与美联储比肩，但美联储始终没有满足于货币调控领头羊的地位，而是不断超越自己，竭力提升经济金融稳定政策的有效性，并在权力扩张的过程中显示出抑制自身调控冲动、尊重经济周期的独立精神和自敛特质。正因为如此，虽然美国宏观环境愈发变化莫测，维持经济金融稳定性的技术难度不断加大，但我们依旧有理由相信，美联储能够在未来取得新的佳绩。

成文于 2014 年 1 月 18 日。虽然伯南克注定是一个充满争议的美联储主席，但他的专业和专注始终是值得钦佩的。

令人敬佩的伯南克经济学

没有永不终结的神话，随着 2014 年的到来，伯南克的美联储主席任期也走到了尽头，现在似乎到了评价的时候。2014 年 1 月 16 日，伯南克在布鲁金斯学会接受了普利策奖获得者 Liaquat Ahamed 的访问，对 2008 年危机以来自己的所作所为、所思所想进行了自白。严谨地说，伯南克在学术上注定将是一个充满争议的央行行长，学界对其政策得失的研究和讨论势必还要很多年才能盖棺定论。但不知为何，听到伯南克在自白中说道"我也经历了许多个不眠之夜"时，笔者的内心很是感动。从笔者这几年密切跟踪危机演化和美国经济复苏的体会而言，伯南克是个好行长。

在笔者看来，全球货币政策调控者都像是"放风筝的人"，一部分人拽着风筝线跑了一段时间，看到风筝飞得挺高，就停下来休息，结果风筝很快就又掉了下来，于是休息没一会，放风筝的人又要再跑起来。而伯南克一直在奔跑，他似乎知道，危机后的天空，风力很小，而放风筝的人也不可能永远奔跑下去，风筝能否高飞、复苏能否持续，关键在于放风筝的人能否在风力缺失的时候帮它飞到一个可以自主飞翔的高度。在确认风筝不再需要放飞人的奔跑就能飞翔、在确认经济不再需要外力就能内生增长前，放风筝的人停下奔跑的脚步可能都会得不偿失。坚持，是放风筝的人的宝贵品质；除了坚持，既尊重经典理论，又不拘泥于传统思维的创新，则是货币政策制定者的可敬素养。

令人敬佩的伯南克经济学，就蕴藏了许多不一样的政策哲学。

第一，不对称的货币政策是危险的。很长一段时期以来，许多经济学家认为，央行的重要职责是在经济繁荣的盛宴之时偷偷拿走酒杯，这实际上暗示，对于繁荣带来的通胀风险，央行需要竭尽全力，再出格的表现都是值得的。但在衰退之时，货币政策在刺激经济增长方面的出格努力却不会得到同样多的支持。受此影响，在经济周期上半段和下半段，货币政策的施力往往是不对称的，这种不对称导致风险更多地集中于下半段，一旦衰退风险达到百年难遇的水平，不对称的货币政策就带来了政策施力不足、不持续，进而引致二次或三次衰退的危险。这实际上，正是我们看到的 2008 年以来全球经济一波三折以及全球货币政策先松再紧又松的演进历史，伯南克的货币政策在宽松方向的努力从世俗的角度看算是比较出位的，但这种对危机本质和政策对称性的果敢认识，却让美国经济避免了不必要的过多波折。

第二，不求名的货币政策是务实的。一个有意思的现象是，对于央行行长而言，被称作"通胀杀手"往往是很酷的一件事情，但"增长守夜人"之类的说法却不是一个受业内人士尊敬的称谓。在很多经济学家看来，货币政策的核心目标，或者说绝大多数时间里的主要目标，应该是维持物价稳定。也就是说，不妥协于渴求增长的政客，专注于控制通胀往往会为央行行长赢得良好的业内口碑。即便是一度声名卓著的格林斯潘，也由于执掌美联储末期较为宽松的货币政策引致了房市泡沫，而被很多人视为次贷危机的罪魁之一。也就是说，一个执着于增长、就业，在宽松方向上我行我素的央行行长，必须要冒着声名受损特别是在业内被人诟病的危险。但伯南克作为经济学家，却表现出对学术声名和社会声名的超脱，其务实的政策选择给美国经济带来了截至目前最稳定的复苏，却给他自己留下了有朝一日声名受损的可能。

第三，不妄动的货币政策是稳定的。一个基本的常识是，货币政策的效应发挥就像减肥，它不可能立竿见影。此外，货币政策产生的两种效应，即通胀效应和增长效应，存在的时序和变化的周期也不尽相同，一般而言，通胀效应持续时间要长于增长效应。这就带来一个问题，当货币政策的变化频率越快，特别是方向性变化越为频繁时，政策效果可能就会出现对冲，而且政策制定者很难区分宏观经济的某种表现是内生趋势还是短期现象。因此，在危机后的复苏阶段，货币政策的稳定性非常重要。

第四，不自闭的货币政策是高效的。经济学家往往喜欢强调货币政策的独立性，学术研究也较为有力地表明，大多数时间里，独立性越高的货币政策往往能带来相对越低的长期通胀水平。但这个大多数时间可能并不包括危机及危机后的弱复苏阶段。在经济增长内生动力不足的背景下，如果货币政策不注重政策搭配，不注意对财政政策的补位，很可能会出现经济下滑无枝可依的极端情形。伯南克十分注重危机阶段的政策搭配，多次毫不隐晦地表示了对美国财政政策乏力的担忧。相比盲目追求独立性的清高，伯南克在危机中的政策开放性可能更加务实、有效。

第五，不单薄的货币政策是温婉的。有层次的货币政策在进退取舍之间更为从容，而单薄的货币政策往往只能有非此即彼、非进即退的选择，而这种选择往往会变成资本市场暴涨暴跌的导火索。货币政策的层次性取决于政策工具的创新，美联储在次贷危机后的工具创新市场有目共睹，常规工具和非常规工具的组合，使得美国货币政策的变化始终保持着循序渐进的态势，这在很大程度上降低了危机中和危机后的市场不确定性。

总之，从美国货币政策与众不同的政策风格和相对有效的政策结果看，伯南克经济学值得称道，伯南克用一种可能有些"难以被理解、更容易被曲解"的方式，为货币政策理论增添了更具时代感的新内容，也为美国经济稳定复苏奠定了基础。而这也正是笔者敬佩伯南克的原因。

成文于 2013 年 10 月 14 日。"It's easier to buy than to sell"，巴菲特一句话就道出了推出和退出 QE 的根本区别。

为什么不看好耶伦？

江声不尽英雄恨，天意无私草木秋。作为拯救美国经济于危机水火的货币英雄，伯南克的美联储主席任期即将结束，就美国和全球而言，都不得不再度接受并适应下一个新任主席。2013 年 10 月初，在经历了纷纷扰扰的过程之后，奥巴马还是提名耶伦为伯南克的继任者。现在看来，耶伦的身上还带着许多模糊甚至矛盾的符号，但结合已知信息，笔者从萨默斯和耶伦之争尚未明朗的最初时刻就暗暗觉得，耶伦可能并不是一个很好的选择。为什么不看好耶伦？因为一提到美联储主席更替，笔者就立刻想到了巴菲特送给伯南克的一句忠言 "It's easier to buy than to sell"，即买永远比卖要容易很多。伯南克是一个成功的"大买家"，他开启的三轮 QE 非常好地完成了输出信用、提振信心、增强流动性和避免经济崩溃的任务，可惜的是，伯南克无法善始善终，美联储作为"大卖家"的角色要由他的继任者来完成，而从性格特征和政策偏好看，耶伦都不像一个有望获得成功的"大卖家"。

首先，耶伦很受欢迎，而一个好的"大卖家"必须铁面无情。美联储的根本任务是"在盛宴开始后悄悄拿走酒杯"，这本质上并不是一个受欢迎的角色。

纵观美国货币史，能够经受长周期考验的货币掌门，往往在任期间都十分铁血，足以令市场胆寒，而这种重长期、轻短期的雷厉风行，最终会为"通胀杀手"赢得威望。现在，伯南克打开的货币闸门需要由他的继任者来关上，也就是说，美国真正需要的，是第二个沃克尔，而非第二个格林斯潘。在争夺主席提名的过程中，耶伦得到了最多的支持，与其说市场人士和经济学家们十分喜欢耶伦，不如说他们更喜欢耶伦作为"伯南克影子"的鸽派形象，且他们更讨厌不受欢迎的另一个候选人萨默斯。这种并非基于能力信任和全局考量的受欢迎，更加令人担心，耶伦作为刺激性货币政策的大力提倡者，可能与未来美国货币政策"去超化"和其后"去宽松化"的核心任务并不匹配。而且，一旦要去做一件长期正确却短期不讨好的事情，受欢迎的耶伦能否真正表现出所需的强硬，这还要打上一个大大的问号。

其次，耶伦提倡透明，而一个好的"大卖家"不宜完全坦荡。和任何事物一样，过犹不及，货币政策的透明度也有一个潜在的最优水平，过高或过低的透明度可能都会导致货币政策的效果大打折扣。值得强调的是，经济状态不同，货币政策的透明度的最优水平也不一样。在经济衰退风险较大之时，宽松货币政策通过前瞻指引能够更好地引导市场预期，进而可以更好地起到压低长期利率、增强市场信心的作用；而在经济上行和过热之时，紧缩货币政策则需要在一定程度上降低透明度，达到政策动态不一致的效果，更好地压降通胀上行压力。耶伦一直是美联储前瞻指引政策的规划者和领导者，未来就任主席之后势必将继续大力提倡增强政策透明度，但这一趋势可能未必符合美国货币政策由松入紧的长期发展需要。

再次，耶伦喜欢就业，而一个好的"大卖家"必须足够独立。一个重要的事实就是，央行独立性和长期通胀之间存在负相关关系。耶伦表面上似乎具有较高的政策独立性，因为她和白宫的距离远不如萨默斯那么近，奥巴马也是在百般无奈之下才最后选择了耶伦。但值得指出的是，政策独立性的关键并不在于与白宫的个人关系，而在于政策偏好与白宫的契合程度。耶伦在各种场合均表现出对失业而非通胀的关切，并不失时机地表明对保障就业恢复的政策偏好，这一点很得人心，也很符合白宫的迫切需要，但这种过于明显的偏好似乎也已经偏离了美联储主席的长期职责。

最后，耶伦擅长预测，而一个好的"大卖家"必须心存敬畏。媒体始终在宣传耶伦对经济走势的精准预测能力，但在笔者看来，这反而是一个危险的信号。市场需要预测，但经济学并不是一门擅长预测的社会科学，政策制定者更不能标榜甚至依赖自身的预测。真正危险的未来都是不可预测的，人类的自负永远都是灾难的根源。值得强调的是，货币政策由松转紧阶段，政策制定者依赖预测和预测失误带来的可能伤害，要远大于货币政策宽松阶段，因为在后一阶段，政策制定者手中拿着苹果，而前一阶段却是手持利剑。

总之，笔者不看好耶伦，因为耶伦的风格似乎与美联储接下来的任务并不契合。不过，真正可以客观评价耶伦作为美联储主席的功过是非还需要等待很长时间。但愿时间证明，笔者是错的。

成文于 2013 年 11 月 10 日。在市场后知后觉地发现美国经济相对强势，并一股脑地强烈看多的时候，本文着意强调了美国经济复苏面临的几种压力，警示市场不要过度乐观。

美国经济复苏进入压力测试阶段

对宏观分析而言，后知后觉地去"确定"业已形成的趋势并没有太大的意义，重要的是在充分挖掘现有信息的基础上，对经济运行逻辑和未来趋势萌芽做出理性判断。就美国经济而言，自走出衰退以来，在 2009—2013 年的五年时间里，其复苏进程依次经历了触底反弹阶段、二次探底阶段、复苏确认阶段、周期性领跑阶段和稳定蓄势阶段，这五个阶段的循序推进和逐步转换充分体现了危机后复苏易变、脆弱、曲折和渐进的演化逻辑。

基于这一逻辑，笔者曾就每一次阶段转换进行了事前分析，例如，2012 年 2 月 1 日，笔者就曾撰文《2012 年美国经济将周期性领跑》，率先揭示了美国经济复苏的阶段性相对强势，并首次提出了"周期性领跑"的概念；2013 年 2 月 2 日，笔者又在《美国经济又要衰退了吗？》一文中指出，美国经济季度负增长态势的突然出现并不影响温和复苏的进程；2013 年 5 月 12 日，笔者则在《美国经济复苏是稳定的》一文中进一步强调了美国经济内生增长的稳定性要强于增长数据显示的水平。事实表明，在 2012—2013 年的周期性领跑和稳定蓄势阶段，美国经济的复苏质量明显高于全球大部分经济体，并积累了复苏长期延续的物质基础，市场主体也开始陆续转变对美国经济的悲观认识。时至2013年末，美国经济的相对强势已基本变成一种市场共识。但值得注意的是，共识一旦形成，往往就意味着趋势变盘可能即将发生。

2013年11月7日，由于政府停摆而延后一周之后，美国官方公布了万众瞩目的核心季度数据。表面上看，2.8%的第三季度实际GDP季环比增长年率不仅优于2%的市场预期，也高于过去三个季度的水平，看上去挺美。但从结构数据分析看，情况很不容乐观，剔除库存、政府支出和国际贸易这三大外生性、波动性要素的干扰，2013年第三季度美国经济内生增长率为1.62%，低于上一季度的2.23%，且低于1946年以来2.7%的历史平均水平；更进一步看，如果剔除建筑支出和住宅投资对经济增长的贡献，第三季度非源于房市的内生增长动力仅为0.87%，近15个季度以来首次低于1%，创2009年第三季度走出衰退后的次低水平，并大幅低于2.52%的历史平均水平。

透过数据看本质。2.8%的增长率数据华而不实，第三季度美国经济的内生增长动力较为疲弱，复苏的内在质量出现危险的劣化态势。笔者以为，这恰是美国经济复苏阶段即将发生转变的警示性前兆。结合广泛的数据、新近事件和历史逻辑进行分析，在周期性领跑和稳定蓄势两个阶段之后，美国经济正在进入一个新阶段——复苏的压力测试阶段。

压力测试阶段测试的并不是复苏趋势是否成立，实际上这个问题已经在2011年复苏确认阶段得以解决，2012年以来的趋势演化也进一步表明，美国经济复苏的物质基础是稳固的，消费复苏伴随着家庭去杠杆，房市复苏伴随着市场去泡沫，金融复苏伴随着去风险，企业复苏伴随着新革命，整个美国经济复苏是具有相当力度和可持续性的。在复苏基调已反复确定的背景下，压力测试阶段测试的是复苏的抗压性和强弱度，在这一阶段的测试之后，美国经济将在二度强势崛起和继续蜿蜒前行两条道路中择一而行。

压力测试阶段的核心是被测试的压力。笔者以为，当下和未来，美国经济复苏将承受六重压力的考验。

一是消费增长趋缓的压力。消费增长趋缓态势业已出现，2013 年第三季度，美国消费季环比增长年率仅为 1.5%，连续第三个季度增速下降，绝对水平不及 3.41% 历史平均增速的一半。受此影响，第三季度消费对经济增长的贡献仅为 1.04 个百分点，创 2011 年第二季度以来最低，并大幅低于 2.09% 的历史平均贡献。未来，消费主引擎的表现依旧不容乐观，原因在于：首先，劳动力市场持续僵化，劳动参与率创近 35 年新低，居民实际收入增长趋缓，消费者信心也受到压制；其次，最近两年美国房市和股市的快速复苏既对过去的消费形成了过度支撑，也对未来的消费形成了相应制约，股市和房市的财富效应恐将下降；最后，2013 年第三季度服务消费增长率骤降至 0.1%，大幅低于 3.51% 的历史均速，由于服务业吸纳就业能力较强，服务消费萎靡恐将促成就业不足与消费乏力的恶性循环。

二是投资后继乏力的压力。2013 年第三季度，美国投资增速虽然高达 9.5%，并给经济增长提供了 1.45 个百分点的强力贡献，但建筑投资和住宅投资分别增长 12.3% 和 14.6%，均大幅高出其 2.63% 和 4.25% 的历史平均增速，除去这源自房市的两块，美国投资对经济增长的贡献只剩下 0.7 个百分点。未来，增长对投资的倚重恐难持续，原因在于：一方面，美国房市的反弹态势恐将趋缓，当前美国房价的上涨速度明显快于购房者购买力的恢复速度，购房一次性支付比例也明显超出正常水平，未来市场的理性回归将使源自房市的投资增长趋向缓和；另一方面，尽管 2013 年 9 月之后，受美联储退出 QE 预期由强转弱的影响，美国国债收益率从 3% 的高点回落，但从未来发展看，长期利率逐步上行将是大势所趋，融资成本的上升将对投资增长形成一定抑制作用。

三是政策搭配受束缚的压力。政府停摆和债务上限问题虽然被延后，但并未被根本解决，根据 IMF 的预估数据，2014 财年，美国面临着赤字率从 5.78% 降至 4.65% 的财政巩固压力，财政政策难以为增长提供助力。事实上，2013 年第三季度，美国联邦政府的支出减少已经对增长造成了 0.13 个百分点的拖累，并已连续四个季度形成拖累，而历史上，联邦政府支出曾给经济增长提供了 0.29 个百分点的平均贡献。在财政政策无力的背景下，宽松货币政策扮演了补位政策的重要角色，2013 年美联储借由超预期延缓 QE 退出也已经起到了较好的"动态不一致"效果。但 2014 年，美联储的很难再故技重施，如果 2014 年 1 月再不启动 QE 退出，美联储的资产负债表将膨胀至 4.5 万亿美元，如果 2014 年 6 月再不退出，则会超过 5 万亿美元，这显然是难以为继的。因此，QE 退出在 2014 年实质性推进几乎是确定的，整个退出过程将持续到 2015 年。如此背景下，尽管加息不会发生，货币政策基调依旧宽松，但 QE 退出的动态变化势必将削弱货币政策的增长助力。此外，在欧洲央行超预期降息的背景下，美元汇率在 2013 年"说强不强"之后，很难再继续保持弱势并对增长形成提振效应。美国的整个政策搭配都是受束缚的、偏向收紧的，必然对复苏形成压力。

四是预期调升的压力。在 2012—2013 年的周期性领跑和稳定蓄势阶段，市场对美国经济的主流预期是偏保守的，这给美国经济表现持续"超预期"创造了条件，并对美国股市连创新高提供了激励。但随着超预期表现的逐渐积累，市场开始逐步调升对美国经济的预期，直至现在，甚至出现了预期超调的初步迹象。从绝对低估到小幅高估，市场预期调升之后，美国经济优于预期的难度加大，信心进一步提振的空间变小，甚至会带来反向压力。

五是周期性领跑结束的压力。经济周期错位是美国经济周期性领跑产生的根本原因，但随着全球经济复苏的持续推进，经济体之间的周期错位现象逐步消除，2012 年，美国还是全球主要经济体里唯一实现增长率同比上升的国家，2013 年这种态势已经发生改变，美国经济增长速度同比下降 1.2 个百分点，和其他经济体变化趋势相同。2014 年，美国经济增速有望加速，但与此同时，欧洲经济将实现由衰退转为增长的重大转变，日本经济则有望走出长期通缩，新兴市场也可能将初步走出经济增速下滑的困境。在上行周期趋向同步的背景下，美国在全球范围内"周期性领跑"的态势将彻底结束，这将对美国制造业回流、国际资本区域配置产生深远影响，并由此对美国经济复苏形成外部压力。

六是政治不确定性上升的压力。2011—2013 年，美国连续三年出现财政纷争，并由此形成了 2011 年 8 月的美债危机、2012 年的财政悬崖和 2013 年的政府关张。尽管这些事件均未动摇复苏基础，但不断恶化着美国的政治生态，并导致保护主义持续抬头。现在，美国财政债务问题被延后至 2014 年第一季度，美国民主党和共和党的支持率都呈下降态势，政治分化程度明显上升，而 2014 年美国国会又将面临大选，不确定性的大幅上升将对美国经济复苏，特别是 2014 年上半年的复苏形成较大压力。

压力测试之下，美国经济复苏的根本属性将得到检验，强复苏还是弱复苏？答案就将在这一阶段揭晓。

成文于 2014 年 1 月 7 日。本文着意强调辩证地看待美国经济复苏。一方面，美国经济复苏趋势无忧，这是确定的；另一方面，美国经济复苏的力度不会太强，市场不能盲目乐观。

2014 年美国经济展望：下限稳固，上限难突

2014 年，新年伊始，万象更新，全球经济正式迈入 2008 年金融危机爆发后的第七个年头。时间是最好的良药，驱散了危机的痛苦，带来了复苏的生机。作为本轮金融危机的发源地，美国在 2014 年也迎来了一个充满希望的开始，在经济数据大面积走强、股市一路凯歌、市场信心趋强的激励下，奥巴马慨然放言"美国经济将于今年（2014 年）取得突破"，IMF 总裁拉加德也公开表达了对美国经济坚定的看涨预期。

从数据看趋势，2014 年依旧是美国经济强劲复苏的一年，这是值得对美国经济充满信心的事实依据。根据 IMF 的预测，2014 年，美国实际 GDP 增长率为 2.59%，不仅明显高于 2013 年的 1.56%，还大幅高于 2008—2013 年平均的 0.93%，并已接近 2.67% 的历史平均增速。值得强调的是，鉴于美国经济于 2013 年第四季度的短频数据表现连续超出预期，IMF 有较大概率在 2014 年 1 月例行的数据更新中进一步调升美国经济增长预期。此外，2014 年，美国通胀率的预估值为 1.51%，低于 2008—2013 年的 1.96% 和历史平均的

3.52%；美国财政赤字率和经常账户赤字率的预估值为 4.65% 和 2.81%，分别低于 2008—2013 年的 9.01% 和 3.11%。和 2008—2013 年相比，2014 年美国经济将呈现出"更高增长、更低通胀"的优质复苏态势，双赤字顽疾也将有所缓解。

以下限思维看美国经济，复苏基础十分稳固，2014 年发生突然性增速下滑和全局性增长危险的可能性很低，五重因素保障了美国经济复苏的稳健性。

一是消费主引擎持续恢复。截至 2013 年第三季度，美国个人消费支出已经连续 17 个季度实现季环比增长，虽然当前 2% 左右的增速尚不及 3.41% 的历史平均增速，但增长势头较为稳定。

二是房市持续回暖。截至 2013 年 9 月，标准普尔美国 20 大城市房价指数已经连续 16 个月实现同比增长，住宅投资季环比增长年率则已经连续五个季度实现两位数增长，新房和成屋销售也较为强劲。

三是经济运行的风险含量持续下降。截至 2013 年第三季度，美国家庭负债比率已从 2008—2013 年 14.05% 的峰值降至 9.92%，所有银行的房地产贷款和消费贷款的拖欠率从 2008—2013 年 10.01% 和 4.71% 的峰值渐次降至 6.12% 和 2.4%，全美房屋空置率则从 2008—2013 年 2.9% 的峰值渐次降至 1.9%，家庭去杠杆、房市去泡沫和金融去风险均取得显著进展。

四是金融状况持续改善，伴随着全局性的流动性困境解除和金融机构机能改善，美国金融生态不断趋向健康，截至 2013 年 11 月，堪萨斯金融压力指数已从 2008—2013 年最高的 5.75 下降至 -0.8，芝加哥联储调整后的全国金融状况指数则从 2008—2013 年最高的 4.01 降至 -0.03。

五是信心持续高涨，随着美国经济周期性领跑的阶段性相对强势不断被人们认知和接受，市场对美国经济的看多预期不断得到强化，截至 2013 年末，密歇根大学美国消费者信心指数从 2008—2013 年最低的 55.7 上升至 82.5，美国中小企业乐观指数也从 2008—2013 年最低的 81 上升至 92.5，接近危机前水平；Sentix 美国投资者信心指数则从 2008—2013 年最低的 -53.9 强劲回升至 26.5，超过危机前水平。

值得强调的是，虽然 2014 年美国经济复苏基调十分确定，复苏力度可能
也会明显强于 2013 年，但笔者以为，当前市场对美国经济"强烈看多"的一
致性预期可能有些过于乐观了。美联储主席曾将中央银行的职能形容为"在宴
会狂欢开始前悄悄偷走酒杯"，其实宏观经济趋势分析和未来展望的任务也是
如此。

从理性分析看，下限的稳固并不意味着向上突破能够达到某种高度，判断
美国经济复苏具有多大的上行空间和突破可能性，要将思维方式从下限思维转
向上限思维。下限思维强调确定性，量化稳定正面因素的托底力量；上限思维
则强调不确定性，量化不稳定拖累因素的瓶颈约束。

以上限思维看美国经济，七大潜在问题值得警醒。

一是产出缺口长期存在。根据 IMF 的预估，2014 年，美国产出缺口依旧
高达 3.96%，自 2008 年以来连续第七年增长水平低于潜在自然率水平，截至
2013 年第三季度，美国工业产能利用率也仅为 77.98%，低于 80.63% 的历史
平均水平。产出缺口长期存在意味着美国经济周期的基本属性还是处于复苏阶
段，离繁荣还有较大距离。而且，在产能缺口长期存在的背景下，货币政策效
应可能具有不对称性，也就是说，紧缩政策造成的冲击可能会明显大于宽松政
策带来的激励，因此，不能因为 QE 推出效果平平就低估 QE 退出的危险性。

二是通缩威胁蛰伏。危机后美国经济的运行一直存在一个匪夷所思的现象，
那就是持续降息、三轮 QE 却并未带来通胀，即便在 2010—2011 年全球大部
分国家货币当局一度由于短期通胀抬头而全面加息的阶段，美国通胀率最高也
没超过 4%，截至 2013 年末，美国 CPI 同比增幅竟然已经降至 1.2%，PPI 同
比增幅甚至降至 1% 以下。潜在的通缩威胁源于产出缺口的存在和货币流动的
滞涩，随着 10 年期国债收益率强势突破 3%，实际通缩可能将于 2014 年从隐
性风险转为显性威胁。

三是内生增长动力弱于历史水平。2013 年第三季度，美国实际 GDP 增长

年率终值被确定为 4.1%，创近七个季度新高，并高于 1947 年以来 3.29% 的历史均速，应该说，这一数据是年末市场全面提振美国经济 2014 年增长预期的催化剂。但从结构分析，4.1% 不仅不足喜，甚至令人担忧。剔除库存、贸易和政府支出三大干扰因素后的美国经济内生增长动力仅为 2.25%，依旧低于 2.7% 的历史平均水平，而如果进一步剔除第三季度表现抢眼的房市投资的贡献，内生增长动力只剩下 1.59%，更是大幅低于同样口径计算的 2.52% 的历史均值。

四是房市透支风险初显。虽然房地产市场量价齐升，且空置率和房贷违约率都呈下降态势，但值得注意的是，旧风险在化解，新风险也在形成，美国房价上升速度明显超出了购买力恢复程度，房市复苏已经包含些许非理性因素。2013 年 3—9 月，标普 20 大城市房价指数实现了连续 7 个月的两位数增长，而与此同时，2013 年 10 月，美国居民购买力指数则从年初的 213.6 降至 165。

五是消费提速受到抑制。个人消费增长构成了美国经济复苏的核心动力引擎，虽然这一引擎不会骤然哑火，但也不太可能骤然加速，因为美国家庭储蓄率在一定程度下降后已经趋于稳定，消费倾向不会大幅蹿升，而家庭收入增长极为缓慢，抑制了消费增长。2008—2013 年，美国人均实际可支配收入月均同比增长率仅为 0.48%，低于历史平均的 2.15%，2013 年月均增速更是降至 0.36%，2013 年 11 月甚至出现了 0.08% 的同比负增长。

六是劳动力市场持续僵化。劳动力市场的改善幅度始终弱于经济复苏的实际力度，这一直是市场诟病美国经济增长缺乏含金量的主要因素。实际上，美国失业率虽然在不断下降，2013 年 11 月已经从 2008—2013 年 10% 的高点降至 7%，但劳动力市场僵化的弊端难以快速转变。一方面，劳动参与率已经从新世纪初的 67% 左右降至 2014 年初的 63%，就业率从 64% 左右降至 58.6%，大量劳动力持续退出市场；另一方面，2008—2013 年，非自愿失业所占比例为 47.47%，大幅高于历史平均的 35.66%，2013 年末继续处于 43.7% 的高位，增长对就业的提振较为有限。

七是财政危机常态化。尽管 2013 年末奥巴马签署了 2014—2015 年财政预算协议，暂时化解了政府关张风险，但债务上限的问题并未根本解决。而且，就财政预算协议达成一致只是美国两党在国会的民众支持度明显削弱背景下的稍稍雨歇，这并不意味着两党在根本利益上和主要政见上已形成共识。事实上，2013 年，美国政治格局进一步呈现出分散化态势，总统、政府、两党、国会获得的支持都不断下降，奥巴马医改也遭遇挫折，2014 年财政争议恐将进一步趋向尖锐，政治不稳定对经济复苏的干扰将长期存在并不断深化。

总之，以上限思维看美国经济，2014 年美国经济复苏受到种种拖累，虽不至于跌落低谷，但也难以直上云霄。

第三部分
新兴市场——崛起中的跌落

新兴市场是全球经济多元化退潮大戏的另一主角。危机初期的"脱钩增长"只是假象,新兴市场自 2012 年起开始进入增速放缓的下行通道,部分国家甚至于 2013 年发生了金融危机。基本面分化、利益分歧、政策差异和偏好偏离已经令新兴市场整体变成了一个"貌合神离"的鸡肋概念,在新兴市场经济规模于 2013 年历史性地超越发达国家之后,这个阵营正在走向分裂。

引言

　　全球经济多元化的退潮大戏有两个主角，第二部分聚焦于其中一个主角——美国，第三部分将聚光灯投向另一个主角——新兴市场。2008 年次贷危机爆发之后，欧美发达国家深陷经济困境和金融乱局，新兴市场却呈现出"风景这边独好"的态势，危机不仅没有带来明显创伤，反而成就了新兴市场脱钩崛起的无上荣光：新兴市场的经济增长率明显高于发达国家；新兴市场的金融机构加速了国际并购的步伐，跻身于全球领先行列，并最终摘得了国际千家大银行排名的桂冠；新兴市场的经济金融地位也由此显著提升，在全球经济秩序重建、国际货币体系改革中的话语权不断增强；新兴市场的自信心也大幅增强，甚至一度出现了"新兴市场救助欧美"的自负言论。但高峰的背后往往是悬崖，2012 年之后的趋势演化表明，本次危机是一个完整的闭环，不存在完全屏蔽于危机冲击之外的"世外桃源"。新兴市场一时间的"脱钩增长"只是假象，外部冲击和内部风险的威力最终滞后显现，导致新兴市场自 2012 年起开始进入增速放缓的下行通道，少部分边缘国家甚至于 2013 年发生金融危机，并给新兴市场整体的经济发展前景蒙上了阴影。2012 年以来，美国经济周期性领跑，新兴市场却不进反退，两相作用，共同形成了全球经济多元化的阶段性退潮。

　　作为本部分的题眼文章，《新兴市场：概念的崩塌和体系的分化》不仅用数据严谨地揭示了新兴市场经济增长整体重心下移的态势，还提出了两个重要的趋势特征：一是新兴市场内部正在发生分化，就像欧洲一样，新兴市场开始出现"核心国家"和"边缘国家"的差别，作为新兴市场代表的"金砖四国"也已经走上截然不同的经济发展道路；二是新兴市场这个概念本身已经日渐式微，基本面分化、利益分歧、政策差异和偏好偏离已经让新兴市场整体变成了一个"貌合神离"的鸡肋概念，在新兴市场经济规模 2013 年历史性地超越发达国家之后，这个阵营正在走向分裂。

　　危机后新兴市场由兴转衰既有整体原因，也有个体原因。《新兴市场需审慎应对美国经济的双重领跑》一文，从经济和政策两个角度分析了全球多元化退潮形成的整体原因；《五"失"风险恐将引发印度危机》一文，则从印度经济的个体视角探析了新兴市场边缘一角急速崩塌的深层原因。当然，边缘国家的局部危机不等于新兴市场的全局性危机，新兴市场经济整体虽然处于下滑态势，但还没有完全崩溃，《客观认识新兴市场"危机"》一文就强调了这个局部和整体的差异。

接下来的 12 篇文章，聚焦于中国经济。一方面，中国是新兴市场的重要一员，经济增速放缓的整体特征也清晰地体现在中国经济身上；另一方面，中国又是新兴市场的特殊一员，中国经济并未像印度、印度尼西亚和泰国的经济那样完全陷入危机困境，而且，借由一系列深化改革的措施，中国经济也有希望于未来实现领先于新兴市场整体的可持续增长。

先从第一个方面看，2012 年以来，中国经济重心下移是不争的事实，造成中国经济增速下滑的原因不一而足，《QE3 对中国未必利大于弊》、《保护主义针对中国的原因与对策》、《对中国债务危机的再思考》和《为什么中国通胀堪忧？》四篇文章从外部冲击、保护主义、债务风险和通胀风险四个维度提供了一定的解释。《危机再反思：美国经济如何让中国经济变成了自己》则是一篇与众不同的文章，它从中美博弈的特殊视角分析指出，危机后美国经济的"折返跑"大幅消耗了中国经济的增长势能，进而在五年时间里把各类风险隔空复制到了中国经济身上。

再从第二个方面看，中国是特殊的新兴市场国家，相对印度、印度尼西亚和泰国，中国经济的物质基础更加厚实，这给自我调整、自我救赎创造了条件。事实上，中国经济也没有坐以待毙，而是通过深化改革力争激活经济增长的新动力。《中国经济何以应对增长失速？》一文强调了短期内投资在维系"增长下限"稳定方面的重要作用；《险观"营改增"》一文从增长风险管理角度强调了结构性减税的重要性；《美国利率市场化的"他山之石"》一文则强调了利率市场化改革对中国经济转型发展的必要性以及推进过程中值得借鉴的国际经验；《"走出去"的兵法智慧：苹果新传奇的中国启示》一文从微观角度强调了中国企业"走出去"的重要性及其可以借鉴的传统智慧。

在新兴市场经济整体趋势下行的背景下，中国经济要想开启长期崛起的第二季，必须要有适时有效的顶层设计。《中西政策三大差异》和《夯实宏观经济的微观基础：人、铺、郡》两篇文章分别对 2013 年末《中共中央关于全面深化改革若干重大问题的决定》和 2013 年中央经济工作会议精神进行了深入剖析和比较研究，并由此强化了对中国经济可持续发展的信心。当然，自信不能演化为自负，本章最后一篇文章《中国经济需谨防"捧杀"》强调，"捧杀"中国和"唱空"中国同样危险，唯有不以物喜，不以己悲，积极乐观但又不失审慎，中国经济才能突破重围、创造新的辉煌。

成文于 2013 年 8 月 6 日。本文第一次在业内明确提出"新兴市场"概念正在崩塌，后来的事实表明，这块牌子的确经不住风吹雨打。整体概念的崩塌是挑战也是机遇，它倒逼着中国走一条个性化发展的新路。

新兴市场：概念的崩塌和体系的分化

无论是股票市场，还是全球经济，概念的炒作往往比事实本身更具有吸引力，也更容易带来短期的市场繁荣和快速的财富积累。也就是说，故事本身的精彩程度可能比故事主角的真实状况要重要得多。就宏观经济而言，近十年来，特别是 2008 年危机以来，最精彩的故事、最热门的概念，莫过于新兴市场的崛起。但就故事而言，总有结局的时候，往往故事越精彩，故事完结后的失落就越深邃，而一旦故事演绎成神话，曲终人散的时候则可能会更多一分萧瑟和沉沦。

2012 年下半年以来，新兴市场就出现增速下滑、风险骤显的发展态势，进而引发了一系列唱空新兴市场的论调。平心而论，真实的经济变化可能远没有国际投行们的态度变化所显示的那么快速和显著，从整体来看，新兴市场更像是遇到了经济长跑中的生理极限，而并非突然休克，有如外债过高、金融体系不完善、经济结构不合理、债务结构难以持续等被视作唱空理由的风险大多也都是老生常谈。在笔者看来，新兴市场当前的境遇，并不是经济发展的止步不前，而是新兴市场这个热门概念的逐渐崩塌。

从本质上看，新兴市场是一个十分松散的经济体集合，缺乏共同的经济理念、发展共识，而社会、制度、文化、区域的差异更让这个被炒作起来的集合貌合神离，比之欧洲更缺少体系约束力和行动整合力。在2008—2012年的危机阶段，新兴市场这个空泛的概念炒作给每个个体带来了荣耀、信心和资本，新兴市场概念也较好地填补了美国风险释放、欧洲结构调整和日本迎战通缩所造成的国际市场的概念缺口。而在概念炒作的过程中，全球经济结构和新兴市场内部都在发生变化，变化积累到一定阶段就产生了明显分化，分化带来的则是整体概念的崩塌。笔者以为，这种深层次的分化体现在两个方面：全球经济结构的逆转性分化和新兴市场的内部分化。

一方面，全球复苏态势出现逆转性的分化。作为一个整体，新兴市场相对于发达经济体和全球的经济强势正在逐渐减小甚至消失。一个直观的感觉是，美国经济表现异常强劲，2012年就开始周期性领跑，2013年新统计方法应用后整个经济运行轨迹更是大幅上提；日本经济则在独自探寻前行之路，IMF非常例外地将其2013年增长预期大幅上调了0.5个百分点；甚至就连发达阵营里最弱的欧洲经济也已出现超预期的转机，2013年8月14日公布的数据显示，2013年第二季度欧元区实际GDP季环比增长0.3%，结束了此前连续六个季度负增长的衰退态势。但新兴市场的表现却逊色很多，根据IMF的统计数据，2012年新兴市场经济增长率仅为5.06%，领先全球经济增长1.91个百分点，领先幅度创下近十年来的最低值。而桥水联合基金编制的指标则显示，2013年全球经济增长的主动力引擎将从新兴市场转为发达国家，后者有望为全球经济增长提供60%左右的贡献。

不仅现况出现发达国家领先新兴市场的逆转性分化，未来还可能将延续这一态势。2013年7月汇丰新兴市场服务业和制造业指数仅为49.4，近51个月来首次低于50的荣枯分界线，而同期以美国和英国为代表的发达国家的PMI却大幅跃升。此外，根据OECD公布的数据，2013年6月，OECD国家综合领先指标，以及欧元区、美国、日本、中国、巴西、印度和俄罗斯的领先指标分别为100.62、100.30、101.06、101.09、99.67、98.80、98.27和99.57，OECD全部国家、美国、欧元区和日本的领先指标的绝对水平均高于

100，"金砖四国"的领先指标则均低于100；而且，从变化看，2013年6月OECD全部国家、欧元区、美国和日本的领先指标分别较2012年末提升了0.63、0.82、0.7和1.09，2013年6月中国、巴西和俄罗斯的领先指标却较2012年末下降了0.51、1.15和0.28，新兴市场相对于发达国家呈现出发展乏力的态势。在2013年7月的数据调整中，IMF就将新兴市场2013年和2014年的增长预估值均下调了0.3个百分点，而对2013年和2014年发达国家的增长预估值调降幅度仅为0.1个和0.2个百分点。利用IMF的预测数据进行测算，2013—2018年，新兴市场经济增速领先全球经济增速的平均幅度为1.7个百分点，较2008—2012年的2.65个百分点大幅下降。

另一方面，更容易被忽视的是，新兴市场内部也在发生深层分化。内部分化体现如下。

其一，经济基本面出现内部分化。"金砖四国"是新兴市场国家的代表，但这四个国家无论是现在还是未来的经济发展态势都越来越具有本质上的差异。从历史看，只有中国、印度更具有金砖成色，1980—2012年，中国和印度的增长均速为9.94%和6.09%，高于全球经济的3.37%和新兴市场的4.61%，而巴西和俄罗斯的增长均速仅为2.75%和2.01%，均低于全球水平。从现状看，2008—2012年，印度和巴西实现了6.84%和3.2%的经济增长，超出其历史均速，而中国的9.28%和俄罗斯的1.93%均低于历史均速。从未来看，2013—2018年，中国经济增速可能进一步降至8.38%（IMF习惯性地高估了），而印度、巴西和俄罗斯的经济增速预估值都高于其历史均值，但巴西和俄罗斯的经济增速预估值低于全球平均水平。此外，从物价稳定角度看，2013—2018年，中国的通胀率预估值为3%，低于全球的3.7%，巴西的通胀率预估值4.81%，高于全球水平，但低于新兴市场的5.29%，印度和巴西的通胀率预估值则为8.92%和6.17%，高于全球和新兴市场的平均水平。基本面比较显示，"金砖四国"和而不同，从增长绝对水平看，巴西和俄罗斯并不具有领先性，而从增长相对水平看，中国经济失速风险则更值得关注；从通胀演化看，印度和俄罗斯的物价稳定始终面临较大压力。

其二，政策取向出现内部分化。经济基本面的不同本身就意味着，金砖国家的政策关注点和发力点也截然不同，危机期间自然形成的政策协同效应将减弱并消失。而且，经济金融开放性上的巨大差异将使得政策分化进一步加剧。现在和未来，金砖国家都将面对一个尴尬的问题：在美国经济金融地位不降反升的背景下，是跟随还是独立于美国的政策选择？对于巴西和印度而言，本国货币面临巨大的贬值压力，金融开放性则加大了资本外逃的便利性，跟随美国可能是迫不得已的选择。事实上，在美国即将启动QE退出的背景下，印度也已于2013年7月15日提高了两大利率，跟随已经发生，可能还将继续。而对于俄罗斯和中国而言，情况有很大的不同。俄罗斯具有大国地位，且与美国全面博弈，经济政策跟随美国的可能性相对较小。中国的情况则更特殊，在金融开放性并不完全、汇改渐进推进的背景下，人民币一直面临着较大的升值压力，笔者利用BIS的数据进行了测算，2013年以来，在61种主要货币中，人民币名义有效汇率以5.89%的升值幅度排名第一位，而巴西、俄罗斯和印度的主权货币的名义有效汇率分别贬值了1.71%、3.5%和4.82%。如此截然不同的货币形势，导致中国的政策选择可能将明显异于其他金砖国家。

其三，发展模式出现内部分化。新兴市场一直被称作和看作一个整体，但它们实际上存在着极大的禀赋差异。中国有劳动力优势和改革红利，印度有劳动力优势和IT实力，俄罗斯有老牌强国的底蕴，巴西则有资源优势，不同的禀赋决定了发展路径的不同。在经历起飞阶段的模式趋同之后，未来发展模式的差异性将进一步显现。例如，2011年，美国、英国、法国、德国和日本的城市化率为82.4%、79.62%、85.82%、73.93%和91.27%，巴西和俄罗斯为84.62%和73.82%，近似于发达国家，而中国和印度的城市化率则为50.57%和31.28%，大幅低于发达国家，不同的结构表明，城市化发展模式对于金砖国家的意义可能大为不同。

总之，结构的分化导致概念的崩塌，比之实体经济的走弱，新兴市场故事演绎的吸引力下降更值得关注。对于新兴市场而言，整体性的概念崩塌之后，如何树立个性化的发展标签才是重中之重。

成文于 2013 年 6 月 20 日。危机，危机，"危"和"机"正在发生转换，这恰是多元化退潮的一大表现。作为被领跑者，新兴市场失去了主动性。

新兴市场需审慎应对美国经济的双重领跑

该来的总是会来，虽然未必立时会来，但确定会来之后又有很多事情可能会来，警惕确定之事的可能效应方为未雨绸缪之理性选择。2013 年 6 月 20 日，美国联邦公开市场委员会（FOMC）在结束为期两天的议息会议后，发布了货币政策声明，宣布维持当前 QE 政策每月 850 亿美元的购买力度，在会后的新闻发布会上，伯南克明确表示：如果对美国经济的预测是准确的，那么美联储很可能在 2013 年稍晚放缓资产购买，并于 2014 年年中结束 QE。

FOMC 会议声明和伯南克讲话一石激起千层浪，金融市场迅速做出反应，美元升值、美股下跌、债券收益率上行、亚洲股市普跌。金融市场的短期震荡反映了市场对美国 QE 政策退出的直觉理解，但结合危机以来美国经济的长期演化趋势和更广泛的经济数据，笔者以为，本次议息会议及随后伯南克的讲话深层传递了三层重要的趋势信息。

首先，美国经济复苏具有较高质量。FOMC 会议公布了美联储对美国经济增长、充分就业和物价稳定三个方面的趋势预期，从美联储自身的预测数据看，美国经济复苏进程较为顺畅，复苏质量和力度明显超出了外部的预判。一方面，美联储 2013 年 6 月公布的数据结构优于 3 月预期，虽然对 2013 年经济增长中间趋势的预测从 3 月的 2.3%~2.8% 小幅降至 2.3%~2.6%，但美联储対 2014 年的增长预期从 3 月的 2.9%~3.4% 小幅升至 3.0%~3.5%；与此同时，美联储的失业和通胀预期有所改善，6 月对 2013 年失业率的预期从 7.3%~7.5% 降至 7.2%~7.3%，对 2014 年失业率的预期从 6.7%~7.0% 降至 6.5%~6.8%，6 月对 2013 年 PCE 通胀率的预测从 3 月的 1.3%~1.7% 降至 0.8%~1.2%，对 2014 年通胀率的预测从 3 月的 1.5%~2.0% 降至 1.4%~2.0%。美联储自身预测数据的结构改善潜在说明，3—6 月美国经济实际运行的情况优于之前预期。另一方面，美联储自身的预测数据明显强于外界机构，IMF 对 2013 年美国经济增长率、失业率和通胀率的预测分别为 1.85%、7.74% 和 1.83%，均大幅劣于美联储预测，在美联储本次调升 2014 年经济增长预期的之前 5 日，IMF 甚至将 2014 年美国经济增长预期从 2.95% 下调至 2.7%。这种对比表明，市场可能低估了美国经济的复苏动能。

其次，美国货币政策的核心目标并未改变。本次议息会议虽然确定了美联储即将退出 QE 政策的事实，但本质上却是一次鸽派特征非常明显的会议，伯南克讲话更是进一步确定，美国将继续把经济增长视作货币政策的核心关注，物价稳定依旧是次要目标。这种政策专注符合危机以来美联储一贯的"稳定宽松"风格，并包含了两层寓意：一是美联储随时可能由于经济复苏突然受阻而放缓或中止退出 QE 的步伐，甚至可能在特殊情况下再度加大 QE 力度，美联储一切行动的基准都是唯复苏马首是瞻，正如伯南克所言"最重要的不是时间和日期，而是政策要视经济而定"；二是美联储退出 QE 并不代表着退出宽松货币政策，本次会议再度确认，在 2015 年之前，美联储几乎没有加息的可能性，美国宽松货币政策的基调还将维持较长一段时间。

最后，美国的危机已经基本结束。虽然美国宽松货币政策的基调并不会迅速改变，但退出 QE 已经近在咫尺，2013 年 9 月 17—18 日、10 月 29—30 日和 12 月 17—18 日的三次会议很可能成为启动时点。退出 QE 标志着美国政策的"去超化"，即退出货币政策中超出常规、超出传统的部分。而超常规的量化宽松政策，是美联储应对危机的政策创新。政策"去超化"表明，美国经济已经恢复了内生动力，金融危机在美国的演化已告终结。作为本轮危机的起点，美国的危机源生风险主要集中于房市和金融体系，但 2013 年以来，美国房市和金融体系已基本完成风险出清并进入新一轮稳定发展阶段，房市复苏伴随着去泡沫化的完成，住宅空置率、止赎率明显下降，房贷可获得性和风险可控性明显上升，金融体系恢复伴随着 TED 利差的持续低位运行，再度爆发全局性流动性危机的可能性大幅下降。此外，作为前期金融危机的最大受损者，美国银行业强势恢复，并呈现出发展重心内移的趋势，2012 财年，全球千家银行排名第一位的美国银行的净收入来源于北美地区的比例就从 2011 年的 77.38% 跃升至 86.61%，排名第二位的摩根大通的净收入来源于北美地区的比例也从 2011 年的 74.83% 跃升至 80.98%。两大源生风险市场的根本性改善意味着危机在美国的演化已经结束。

综合三大趋势信息，笔者以为，本次 FOMC 会议及其后的伯南克讲话，根本上标志着全球格局进入美国经济、政策双重周期性领跑阶段。值得警惕的是，这种双重领跑恐将带来四种效应。

一是心理冲击效应。在美国显示出复苏质量高企、政策高调回收的同时，前期于危机中表现抢眼的新兴市场却普遍陷入了增长速度放缓、金融风险上升的困难之中。在危机五年演化之后，美国新呈现出的双重领跑表明，"危"和"机"正在发生转换，美国在五年之中以增长之危为代价，把握了长期结构调整和风险出清的机遇；而新兴市场在五年之中虽然阶段性把握了"脱钩增长"之机遇，却为之付出了刺激后遗症滞后显现和结构调整未能快速实现的代价。这种转换对新兴市场形成了心理冲击，如何放下对多元化的过度憧憬，审慎应对美国的领跑，将是新兴市场必须面对的新问题。

二是流动性虹吸效应。美国经济、政策的双重领跑，实际上形成了对国际资本的双重吸引力，有质量的经济复苏带来了更多的实体经济投资机遇，并给美国资本市场在突破历史高位后的长期强势奠定了物质基础，先期而动的货币政策和预期中的美元趋强则有望提升美国金融投资的投资回报，而奥巴马鼓励产业资本回流的长期政策更进一步提供了政策支持。鉴于美国经济和美元具有超然地位，且美国金融市场和实体经济具有海量的资金吸收能力，这种双重吸引力势必将在全球范围内产生一种流动性虹吸效应。对于新兴市场而言，尽管危机救助政策产生了大量流动性，但这些流动性并未对实体经济的可持续发展形成有效支撑，却导致其经济短期增长和金融体系运转习惯并依赖于高流动性状态，并在很大程度上引致了资产市场泡沫，美国的流动性虹吸效应将对这种高流动性空转模式下的经济增长习惯带来较大冲击，并潜在加大了新兴市场面临的金融风险。

三是政策联动效应。美国经济、政策的双重领跑及其产生的资本虹吸效应加剧了其他国家特别是新兴市场国家的政策两难：不放松货币，经济下滑难以有效缓解，金融市场很容易出现短期流动性稀缺甚至枯竭现象，放松货币则可能加剧资本外流；不加快金融市场开放，难以破解结构调整难题，加快开放则可能放大虹吸效应的干扰作用。实际上，由于美国经济和美元的霸权地位借由双重领跑潜在回升，其他国家政策调控的独立性和有效性受到了冲击。特别是对于新兴市场国家而言，增长速度的放缓使其固有的经济、金融脆弱性进一步彰显，为避免在复杂环境下遭遇金融危机，其甚至可能采取一些顺周期政策，例如，2013年6月印度尼西亚为阻止资本外逃和货币急贬就提升了基准利率。在美国强势领跑背景下的受制于人，使得新兴市场借助宏观政策稳定经济金融局势的能力和效果受到一定负面影响。

四是主动权转移效应。美国的双重领跑改变了危机以来全球经济的演化格局，其在危机后的经济秩序重建、国际货币体系改革中的主动权和影响力悄然提升。值得强调的是，危机后的美国经济政策具有明显的内视性，而现在的双重领跑意味着这种政策风格取得了成效。阶段性成功将促使美国在未来一段时间内继续保持政策内视性，全球范围内的政策保护主义倾向恐将悄然加剧，而新兴市场在内忧外困和政策受制背景下所迫切需要的全球政策协作也恐将缺乏良好的国际氛围。

总之，美国经济、政策的双重领跑在夯实全球经济复苏基础的同时，也将给新兴市场经济增长和国际金融市场稳定带来不容小觑的冲击。对于中国而言，唯有正视趋势变化并以我为主深入推进结构性改革，并辅之以充分、有效和透明的政策搭配，才能更好地在复杂环境中实现稳健发展。

成文于 2013 年 8 月 11 日。在细致地分析印度数据之前，笔者没想到印度经济失衡得这么严重，但自这个研究之后，印度危机越来越严重，笔者倒一点也不觉得奇怪了。

五 "失" 风险恐将引发印度危机

2013 年以来，唱空新兴市场渐成潮流。所谓无风不起浪，唱空论调虽有夸大之处，却也并非全然有失客观，印度就是一个很好的例子。2013 年 7 月 31 日，高盛研究团队发布了名为《印度：难寻复苏，更趋脆弱》的研究报告，表示了对印度增长萎靡和货币政策收紧的担忧，并将印度市场的投资评价下调至 "减持"。结合 IMF、世界银行和印度统计局的多方位、全时间序列数据进行分析，笔者认为，在增长失速、通胀失控、资本失助、波动失序和结构失衡这五 "失" 风险的共同作用下，印度经济的确面临着前所未有的发展挑战。

第一，印度经济面临增长失速的风险。

作为引领新兴市场发展的金砖国家，印度长期保持着较快的经济增速，2008—2012 年，印度经济也实现了较为强劲的逆周期增长，6.84% 的平均增速甚至高于其历史平均增速。但自 2012 年以来，印度经济增长面临着越来越大的失速风险。从年度数据看，2012 年印度经济增长率为 3.99%，增速较 2011 年和 2010 年分别下降了 3.76 个和 7.24 个百分点。值得强调的是，在新兴市场经济增速整体放缓的大背景下，印度经济的下滑幅度相对更大，2012 年，印度经济增速较新兴市场经济增速低 1.08 个百分点，是 8 年来首次增速低于新兴市场整体的增速，1.08 个百分点的落后幅度也创下 21 年新高。

从季度数据看，2012 年第一季度至 2013 年第一季度，印度实际 GDP 同比增长率分别为 6.2%、3.4%、2.5%、4.07% 和 2.95%，均低于 1997 年至 2013 年第一季度 6.78% 的历史增速和 2008—2012 年 6.62% 的平均增速。2013 年第一季度，印度经济失速情况尤为严重，0.48% 的环比增速创下了 2009 年第一季度危机最高峰以来的最低值。

第二，印度经济面临通胀失控的风险。

伴随着经济快速增长，印度的通胀问题始终较为突出。危机期间，印度物价形势更趋严峻。根据 IMF 的统计数据，2008—2012 年，印度 CPI 同比增幅的年均水平为 9.88%，较 1980—2012 年的历史均速高 1.62 个百分点。2013 年以来，印度的通胀压力继续加大，1—6 月，印度的月度通胀率分别为 11.62%、12.06%、11.44%、10.24%、10.68% 和 11.06%，均达到两位数，而根据 IMF 的预测，2013 年印度的年度通胀率可能将为 10.82%，较 2012 年上升 1.5 个百分点。此外，值得强调的是，通胀高企是新兴市场国家普遍存在的问题，但 21 世纪前 9 年，印度的物价形势比新兴市场整体要稳定，仅有 2006 年一年通胀率略高于新兴市场整体 0.53 个百分点，其他年份印度通胀率均低于新兴市场整体。但自 2009 年以来，形势骤变，2009—2012 年，印度的通胀率比新兴市场整体高 4.21 个百分点，而 2013 年印度的通胀率预估值则比新兴市场整体高 4.89 个百分点。

在通胀绝对水平和相对水平均明显上升的同时，印度通胀的失控风险也不断加大。体现在几个方面。

其一，物价形势恶化伴随着经济增长失速，表明增长放缓并未能通过需求下降的途径带来自然的通胀"冷却效应"。其二，CPI 增速和 PPI 增速变化方向相反，表明成本推动效应的缩小也未能有效缓解通胀压力。2013 年 6 月，印度 PPI 同比增幅从年初的 7.31% 大幅降至 4.86%，同期 CPI 同比增幅却始终保持在两位数水平。根据笔者的测算，2013 年 1—6 月，印度月度 CPI 同比增幅的均值为 11.18%，高于 2005 年以来 8.58% 的平均增速；而印度 PPI 同比增幅的均值为 5.76%，却低于 2005 年以来 6.64% 的平均增速。其三，通胀上行伴随着货币增速的相对放缓，表明印度央行通过收紧货币来控制通胀的有效性也值得怀疑。根据笔者的测算，2013 年 1—5 月，印度 M_1、M_2、M_3 和 M_4 的同比增长率均值分别为 8.71%、8.69%、12.8% 和 12.76%，均低于 2012 年 9.11%、9.08%、13.72% 和 13.67% 的月度平均增速。

第三，印度经济面临资本失助的风险。

"滞胀"格局的逐渐形成，导致国内社会和国际市场对印度经济的信心大幅下降，而信心缺失直接导致了国际资本外逃。笔者利用 Wind 数据进行了测算，2008—2012 年，外国机构对印度的股权净投资总额为 588.6 亿美元，债务净投资额为 291 亿美元；2013 年初至 2013 年 8 月 5 日，外国机构对印度的股权净投资额为 126.3 亿美元，债务净投资额则为 −31.7 亿美元；而特别值得注意的是，2013 年 6 月以来，外国机构对印度的股权和债务净投资额分别为 −27.2 亿美元和 −79 亿美元，表明国际资本正在加速流出印度市场。

此外，值得注意的是，为避免国际资本快速流出，印度政府于 2013 年 8 月批准了一项提案，大幅放宽了对电信、保险、石油、天然气和国防等领域外资投资的限制；印度央行则于 2013 年 7 月 15 日将边际贷款工具利率和银行利率分别上调了 2 个百分点。但截至目前，国际资本加速流出印度市场的局面尚未发生根本变化，印度面临的资本失助风险依旧较大。

第四，印度经济面临波动失序的风险。

受国际金融市场震荡加剧和本国经济形势恶化的影响，印度金融市场也整体走弱，表现为股指下跌、货币贬值和国债收益率上升。市场趋弱和资本外逃形成了相互催化的影响，在一定程度上引致了波动失序的风险。根据彭博资讯的数据，截至 2013 年 8 月 6 日，印度国家证交所的股票指数为 5528.5 点，较 2012 年末下跌了 6.38%；印度卢比对美元的汇率为 61.66 卢比 / 美元，较 2012 年末贬值了 12.76%；印度十年期国债收益率为 8.274%，较 2012 年末上升了 0.224 个百分点。而 2013 年 5 月以来，随着国际资本外逃进一步加剧，印度金融市场的波动失序风险明显加大。截至 8 月 6 日，印度国家证交所的股票指数就较 4 月末下跌了 6.77%，印度卢比对美元较 4 月末贬值了 14.58%，印度十年期国债收益率则较 4 月末上升了 0.543 个百分点。

第五，印度经济面临结构失衡的风险。

从短期看，印度经济面临着增长失速、通胀失控、资本失助和波动失序的风险；从长期看，印度经济则面临着结构失衡的风险。结构失衡风险体现在五个方面。

一是财政失衡。根据 IMF 的数据，2008—2012 年，印度的财政赤字率分别为 8.56%、10.07%、8.72%、8.44% 和 8.31%，而在此之前的 2005—2007 年，印度财政赤字率仅为 7.47%、6.42% 和 4.82%。

二是外债结构失衡。根据 IMF 的数据，2012 年印度的负债率为 66.84%，略高于 60% 的国际警戒线。虽然整体负债率不高，但值得注意的是，2012 年，印度的外债率（外债 /GDP 的比率）为 21.15%，较 2010 年的阶段性低点上升了 3.63 个百分点；2012 年，印度短期外债占全部外债的比例高达 24.81%，2008—2012 年这一指标的平均值则为 21.61%，远高于 1990 年以来 10.72% 的历史均值。大幅升高的短期外债比率意味着，如果出现某种突发性事件，引致集中性的短期外债偿付，那么印度可能会碰到难以应对的流动性危机。

三是贸易失衡。随着经济发展，印度经济的外向性也不断提升，笔者利用印度统计局的数据进行了测算，2013 年第一季度，印度进出口总量的 GDP 占比为 53.66%，较 21 世纪初提升了 27.46 个百分点。值得注意的是，尽管 2011 年下半年以来印度卢比对美元一直处于连续贬值的状态，但印度贸易逆差却不降反升，2012 年第四季度，印度的经常项目赤字率为 5.35%，创 1998

年以来最高纪录，2013 年第一季度，印度的经常项目赤字率依旧高达 5.07%。货币贬值却伴随着经常项目赤字率的高企，这意味着印度贸易失衡很难通过汇率渠道得以改善，因此，印度的贸易保护主义倾向可能将大幅抬头。

四是人口结构失衡。印度是人口大国，丰富的人力资源为经济发展提供了长期动力，根据 IMF 的数据，1980 年印度人口总量为 6.82 亿人，2011 年增长至 12.07 亿人，2012 年为 12.23 亿人。但伴随着经济社会的发展和居民平均寿命的上升，印度人口结构渐趋老龄化，根据印度统计局的数据，1980 年印度 65 岁以上人口占总人口的比重为 3.56%，2011 年这一比例上升至 4.99%。人口结构老龄化导致促进印度经济发展的人口红利渐趋缩小。

五是电子信息产业发展失衡。电子信息产业的蓬勃发展是支撑印度经济崛起的重要力量。笔者利用 IMF 和印度统计局的数据进行了测算，2000—2012 年，印度电子信息产业实现了 22.09% 的年均产值增长，产值的年均增速比同期经济增长率高 15.06 个百分点；2000 年，印度电子信息产业产值的 GDP 占比为 2.72%，2012 年上升至 12%。但值得注意的是，相对落后的基础设施建设限制了印度电子信息产业的可持续发展。根据世界银行的数据，2011 年，印度每百人宽带用户为 1.03 人，大幅低于全球的 8.61 人和中国的 11.61 人，印度每百人互联网用户为 10.07 人，大幅低于全球的 32.72 人和中国的 38.4 人，印度每百人移动电话使用量为 72 部，低于全球的 85.47 部和中国的 73.19 部。

总之，在五"失"风险作用下，印度正悄然滑向危机。印度大象如若停舞，不仅国际金融市场将受到冲击，整个新兴市场尤其是金砖国家的崛起信心将遭受打击。

成文于 2013 年 8 月 27 日。所谓无风不起浪，苍蝇不叮无缝的蛋，新兴市场自身的确有一些问题。但如果不打破"新兴市场"这个大招牌，就很难让人把新兴市场个体危机和整体危机完全区分开来。

客观认识新兴市场"危机"

2013 年年中，在经济增速整体放缓的大背景下，以印度尼西亚和印度为代表的部分新兴市场经济体突发剧烈金融动荡，出现货币大贬、股市急跌和债券收益率飙升并存的股票、债券、汇率"三杀"格局，进而导致唱空新兴市场的国际论调再度兴起，甚至有媒体和国际投行认为，新兴市场已经行至危机边缘，"1997 年亚洲金融风暴"恐将重演。我们认为，对于新兴市场危机论，既不可视若罔闻、盲目乐观，也不宜人云亦云、危言耸听，而是需要在充分研究、细致分析和谨慎预测的基础上客观、辩证地认识新兴市场的旧风险和新秩序。

首先，唱空新兴市场并非完全空穴来风，当前局势充分反映了新兴市场的既有风险。从处于危机风口浪尖的印度尼西亚和印度身上，可以看到大多数新兴市场经济体都具有的风险特征：一是经济增长普遍陷入失速困境，根据 IMF 的预测，2013 年新兴市场整体经济增速可能仅为 5%，低于 2008—2012 年的 5.56%；二是 QE 退出预期均带来了资本外流的压力，根据 IIF（国际金融协会）的预测，2013 年和 2014 年，流入新兴市场的国际资本恐将同比下降 3.04%

和 5.85%，其中流入新兴股市的国际资本恐将同比下降 27.03% 和 21.21%；三是金融体系均具有内在的脆弱性，市场层次单薄、外债占比较高、风险缓冲能力较弱，难以对突发状况进行有效应对。

其次，唱空新兴市场本质上是以偏概全，新兴市场边缘个体的危机不等于全局性危机。尽管经济基本面上具有一些共性，但 2012 年以来，新兴市场就呈现出和而不同的分化态势。印度尼西亚和印度具有一些独特的个体风险，这些风险于新兴市场则并非普遍存在。例如，印度和印度尼西亚都面临着宏观调控最难以应对的"滞胀"形势，但新兴市场整体却有"滞"无"胀"，根据 IMF 的预测，2013 年新兴市场整体的通胀率将低于 6%，较危机期间（2008—2012 年，下同）6.67% 的水平明显下降。再例如，印度尼西亚积累了大量资产泡沫，危机期间股市最大涨幅近 5 倍，而同期其他新兴市场的股指却大多表现黯淡。因此，新兴市场内部已经发生分化，局部危机并不代表整体危机。

再次，需警惕唱空新兴市场经济演化为唱空中国经济。边缘个体的危机不等于整体危机，整体困境则更不意味着核心个体的危机。尽管新兴市场依旧面临着各种挑战，但中国经济在新兴市场里的相对表现堪称中流砥柱。IMF 预测中国 2013 年的经济增长率为 7.8%，依旧高于新兴市场整体，并明显强于印度、巴西和俄罗斯的 5.6%、2.5% 和 2.5%。在金砖国家里，中国经济的成色相对更足，这不仅表现在更高的经济增速，还表现在中国经济借由改革开放三十年的可持续发展积累了足够的体量和质量，中国金融体系则在市场建设和改革发展过程中形成了内生有力的体系防火墙，面对短期冲击具有更强的缓冲能力和应对实力。

最后，中国经济也需要汲取边缘新兴经济体被唱空、被做空的教训。尽管边缘新兴经济体的局部危机演化为全局性新兴市场危机的可能性较小，中国经济也有稳健应对外部冲击的底气，中国经济近期的数据表现也已明显改善，但值得强调的是，不可安于现状、盲目乐观，边缘新兴经济体的当前困境也给中国经济敲响了警钟。以印度为例，和中国一样，印度也是金砖国家，也是人口大国，并在软件行业上呈现出世界瞩目的创新实力，但却由于无力应对人口结构老化、财政结构失衡、增长结构单一等一系列结构失衡带来的挑战，掉入了长期增长动力缺失的发展陷阱，并由此变成了国际资本唱空、做空的对象，经济局势和金融市场陷入混乱。中国经济目前也同样面对着人口红利下降、经济结构不合理、发展局势不均衡和金融体系不成熟等长期问题，在保障经济增长不过度下滑、不跌破下限和底线的情况下，中国依旧需要进一步坚定改革信念、紧扣转型主线、深化结构调整、提高增长质量、夯实发展基础。特别是在当前新兴市场金融风险凸显的背景下，中国金融改革不可畏惧不前，而应坚持稳中有为，考量风险却不屈从风险，稳健推进利率市场化、资本账户开放和金融市场建设，强身健体，更好、更稳健地扮演新兴市场"核心"国家和中流砥柱的角色。

成文于 2012 年 9 月 13 日。本文写得较早，之所以收进本书是想强调，在推出和退出 QE 之间是存在对应逻辑的。很多说退出 QE 对中国不利的人，也恰是那些先前说推出 QE 对中国不利的人，而这无疑是强盗逻辑。既然推出 QE 对中国弊大于利，那么退出未尝不是件好事。

QE3 对中国未必利大于弊

2012 年 9 月美联储推出 QE3 之后，坊间一度流行一种言论：QE3 对中国经济利大于弊。不同市场人士提供的原因大致可以归结如下：一是 QE3 有助于提振外需，二是 QE3 有助于通过汇率变化刺激中国出口，三是 QE3 有助于改变国际资本流出中国的窘境，四是 QE3 有助于激励市场信心，五是 QE3 带来的通胀压力相对可以忽视，六是 QE3 有助于全球宽松货币政策基调的全面确定。应该说，这些原因分析都有一定的历史参考和事实依据，也符合比较大众和主流的审视逻辑，但值得强调的是，世异时移，QE3 和之前量化宽松政策最大的区别正在于它是第三轮 QE，前两轮 QE 的影响已经沉淀，这实际上改变了第三轮 QE 产生作用的经济环境和物质基础。在笔者看来，结合当前国际、国内经济金融形势，QE3 对中国经济的影响未必利大于弊，原因有六个。

其一，QE3 未必能带来明显的外需提振。QE3 并非万能药，其对实体经济产生影响也许要一定的传导路径。从前两轮 QE 的经验看，QE 主要通过降低长期国债收益率、提升市场流动性、降低折现率、提振股市、刺激消费来产生扩张性影响。但目前美国经济的情况是，前两轮 QE 已然通过上述渠道发挥了重要作用，前期作用的积累本身已经让这些传导路径渐趋拥堵。在当前美国长期国债收益率处于历史低位、美国股指收复 2007 年末以来跌幅、美国居民消费倾向大幅提升的背景下，QE3 能够产生提振作用的空间较小。从某种意义上看，QE3 更像是美国大选周期导致财政政策缺位状态下，货币政策被迫的提前补位，其经济提振作用并不明显。国际投行经济学家对 QE3 刺激效果的预期中值仅为 0.2 个百分点，甚至不如 iPhone5 可能带来的 0.33 个百分点的预期激励。

其二，QE3 对汇率的影响未必全然有利于中国出口的反弹。随着近期 QE3 的不断升温，美元指数震荡下行，如果 QE3 正式出台，美元指数恐将进一步走弱。由此，QE3 对人民币对美元汇率的影响偏向于升值方向，对人民币对欧元汇率的影响偏向于贬值方向。但值得注意的是，从欧美经济复苏的状态和中国对美国、欧元区 2012 年以来的出口情况看，对于具有出口提升潜力的美国，人民币汇率的变化方向恰恰是不利的，对于当前出口汇率弹性较小且潜力不大的欧洲，人民币汇率的变化方向可能又是有利的。考虑到欧美季节性消费高峰即将到来，中国出口在未来数月可能会有一定提振，但这与 QE3 及其带来的汇率变化并无太大关联。

其三，QE3 借由全球资产配置效应带来的资本国际流动未必有利于中国经济。很多市场人士分析，QE3 创造的全球流动性会借由全球资产配置效应流入中国，进而改变当前国际资本流出中国的不利态势。但笔者以为，2012 年以来，危机演化的最大不同就是前期"脱钩增长"区域的"补跌"，德国和新兴市场经济由强转弱的速度和幅度在一定程度上都超出了市场预期。在 QE1 和 QE2 期间还是亮点的新兴市场在 QE3 时期已经光芒不再。如此背景下，QE3 引发的全球资本再配置未必会像前两次那样以新兴市场为主要流向。即便国际资本流入中国，可能也不会有太大激励流入实体经济，而更可能流入虚拟经济，这将使得中国房市调控的博弈更趋复杂。而且，无论流入还是流出，QE3 带来的国际资本大进大出，对于中国经济本身就是不容小觑的波动性风险。

其四，QE3 可能带来的供给冲击将让滞胀风险加大的中国面临政策尴尬。很多市场人士认为，2012 年末，中国 CPI 同比增幅仅为 2%，PPI 同比负增长，通胀压力很小，所以 QE3 带来输入型通胀的危险远不如前两轮 QE。而笔者以为，从中国经济状态看，QE3 的危险指数甚至比 QE1 和 QE2 都还要高。站在当下看未来，中国实体经济在"滞"方面的压力难以轻易化解，而在"胀"方面的走向更可能是向上的。滞胀风险加大的背景下，QE3 带来的大宗商品价格上涨可能更像是 20 世纪七八十年代的供给冲击，恐使政策应对陷入两难困境，即同一政策在不同方面的影响恰恰是正负相伴，通过政策搭配实现稳增长、控通胀、去泡沫、去杠杆等多重目标的难度大幅加大。而与此同时，在欧洲央行、美联储甚至新兴市场央行都不断行动，全球宽松货币政策确立的背景下，中国政策的有所为又是顺应全球趋势、优化政策博弈的需要。有所为但难作为，QE3 给中国带来了潜在的政策尴尬。

其五，QE3 对市场信心的影响可能先扬后抑。正如笔者此前多次指出的，全球各国和金融市场普遍对 QE3 寄予了"莫须有"的极高期望。在经济萎靡长期化、低速增长普遍化的趋势日渐明朗的环境里，QE3 更像是一种复苏的心理图腾，而并非切实的政策工具。事实上，从政策传导路径看，QE3 的效果恐明显弱于预期；从政策影响范围看，QE3 的实体经济激励溢出效应可能也并不显著；从政策实际力度看，资产负债表日趋臃肿的美联储也不太可能出台超出预期规模的 QE3。因此，市场信心可能先扬后抑，兴奋是暂时的，全球市场可能将在"预期实现"后重新进入失落感渐增、信心下行的轨道内。

其六，QE3 中长期的市场挤兑效应不容忽视。应该说，很多市场人士认为 QE3 对中国经济利大于弊的一个重要原因在于伯南克成功的心理暗示。在 2012 年的杰克逊霍尔全球央行会议上，伯南克在演讲中就毫不掩饰地表达了对 QE 显著成效的满意。截至 2012 年，1.7 万亿美元的 QE1 和 6000 亿美元的 QE2 就带来了 3% 的 GDP 提振和 200 万个就业机会的增加。但在笔者看来，伴随着短期刺激影响的边际效应日趋减弱，QE 政策的中长期负面效应正悄然积累并加剧。这些负面效应主要集中于对市场机制的干扰和破坏，央行的非正常购买挤兑了市场行为，扭曲了市场信息，弱化了市场作用，腐蚀了市场精神，加大了市场失灵的长期风险。而受 QE 政策潜移默化的风格影响和博弈激励，中国经济的非市场力量正在危机中特别是 2012 年以来经济加速下滑阶段悄然增强，这对于急需发展模式转型、经济结构调整、市场要素培育的中国经济而言，未必是利于长远的好现象。

总之，续集并不总是精彩，QE3 未必一如期待。笔者以为，在短期内，QE3 对中国经济的影响偏向中性，而在长期内，QE3 对中国经济的影响恐将渐趋负面。

成文于 2012 年 11 月 7 日。保护主义逆流涌动导致
全球化的退潮，保护主义剑指中国导致多元化的退潮，
两种退潮叠加，对中国的挑战很大。

保护主义针对中国的原因与对策

2012 年 11 月 7 日，奥巴马成功连任美国总统，中国经济暂且走出了鹰派代表罗姆尼获胜可能激生的保护主义阴影。但值得注意的是，本次美国大选势均力敌、悬念丛生，罗姆尼曾声称，如若竞选成功，将在上任首日宣布中国为汇率操纵国，从竞选落败的罗姆尼也受到很多美国民众的拥护就可以看出，保护主义特别是针对中国的保护主义，在美国并不缺乏市场。实际上，中国的确正受到保护主义的冲击。2012 年 10 月 26 日，商务部发布《中国对外贸易形势报告（2012 年秋季）》，报告指出："中国是贸易保护主义的最大受害者。据英国智库经济政策研究中心（CEPR）的世界贸易预警（World Trade Alert）项目监测，2008 年国际金融危机爆发以来，全球 40% 的贸易保护主义措施针对中国。随着中国出口产业从劳动密集型产业向新兴产业升级，国外对中国新兴产业出口的限制明显增多。2012 年前三季度，中国出口产品遭遇国外贸易救济调查 55 起，增长 38%，涉案金额 243 亿美元，增长近 8 倍。太阳能光伏电池在多个海外市场遭遇贸易摩擦，出口严重受阻。"

中国为何成为了贸易保护主义的最大受害者？从逻辑推演看，这个问题可

以分解为两个问题，一是保护主义缘何逆潮涌动，二是保护主义缘何剑指中国。实际上，这两个问题息息相关、相生共随，脱离后者专看前者，则有如蜻蜓点水，脱离前者专看后者，则可能有失偏颇。

顺着逻辑链条，先看第一个问题。在全球范围内，保护主义抬头的根本原因有三。

其一，全球经济增长失速导致国际贸易国内化。根据 IMF 的数据，2012年全球经济增长预估值为 3.28%，低于新世纪以来 3.74% 的年均水平，其中，发达国家增长压力尤大，2012 年美国和欧元区的增长预估值为 2.17%和 −0.21%，均低于其 1980 年以来 2.62% 和 2% 的年均增速。增长放缓导致就业形势严峻，美国和欧元区的失业率高达 7.9% 和 11.6%，政策当局在保增长、促就业方面面临着极大的内部压力。在总需求萎缩的背景下，为了将更多的需求留在国内，欧美国家国际贸易国内化的倾向日趋明显。

其二，政策救赎透支乏力导致以邻为壑。在金融危机和经济失速背景下，全球经济复苏的整体利益规模正在悄然缩水，国际贸易总量增速明显下滑，根据 IMF 的预测，2012 年全球贸易增速仅为 3.2%，不仅远低于前两年的 5.8%和 12.5%，还低于 1980 年以来 5.68% 的贸易扩张均速。在次贷危机和债务危机连番冲击之后，全球各国政府的政策菜单大幅缩水，财政政策受制于债务风险，货币政策受制于可用空间，使用保护主义大棒保护自身的国际市场利益成为必然选择，以邻为壑的氛围渐趋浓厚，进而给竞争性货币贬值和贸易保护主义培育了温床。

其三，合作约束形同虚设导致博弈失衡。建立在比较优势基础上的国际贸易，虽然理论上能够带来集体利益改善的结果，却未必符合每个国家的个体利益和当前诉求。而个体理性导致机体非理性在很大程度上还要归因于合作约束的无效或缺失。一方面，WTO 规则不具有硬约束，允许成员国利用其有关协议反击遭到的不公平待遇，为部分国家以公平之名行保护主义之实留下了余地；另一方面，G20 等多边沟通协作机制大多流于形式，缺乏实质内容，难以对保护主义形成有效制约。

顺着逻辑链条，再看第二个问题。日趋抬头的保护主义往往剑指中国，原因有五个。

其一，中国经济的"脱钩增长"引人艳羡。根据IMF的预测，2012年中国经济增速的预估值为7.83%，在主要国家里增速绝对值排名靠前；而1980年以来，中国经济实现了10.01%的高速增长，在全球184个有统计数据的经济体中年均增速排名第3位，中国2011年的经济规模是其他9个年均增速排名前十国家GDP总和的47倍。如此庞大的经济规模和如此迅猛的经济增速都充分彰显了中国经济的快速崛起，也引起了欧美国家的高度关注，在其内部增长压力急需向外排解的背景下，鹤立鸡群的中国更容易成为保护主义施压的对象。

其二，中国出口的增速高企遭人诟病。2012年，中国出口增速预估值为8.8%，高于同期全球出口2.85%的增速；1980年以来，中国出口的年均增速为13.73%，更是大幅高于全球出口5.71%的年均增速。尽管中国出口的规模过大和增速过快在很大程度上和中国以加工贸易为主有关，但在以邻为壑的国际背景下，保护主义根本无视中国出口量大利薄的特性，而将体型较大的中国出口视作打击目标。

其三，中国商品的琳琅满目较为醒目。尽管随着中国出口结构的调整，2012年1—9月中国劳动密集型产品出口增速低于整体出口增速0.4个百分点，但纺织品、服装、家具、鞋类、箱包、塑料制品、玩具的出口总量依旧较大，欧美超市中遍布中国商品的现状依旧没有改变。琳琅满目的中国商品虽然给欧美居民提供了生活便利，但却容易给微观阶层带来一种"中国渗透"的直觉，并使其在经济萎靡背景下对中国出口保有敌意，而选民政治则进一步导致这种微观压力转化为宏观层面针对中国的保守主义行动。

其四，中国制造的外部非议依旧较大。随着中国人口结构的变化，刘易斯拐点临近，中国劳动力的比较优势正在悄然缩小，人力成本则不断上升，2008—2011年，中国制造业城镇单位就业人员的平均工资年均增长14.5%，制造业农民工月收入年均增长15%。尽管如此，欧美国家对中国制造的传统印象并没有根本改变，依旧非议中国出口企业滥用低廉劳动力、缺乏技术创新、依靠政府补贴，进而不断对中国制造施加反倾销、反补贴的保护主义压力。

其五，中国企业的反制威胁相对不足。由于刚刚进入高速成长期和快速崛起期，大部分中国出口企业对世贸组织规则和欧美国家法律、法规及市场环境缺乏充分的了解和掌握，因此在保护主义冲击下，往往缺乏自我保护的意识和依法力争的能力，更缺少相机而动的反制策略，进而使得针对中国企业的保护主义愈发肆无忌惮。

顺着逻辑链条进行分析，中国成为保护主义最大的受害者，既有外因，也有内因，全球经济的失速调整、欧美政策的以邻为壑、中国经济的醒目增速、中国出口的量大利薄、中国制造的内涵不足、中国企业的内功不强共同构成了保护主义肆虐、中国受伤的背景和原因。有鉴于此，为了实现中国外贸的可持续发展，为了更好地应对保护主义的严峻挑战，中国有必要做到：一是以我为主，中国经济需要以自身经济结构调整和发展方式转型化解外部冲击，培育内生增长动力，减少对外部需求的依赖；二是以退为进，中国经济需要在主动放缓增速的过程中实现增长质量的提高，不盲目追求不可持续的过高增速；三是顺势而为，中国外贸需要顺应全球经济失衡调整和中国经济转型发展的外部环境，将更多的眼光投向新兴市场，将更多的资源配置到高附加值的新兴产业；四是创新发展，中国出口企业需要把精力更多地从规模扩张、市场渗透转向技术创新和品牌树立，提升自身竞争力；五是据理力争，中国出口行业和出口企业需要更好地掌握应对技巧，适时适度使用反制手段，削弱全球保护主义的可能冲击；六是包容并蓄，中国宏观和微观阶层均需要更深、更广地融入全球市场之中，加强国际间的沟通协作，夯实互利共赢的基础。

成文于 2013 年 1 月 24 日。债务危机更像是"肺水肿"，而非"高原病"。负债率高未必会发病，"流水不腐，户枢不蠹"才是保持健康的硬道理。

对中国债务危机的再思考

2013 年以来，欧洲出现大量积极迹象：边缘国家的国债收益率明显下行，主权 CDS 息差也大幅下降，欧元持续走强，股市普遍回暖，除了实体经济没有起色，债务危机在欧洲的演化似乎已经行至一个转折点。欧洲央行行长德拉吉就曾明确表示："最黑暗的一片阴云已经飘过欧元区上空。"欧债危机是阶段性缓和，还是彻底终结？这是一个值得深思的问题。但无论这个问题的答案如何，债务危机本身可能并不会就此打住。那么，如果真的驶过欧洲，那么债务危机的下一站会在哪？

一部分市场人士以为，债务危机爆发的下一个火山口可能会是中国。原因在于中国地方政府的热衷投资已经借由前期 4 万亿元的危机拯救方案充分显现，并留下了难以持续的债务风险敞口，影子银行风险的暴露及可预期的监管增强则可能将债务的隐形风险显性化，而未来城镇化的深入推进也许会进一步激励地方政府提高杠杆率，在债务透支增长之路上渐行渐远。

另一部分市场人士则以为，对中国爆发债务危机的担忧有些杞人忧天。虽然存在增量较快、体制不规范、市场透明度低等一系列问题，但从债务的绝对水平和相对水平来看，中国的债务风险并不大，整体可控。按照国家审计署的数据，2011 年中国的中央政府债务率仅为 25.8%。市场人士则估计，综合考虑中国的中央政府债务（包括中央财政债务、四大国有资产管理公司债务、铁道债）和地方政府债务（包括省、市、县、乡镇地方政府债务，以及养老保险隐性债务、地方公路债务），2010 年中国的广义政府债务率为 59.2%，即便是这个水平，也低于 60% 的国际警戒线。笔者利用 IMF 数据进行测算，2013 年，在全球有统计数据的 170 个国家和地区中，中国 19.567% 的负债率预估值仅排在第 145 位，而且远低于 170 个国家和地区 51% 的平均水平，也低于 2013 年全球整体 81.29% 的负债率。

那么，两种观点，哪一种正确？笔者以为，这个问题并不重要。真正重要的是，不管哪一方的观点正确，也仅仅正确了一半。何以见得？先举个不太恰当的例子。债务走高会给经济发展带来危险，正如人上到高海拔的地方也会给身体带来危险。"高原反应"不仅让人饱受折磨，还会给身体带来不可逆的潜在伤害。从致命性看，上到高海拔的危险一方面体现于人体免疫系统的潜在受伤，即神秘的"高原病"，另一方面则体现于可能出现的紧急病害，例如可怕的肺水肿。债务危机的危险也与此类似，负债率、赤字率等关于债务绝对和相对水平的经济指标反映的是偿债风险，类似于"高原病"，而评级调降等突然事件引发的偿付困难、违约可能、发债危机等反映的则是流动性风险，类似于肺水肿。债务危机是偿债风险和流动性风险共同作用的结果。纵观欧债危机，欧洲国家的高福利、经济停滞导致偿债风险上升是 21 世纪以来的长期趋势，但 2010 年以来希腊等边缘国家主权评级屡遭调降、国债发行屡次涉险、政府被迫采取的财政巩固措施引发社会骚乱等突发性问题才是债务危机爆发并广泛蔓延的直接原因。

从偿债风险和流动性风险两个方面去理解债务危机，就能对当前全球债务危机演化中的几个谜题有更深一层的理解。作为全球负债量和相对水平最高的国家之一，美国为什么没有债务危机？根据 IMF 的预测，2013 年，美国负债率恐将升至 111.724%，在全球有统计数据的 170 个国家里排名第 10 位。一般认为，高负债的美国在欧债危机过程中没有发生共振，是因为美国经济自2009年下半年走出衰退后，复苏力度和可持续性超出预期。负债率的警戒线未必就是铁定的60%，而是因人而异，较强的经济基本面和超然的领头羊地位使得美国的偿债能力始终值得信赖。

那么，更进一步，作为全球负债率最高的国家（没有之一），日本为什么没有债务危机？根据IMF的预测，2013年，日本负债率恐将升至244.984%，在有统计数据的国家中排名第1位。和美国不同，日本不仅负债率高，经济增长也很弱，2012年第二季度和第三季度，日本实际GDP季环比增长年率分别为−0.1%和−3.5%，继2010年第四季度至2011年第二季度以及2008年第二季度至2009年第一季度之后，2008年以来第三次满足短期衰退的技术条件；从长期看，2012年日本名义GDP水平甚至还不及1991年。如果说高负债的美国有较强的经济增长做支撑，那么日本则没有。但日本的国债收益率和主权CDS息差依旧很低，原因何在？根本原因在于，日本偿债风险虽然高，但流动性风险却很低。储蓄率高且本土化倾向明显的国债投资者为日本国债市场保持流动性奠定了坚实的基础。

从美国和日本的例子可以看出，负债率高不高只是债务危机硬币的一面，另一面则是流动性能不能得到保障。高负债率未必会引发债务危机，低负债率也未必与债务危机全然绝缘。将关注点转向债券市场的流动性风险，其取决于三个问题。

第一个问题是债务人能不能把债务滚动下去。所谓"滚石不生苔"，还本付息加上弥补财政赤字是以政府为主的债务人每一年都面临的挑战，只有把债务还与借有序地转动起来，负债发展才能长期延续。尽管目标一致，但债务人将债务滚动起来的手段却未必相同，美国依靠的是海外投资者和美联储的长期助力，日本依靠的是国内投资者和日本央行的长期支撑，中国依靠的则可能是强大的国家信用。

第二个问题是债权人能不能配合债务人把债务滚动下去。这个"能不能"的问题取决于两点：一是有没有这个能力。从美国看，在全球化过程中新兴市场经济体积累了大量的外汇储备，这保障并提升了债权人长期投资美国国债的能力；从日本看，高储蓄是投资能力的来源；从中国看，高储蓄和日趋通畅的融资通道则让"有效能力"得到保障和提升。二是愿不愿配合。这取决于对负债国经济的信心，以及有没有其他的选择。从美国和日本看，存在强大且选择余地不多的避险需求；从中国看，对中国经济转型发展和国家信用长期维系的市场信心始终强劲。

第三个问题是债券市场能不能让债务滚动下去。这个问题取决于市场本身的容量和健康度。市场容量越大，对机构投资者的吸引力就越大，市场参与者"跳槽"的潜在成本就相应越高，其对市场选择的路径依赖就相应越大；市场越健康，市场参与者在短期波动中保持镇定的可能性就越大，短期波动引发巨幅震荡的可能性就越小。从中国看，市场容量已经升至全球第三位，仅次于美国和德国，市场透明度、规范度虽有待加强，但金融体制机制的深化改革有望推动市场健康度的不断改善。

总之，债务危机会否爆发取决于偿债风险和流动性风险的集合。只关注偿债风险，而忽视流动性风险，不仅很难理解当前国际债务危机演化中的诸多谜题，也可能影响对中国爆发债务危机可能性的全面认识。从偿债风险看，中国爆发债务危机的可能性不大；从流动性风险看，只要中国不断夯实转型发展的基础，持续推动金融市场建设，不断提升金融体系的规范度、透明度和稳定性，中国就有能力将债务危机挡在门外。

成文于 2013 年 1 月 22 日。实事求是地说，本文还是高估了中国 2013 年的通胀局势，但文中的研究思路和方法，特别是对全球化和通胀中枢相关关系的分析，自我感觉还是有可取之处的。

为什么中国通胀堪忧？

通胀是一个全球性现象，但未必是一个全球性问题，对 2013 年全球通胀压力结构不对称性缺乏警醒，可能将成为未来中国经济运行的重要风险之一。2013 年初，国家统计局公布了 2012 年中国经济的各项重头数据，全年经济增长 7.8%，在一定程度上超出了预期水平。伴随着实体经济的触底反弹，物价形势也发生转变，虽然 2012 年全年 CPI 同比增幅仅为 2.6%，较 2011 年回落 2.8 个百分点，但从时序看，通胀压力在年末显形，2012 年 12 月，中国 CPI 同比增幅为 2.5%，连续第二个月反弹，增幅较 11 月上升 0.5 个百分点。对于物价形势的未来演化，大多数市场人士认为，从成本推动和需求拉动两方面分析，从翘尾效应、春节错位、食品价格、国际油价等要素切入，中国的通胀虽有上行压力，但整体风险并不大。

笔者以为，如果将视角从国内扩展到国际，从时点拉升到历史，2013 年中国通胀相对压力的悄然骤升值得高度关注。笔者利用 IMF 的可得数据，对 1980—2013 年 IMF 有统计数据的 185 个国家和地区的通胀率（其中 2012 年部分国家数据和 2013 年全部数据为预测值）进行了比较研究，结果验证了中国相对通胀压力的明显上行：2013 年，IMF 对中国通胀的预估值为 3.013%，这一通胀水平在全球 185 个国家和地区中排名第 109 位；考虑到 IMF 预测值可能存在低估，如果根据彭博资讯 3.1% 的预测中值，中国通胀水平的国际排位将升至第 108 位；如果进一步使用 3.5% 的市场预测水平，这一排位将升至第 100 位。而 2012 年，中国 2.6% 的通胀水平在全球仅排名第 137 位；1980—2011 年，中国 5.61% 的通胀平均水平在全球则排名第 138 位。也就是说，尽管 2013 年中国绝对通胀水平的升幅可能不足 1 个百分点，但中国通胀水平的国际相对排位可能将上升 20~30 个排位。

更进一步，笔者甚至认为，全球通胀的绝对压力和中国通胀的相对压力可能都要高于 IMF 数据显示的水平。将通胀分析的视角从短期转变到长期，有一种十分重要的根源性要素很容易被忽视，那就是全球化。近年来，诸多国际和国内的学术研究［包括 IMF（2006），Borio and Filardo（2007），Woodford（2007），Ciccarelli and Mojon（2005），Ruffer and Stucca（2006），中国社会科学院经济研究所（2008），张成思（2012），张建华和常黎（2011），黄益平（2010）等］表明，全球化对于降低全球通胀水平起到了不容忽视的积极作用。

全球化有效降低了全球通胀的长期中枢，其传导路径主要有五条：一是全要素生产率通道。全球化促进了资本、人力、知识、技术在国际间的更快流动，进而充分发挥了优势互补的效应，大幅缩短了落后国家的追赶时间，并进一步增强了发达国家的资源配置有效性，进而提升了全球整体的要素生产率，生产效率的提升则增强了供给能力，降低了全局物价水平。二是贸易通道。全球化促进了商品在国际间更广泛的销售，进而借由市场的自然选择降低了全局物价水平。三是竞争通道。全球化降低了区域垄断的可能性，国际化竞争迫使企业更快、更有效地降低成本，进而借由优胜劣汰降低了全局物价水平。四是央行通道。根据 Tytell 和 Wei（2004）的研究，全球化促使各国央行更加偏好低通胀目标，进而借由政策引导和政策调控降低了全局物价水平。五是产出缺口渠道。在少部分国家特别是新兴市场国家存在产能过剩问题的同时，大部分发达国家普遍存在负值的产出缺口，Woodford（2007）及其他学者的研究显示，全球化使得一国的通胀压力更多取决于全球产出缺口而非国内产出缺口，进而使得产能过剩国家的通胀上行受到抑制，从而降低了全局物价水平。

但值得注意的是，2013年全球经济趋势的一个重要特征恰是延续了2012年以来的全球化倒退。全球化的倒退体现在四个方面：一是国际贸易的增幅放缓，根据IMF的数据，2012年和2013年，全球贸易增幅分别为3.2%和4.48%，不仅低于2010年和2011年的12.55%和5.83%，还明显低于1980—2011年的年均5.58%。二是国际资本流动的放缓，根据彭博资讯的数据，1971—2007年，全球FDI年均增长19.04%，危机爆发后的2008—2011年，全球FDI年均增长率大幅下降至-5.21%；2012年全年，中国实际使用外资同比下降3.7%，是2009年以来首度出现同比下滑。三是跨国公司的去国际化，在成本上升、监管趋严等因素的影响下，2012年以来制造业和金融业的跨国公司均呈现出"内向化"发展趋势，例如，2012年12月，苹果公司首席执行官库克就表示将把生产线从海外迁回美国本土；2012年12月5日，花旗银行宣布全球裁员1.1万人，收缩全球业务线。四是以邻为壑氛围的加剧，2012年以来，贸易保护主义和汇率争议进一步抬头，全球政策协同的氛围悄然恶化。

从整体形势看，全球化的倒退将使其抑制通胀的积极作用大幅削弱，进而导致全球通胀中枢的上移。更进一步分析中国，从国际比较看，全球化倒退对中国通胀的影响尤甚，原因如下。

一方面，从全球化倒退本身看，中国是最大的受害者。根据IMF的预测数据，2013年中国进口和出口增长的预估值分别较其1980—2011年的历史均值低4.93个和6.68个百分点，明显高于全球贸易1.1个百分点的削弱幅度。此外，据英国智库经济政策研究中心（CEPR）的世界贸易预警（World Trade Alert）项目监测，2008年国际金融危机爆发以来，全球40%的贸易保护主义措施针对中国。

另一方面，从通胀压力传导路径看，双重差异性导致中国承压明显大于其他国家。第一重差异性体现在产出缺口方面。根据IMF的预测，2013年中国产出缺口为 2.46%，美国、德国、法国、英国和日本的产出缺口为 -4.4%、-0.17%、-2.5%、-3.67% 和 1.84%。全球化的作用使得一国的通胀更受全球产出缺口的影响，全球化的倒退则使得各国的通胀更多受到内部产出缺口的影响，在中国产出缺口为正、大部分重要国家产出缺口为负的结构下，全球化的倒退进一步加大了中国通胀的相对压力。第二重差异性体现在人口结构方面。中国和欧美发达国家，以及日本、韩国和新加坡等亚洲国家相比，最大的不同正在于，中国正在经历人口红利缩小甚至消失的考验，而这些国家已经在 20 世纪中叶之后走过了刘易斯拐点。罗玉冰（2012）的研究显示，日本、韩国和新加坡在人口结构变化时期，实际工资上涨并未全然提高整体物价水平。其中很重要的一个原因正在于，全球化导致的全要素生产率提升部分抵消了工资上涨的通胀效应。而 2013 年，中国实际工资上涨能否伴随充分的全要素生产率提升尚存很大疑问，因此，刘易斯拐点和全球化倒退的致命邂逅恐将潜在加大中国通胀的相对压力。

综上所述，从国际视角审视中国通胀的未来演化，有五点结论值得关注：其一，在全球化倒退的影响下，2013 年全球通胀的绝对水平和中国通胀的相对水平可能都将超出预期；其二，中国长期通胀中枢上升可能比短期通胀变化更加重要；其三，中国长期通胀受到的外部影响可能并不弱于市场惯常分析的内部影响；其四，推高中国长期通胀的结构性因素可能要强于供需因素；其五，从中国与国际比较的差异性看，"美欧通缩、中国通胀"可能并不全然是无根据的阴谋论论调。

成文于 2013 年 7 月 1 日。本文指出，现在的中国很像危机前的美国，这是一个令人震惊的发现。折返跑消耗跟随者的体能，这是中美形势互换的根本原因。

危机再反思：美国经济如何让中国经济变成了自己

天接云涛连晓雾，星河欲转千帆舞。金融危机在不确定性的迷雾中演化五年，全球经济则于潜移默化间进行着一个强弱更替的周期轮回：美国经济越来越像五年前的中国经济，复苏进程强势推进、金融市场风险释放、房市和股市欣欣向荣、增长信心持续高涨、资金流入源源不断；中国经济则有些类似五年前的美国经济，房市泡沫风险高企、金融隐患日益凸显、结构矛盾不断深化、内生增长动力匮乏、唱空之风悠然四起。危机危机，五年之间，美国经济貌似经历了伤筋动骨的经济危机，现在看来却更像是把握了风险出清的涅槃机遇；五年之间，中国经济貌似邂逅了弯道赶超的历史机遇，现在看来却碰到了后继乏力的潜在危险。

五年之间，中国经济似乎始终屏蔽于危机之外，呈现出"脱钩增长"的态势；五年之后，当前的困境充分表明，中国经济从未真正与危机绝缘，只不过，危机影响中国经济的方式如此潜移默化，以至于五年之后才全盘显形。为什么危机的影响难以察觉？根本原因在于，人们未能注意到，美国始终处于一种引领状态，无论是复苏抑或是衰退，无论是进抑或是退，美国的经济周期和宏观政策总是引领着全球发生滞后、同向变化。危机的五年，就像是一场旷日持久的折返跑，美国经济根据自身体质和阶段状况不断主动调整步速和节奏，其他经济体特别是以中国为代表的新兴市场经济体则始终处于被动跟随的状态。危机这五年，多元化一调高过一调，独立增长神话一个接着一个，霸权式微说也一浪高过一浪，而实际上，美国经济金融霸权地位不仅没有根本动摇，反而以一种且进且退的变化方式深层体现，霸权力量支撑的变速折返跑，让美国经济突破了体能瓶颈，也大幅消耗了跟随者的增长动能和发展势能。

进一步细看这五年，金融危机对中国经济的影响具体表现为美国引领的三段折返跑。

第一段折返跑是2008—2010年，美国经济发生了第一次由强转弱的变速。这一阶段之前，全球经济正处于新世纪之后的高速增长期，全球化在良好的经济环境中得以迅速推进，以中国为代表的新兴市场经济体正处于打开国门、深度融入经济大世界的过程之中。在开放性的全球经济和外向型新兴市场的格局之下，金融危机的突然爆发和美国经济的突然变速迅速给新兴市场经济体带来了外部增长压力。在增长压力之下，美国财政政策的大尺度扩张又产生了巨大的示范效应，新兴市场为把握危机期间"全球经济秩序重建和国际货币体系改革"的机遇，为进一步彰显"脱钩增长"的崛起实力，纷纷实行了跟随性的财政政策扩张。对于中国而言，这一阶段的4万亿元政策，不仅让中国避免了2009年全球性衰退，也让地方政府尝到了大把花钱的政绩甜头，以至于逐渐形成了"大项目依赖"和"财政政策持续扩张预期"。这不仅给地方政府融资平台风险和房市泡沫化风险的形成和恶化埋下了隐患，还对实体经济产生了源自宏观层的挤出效应，因为地方政府能够借由财政扩张获得短期政绩，而扶持中小企业和实体经济则没有这种立竿见影的效果。

第二段折返跑是2010—2011年，美国经济发生了第二次由弱转强又趋弱的变速。这一阶段，借由扩张性财政政策和危机期间出口的异常贡献，美国经济自2009年第三季度正式走出衰退，并逐步走强，全球经济也随之反弹，甚至于2010年出现了通胀抬头的迹象。但从2010年下半年开始，前期政策的刺激效果逐步消失，美国经济增速放缓，由于欧洲局势的恶化，金融危机也进入第二波高潮，全球经济被带进二次探底的旋涡。这一阶段，以中国为代表的新兴市场在前半段的乐观时期高调退出宽松政策，大部分经济体为控制短期显形的通胀而进行了加息，但紧接着后半段的经济二次探底不仅将通胀迷雾一举驱散，还给新兴市场带来了新一轮增长压力。在这次压力之下，财政政策在全球财政巩固大趋势下已无太多发力空间，而美联储三轮 QE 政策又适时产生了引领效应，全球迅速由短暂的加息节奏进入更大幅度的货币宽松节奏。对于中国而言，这一阶段大量的信贷投放给房地产市场在短期蛰伏后的蓄力爆发创造了适宜的货币环境，并让诸多金融机构和经济主体产生了"流动性持续宽松"的预期，影子银行体系也在诸多刺激因素下进入高速膨胀期。

第三段折返跑是 2012 年至今，美国经济发生了第三次由弱转强的变速。这一阶段，美国房地产市场的去泡沫化和美国家庭资产负债表的去杠杆化取得明显成效，美国经济复苏进入习惯性的消费驱动轨道，内生增长动力不断趋强，美国银行业盈利大增，美国企业竞争力趋强，美国股市进入强劲牛市，收复危机失地并不断刷新历史新高。在复苏基础渐趋稳固的背景下，美联储稳健打开 QE 政策退出的时间窗口，美国进入增长和政策双重周期性领跑阶段，美元由此表现强势。双重领跑带来的资本虹吸效应给新兴市场带来了又一轮的危机压力。对于中国经济而言，这一阶段面临着由于三段折返跑效应叠加而产生的多重难题。

其一，地方政府项目依赖、房价高企和资金价格高企共同对实体经济产生了挤出效应，畸形市场带来的暴利使得普通实体经济行业缺乏投资青睐、资金支持，并由此进入"盈利空间有限—投资吸引力下降—发展更趋困难"的恶性循环。其二，潜在的财政持续扩张预期和货币持续宽松预期共同激励了透支行为和投机行为，经济金融主体非理性选择和泡沫化发展倾向悄然加剧，整个经济蕴藏的风险悄然增大。其三，由于人民币的汇率形成与一篮子货币中的美元始终具有较强的实际联系，所以人民币对美元的大幅升值以及美元汇率的趋强实际上对中国的全球贸易产生了双重压力，而全球保护主义在危机阶段的逐步抬头更进一步加剧了外需增长压力。其四，由于缺乏支持实体经济的有效激励，流动性整体充裕和结构性稀缺的矛盾悄然加剧，而美国双重领跑带来的全球流动性虹吸效应又进一步加大了中国面临的流动性风险。

纵观五年，反思危机，美国经济引领的周期折返跑对中国经济产生了较大的影响。但值得强调的是，当前的经济困境并非不可破解，中国经济30年飞速发展积累的起飞势能和改革开放形成的改革动能并没有在折返跑中消耗殆尽。当下中国经济实现稳健增长的关键在于，正视三段折返跑引致的经济金融风险，坚持以我为主，保持稳健步速，避免盲目跟随，大力推进结构调整，释放改革红利，在全球经济新格局下跑出中国经济"7时代"的风采。

成文于 2012 年 10 月 18 日。本文提到的中国经济"三重压力"和 2014 年新一届政府提出的中国经济"三期叠加"似有共鸣之处。中国经济的确需要转型，但目前还未到可以无视投资贡献的时候。

中国经济何以应对增长失速？

凯恩斯说："长期中我们已经死了。"很多人将这句话理解为未来太远、长期太长、时不我待、只争朝夕。但在笔者看来，这句话并非标榜"长期无用论"，而是潜在强调了长期和短期的共生、共存、共振与共变，对实体经济而言，致命的往往并不是长期病患，而是长期病患和短期病痛的效应叠加和影响扩幅。令人担忧的是，当下中国经济正处于这样一种长短期因素共同作用下的黯淡时期，经济增速"破 8"就是一个重要的数据信号。

中国经济的三重压力

"破 8"貌似是轻描淡写的数据变化，实际上却意味深长：其一，"破 8"是新世纪以来中国经济增长数据最差的年度表现。其二，即便在全球经济衰退0.57% 的 2009 年，中国经济依旧增长了 9.2%，而在全球经济有望增长 3.28%的 2012 年，中国经济却邂逅了"破 8"。其三，"破 8"导致 2012 年的增长数据较 1980—2011 年中国经济 10.01% 的平均增速低 2 个百分点以上。由此可见，"破 8"的背后，中国经济相对于潜在水平表现出失速特征，中国经济相对于全球水平表现出补跌特征。那么，为什么2012年以来中国经济的整体表现不尽如人意？笔者以为，拉长视角看中国趋势，失速的根本原因是，中国经济面临着结构性放缓、周期性放缓及其相互作用导致影响叠加的三重压力。

首先，中国经济面临着结构性放缓的压力。结构性放缓是长期掣肘因素作用的结果，这些因素如下：一是伴随着人口增速和人口结构的变化，推动中国经济长期增长的人口红利正在逐渐减小甚至消失；二是伴随着经济金融体制改革的成果积累以及重大政策突破瓶颈期的渐次到来，推动中国经济长期增长的制度红利也在逐渐减小；三是伴随着国际资源价格的水涨船高、国内资源开发的潜力渐降以及工人工资的不断上升，推动中国经济长期增长的成本优势正在逐渐削弱；四是随着国际金融危机的多年演化以及国内经济金融风险的逐级释放，中国投资与消费、内生与外生、城市与农村、实体与虚拟的结构性失衡尚未明显缓解，甚至有所深化。

其次，中国经济面临着周期性放缓的压力。周期性放缓是短期需求不足作用的结果，短期需求不足的成因如下：一是伴随着次贷危机和债务危机对实体经济的影响日益沉淀，2012年全球经济增长从历史趋势线上方逐步位移到下方，中国外需增长承压较大；二是伴随着主动调整经济结构的推进，中国的内需在引擎转换过程中也承压明显；三是伴随着长期10%高增长积累的动能周期性下降，中国经济自然减速的内生要求愈发强烈。

最后，中国经济面临着结构性放缓和周期性放缓共同作用、效应叠加的压力。结构性放缓和周期性放缓的并存，给两者之间相互作用、相互影响、相互催化创造了少见的历史环境。两者效应叠加的方式如下：一是通过概念模糊渗透，心理冲击双向叠加。由于周期性放缓和结构性放缓并存导致增长数据明显下行，市场容易将长期因素和短期因素相混淆。一方面，可能将长期结构性风险视作迫在眉睫的冲击；另一方面，又可能将短期周期性风险视作根基性的结构问题。双重误解导致市场放大了对长期风险和短期风险的整体恐慌，使得经济信心受到额外打击。二是通过彼此深层作用，风险构成更趋复杂。一方面，经济的周期性放缓导致部分结构性问题更加突出；另一方面，经济的结构性放缓给周期性放缓的简单应对模式提出了更大的挑战。

中国经济的应对之策

在结构性放缓与周期性放缓及其"1+1>2"效应叠加的三重压力之下，从年度视角审视，中国经济的现在和未来都面临着较大挑战。那么，中国经济该如何应对？

笔者以为，直面结构性放缓与周期性放缓并存的复杂局势，中国经济的应对不能是简单的"兵来将挡、水来土掩"，而是需要在矛盾丛生、不确定性林立的背景下明确应对的核心策略、政策搭配和具体落实。首先，必须认识到，一劳永逸地解决所有问题的方案是不存在的，决策者必须有所为、有所不为，分清轻重缓急，明确重点着力方向，针对不同风险的形成期间、作用机理、影响期限和治理成本确定有针对性的解决方案。值得注意的是，当前的形势是两种放缓带来了三重压力，如果不能迅速、同时化解结构性放缓和周期性放缓，那么就有必要将重心放在有效化解其中一类放缓上，将三重压力转变为一重压力。从排除法看，结构性放缓是由长期结构性失衡导致的，短期应对难以对长期风险快速生效，因此，现阶段政策应对的核心有必要放在化解周期性放缓上。

接下来，应对周期性放缓，必须也要找到需求提振的短期突破口，即在消费、投资和出口"三驾马车"中，明确政策发力的短期主要方向。还是使用排除法，先看消费，消费提振并不是短期内能够有效达成的，原因在于中国储蓄率难以快速下降，1980 年以来中国储蓄率始终波动上升，2006 年以来中国储蓄的 GDP 占比甚至一直居于 50% 以上，2011 年为 51.35%，提振消费需要在长期内逐步降低居高不下的储蓄率，但由于结构性风险普遍存在，社保的完善以及中国传统消费习惯的改变需要一个长期过程，压降中国储蓄率并非短期之功。再看出口，出口长期内受到比较优势变化和民族品牌竞争力演化的影响，短期内则受到外需和汇率的影响，而全球经济的羸弱导致外需难以快速恢复，近期人民币也在经历过一小段时间的贬值后重新回到升值的长期通道内，对短期出口提振更添压力。因此，在排除法之下，只有投资可以成为迅速缓解周期性放缓压力、扭转三重压力格局、为应对结构性放缓赢得时间的短期重点着力点。

事实上，尽管近来社会上对投资拉动短期经济复苏存在较大争议，但在笔者看来，有三点值得强调：其一，通过排除法分析，提振投资是短期发力的必然选择，虽然会给结构调整带来些许压力，但两害相权取其轻，改变两种放缓引致的三重压力格局，对中国经济而言刻不容缓。其二，提振投资中国尚有余力，根据 IMF 的数据，2012 年中国投资的 GDP 占比可能将为 47.78%，依旧低于同期 50.09% 的储蓄率预估值，从储蓄和投资对比看，投资并非太多；此外，2012 年中国财政赤字的 GDP 占比预估值为 1.3%，中国负债率的预估值为 22.16%，均大幅低于国际警戒线和西方发达国家的平均水平，尽管地方政府债务风险始终存在，但从全局看中国财政状况依旧可持续。其三，值得强调的是，提振投资不仅是短期需要，也是中国城镇化、工业化进程持续推进的长期需要，而提振投资与应对结构性放缓、促进长期可持续发展并不矛盾，关键是在提振投资的同时以多种方式促进长短期的和谐共进。

具体而言，为化解风险、实现长期可持续发展，有几点需要额外强调：其一，要注重发挥民间资本、微观力量在提振投资过程中的重要作用，培育投资增长的微观基础；其二，要注重投资内部的结构调整，在短期提振投资的同时加大对重点区域和新兴产业的长期扶持，以投资促转型；其三，要在短期提振投资的过程中注重民生福利的改善，加快保障房建设，提高城市基础设施的完善度；其四，要在短期提振投资的过程中注重财政政策与货币政策及其他宏观调控政策的分工搭配，力求多重调控目标的集体改善；其五，要在短期提振投资的过程中继续推进经济金融体制改革，在短期风险下降的同时谋求长期结构性失衡的缓解和消除；其六，要在短期提振投资的过程中渐次放开公用事业、资源、医药及教育领域，为市场经济的长期发展奠定基础。

总之，在结构性放缓与周期性放缓并存的格局之下，中国经济需要有所作为、短期突围，唯有短期生存，才是避免长期中死去的必然前提。

成文于 2012 年 11 月 20 日。结构性减税有助于中国税制的长期稳定和经济结构的有序调整，整体上利大于弊。

险观"营改增"

"世上本无确定之物，唯有死亡和税收例外"，美国独立战争的领袖、18世纪最伟大的美国政治家、发明家、外交家、哲学家和航海家本杰明·富兰克林曾留下这样一句关于税收的传世名言。税收之所以不可避免，不是因为它表面上流露的制度性和强制性，而是由于它骨子里深藏的独立性和平等性。税收的本质是文明的对价，文明的存在决定了税收的存在，税收的效用又促进了文明的发展。自从公元前 2500 年古埃及王国诞生了完整的税收体系以来，不同时期、不同政府的整体努力都集中于用最小的对价谋求最集约、最高效、最持久的文明发展与社会进步。伴随着这一进程，税收制度于全球范围内不断完善，2012 年中国结构性减税领域的"三步快走"就是最新鲜的例证。

"营改增"三步前行

2012 年 1 月 1 日，上海作为首个试点城市正式启动交通运输业和部分现代服务业的营业税改征增值税（以下简称"营改增"）试点，"营改增"迈出试点启动第一步；2012 年 7 月 25 日，国务院总理温家宝主持召开国务院常务会议，决定扩大营业税改征增值税试点范围，自 2012 年 8 月 1 日起至年末，将范围由上海市分批扩大至北京市、天津市、江苏省、浙江省、安徽省、福建省、湖北省、广东省和宁波市、厦门市和深圳市，"营改增"迈出范围扩容第二步；2012 年 10 月 18 日，国务院副总理李克强主持召开座谈会，提出有序扩大试点范围，适时将邮电通信、铁路运输、建筑安装等行业纳入改革试点，"营改增"迈出行业扩容第三步。如此铿锵有力的三步，不仅意味着"营改增"在"部分行业部分地区—部分行业全部地区—全部地区全部行业"的规划路线上稳步前行，更标志着中国结构性减税的大战略正进入扎实推进的落实期。

"营改增"及其归属的结构性减税对于中国经济可持续发展的必要性和有益性，理论界和实务界早已形成了基本共识，这里无须赘述。值得注意的是，世异时移，共识并非永远都没有争议，"营改增"的稳步前进以及结构性减税的深入落实，虽势在必然，却在 2012 年这个宏观环境高度复杂的特殊时期引发了一些经济联想和市场担忧。身处全球债务危机愈演愈烈、中国经济增速下滑的当下，这些联想和担忧的产生情有可原，但深入剖析却未必站得住脚。从风险这个别样的视角审视"营改增"和结构性减税，对共识的理解反而可能会更进一步。

"营改增"与债务风险

2012 年以来，欧洲主权债务危机剧烈演化，债务风险在全球范围内不断显形、广泛扩散，并对国际金融市场和全球经济增长造成了深远影响。如此背景之下，中国的结构性减税会不会潜在加大中国的债务风险，并给中国经济的平稳运行带来意料之外的负面冲击？首先必须承认，这种担忧不无道理。毕竟，结构性减税也是减税，从"营改增"在上海的试点效应看，8 个月时间里，交通运输业和部分现代服务业的企业和下游企业的税负就减轻了 170 多亿元，税收的减少直观上会导致政府偿债能力的相应削弱。但值得强调的是，这种担忧并无必要，从债务风险角度看，"营改增"和结构性减税将在中长期内提升中国财政巩固的稳定性和持久性，并减小真实的债务风险。

财政收入多元化发展趋势包容了结构性减税的减收影响。1994 年税改以来，营业税和增值税作为最大的两个流转税税种，对中国税收增长起到了基础性的支撑作用，但随着税收制度的不断完善和税收体系的多渠道开源，增值税和营业税合计占全部税收的比例在最近 17 年里整体呈稳步下降态势，2011 年，这一比例降至 42%，较 1994 年下降了 16 个百分点。一方面，"营改增"属于两大税种间的转换，对合计总量并不会产生突然性的巨大冲击；另一方面，即便两者合计可能产生些许减收，在其对税收整体影响力渐次下降的趋势下，也不会给中国财政收入稳定带来实质性影响。

此外，尤为重要的是，"营改增"及结构性减税将在中长期内起到"保增养基"的重要作用。结构性减税并不是单纯的全局性减税，而是在减税中赋予了结构调整、产业细化、激励纠偏的深层次内涵，对全社会经济资源的优化配置不无裨益。就"营改增"而言，其保增长、促增质的效应体现如下：一是通过减少并消除重复性征税，给微观经济主体施以正面、有效的税收激励；二是通过促进税收体制的行业公平，提振第三产业的茁壮发展；三是通过保障小微企业的个体利益，促进经济增长的就业容纳力并由此夯实中国消费持续增长的微观基础。根据国家税务总局专题研究小组通过建立中国税收可计算一般均衡模型得出的研究结果，"营改增"有望带来 0.5 个百分点的 GDP 增长提振、1.1 个百分点的消费增长提振以及 70 万个左右的新增就业岗位。

多元化的包容和"保增养基"的作用，将使得中国财政状况更加稳健，进而减小而非加大了债务风险。实际上，根据 IMF 的预测，"十二五"期间，受中国经济转型发展的助力，中国财政赤字的 GDP 占比有望从 2011 年的 1.24% 降至 2015 年的 0.13%，中国政府总债务的 GDP 占比则有望从 2011 年的 25.84% 降至 2015 年的 14.95%，这两大指标不仅远低于欧美国家的高水平，也大幅低于 3% 和 80% 的国际警戒线。

"营改增"与结构性风险

2012 年以来，中国经济呈现出增长减速的整体趋势，微观企业生产经营的活跃度和健康度悄然下降。如此背景之下，中国的结构性减税会不会带来意料之外的结构性风险？从直观看，这种结构性风险体现为部分行业和企业的盈利风险，以及中央和地方税收资源的再配置风险。但从深层次分析，"营改增"及结构性减税不仅不会明显加大以上两种狭义的结构性风险，还有望通过减轻三种结构性失衡降低更广义的结构性风险。

首先，结构性减税必然伴随着结构性阵痛，但个案和局部的负面冲击可以通过短期配套措施得以缓解，在长期内，随着结构性减税的深入推进，阵痛将最终消失，全局性的利好作用将渐次显现。就具体的"营改增"而言，这种阵痛表现为部分行业和少数企业的"减法变加法"，例如对于即将纳入试点范围的建筑行业以及已经试点的部分小型广告代理企业、汽车租赁公司等，"营改增"可能导致其短期税负增加而非减少，进而对其生存发展产生一些负面作用。但值得强调的是，"减法变加法"的原因往往可以归纳为两种因素导致的进项税抵扣不足，一种是行业或企业自身的财务不规范，另一种是营业税和增值税在行业与范围上存在的适用差异。后一种因素会随着"营改增"的全面推进和两大税种的最终统一而逐步消除并消失，前一种因素则可以通过短期内阶段性的、针对个案的财政补贴方案加以缓解，并通过倒逼相关行业和企业加强自身财务规范度最终得以有效消除。

其次，结构性减税并不会导致中央和地方的财政资源配置失衡，相反可能有助于利益分配格局的合理化。具体就"营改增"而言，由于营业税是地方税，增值税是中央和地方按 75 ：25 的比例分配的分成税，"营改增"后必定会触及中央和地方的利益调整。根据短期内的政策安排，改为增值税的营业税依旧归地方，地方财政受到的实质影响并不大，保障了政策平稳过渡。从长期看，平稳过渡后的"营改增"可能有利于中国财政的内部结构平衡。一方面，2008—2011 年，地方税收年均增长 21%，高于同期中央和地方整体税收 18% 的年均增长，"营改增"之后，中央和地方的税收增长有望更趋平衡；另一方面，2002 年以来，中央财政收入的比重从 54.96% 渐次降至 2011 年的 49.4%，地方财政收入的比重相应上升，"营改增"之后，中央和地方的财政收入比重有望更趋平衡。这种财力平衡将有助于中央政府和地方政府的行动统一和政策协力，进而有助于中国经济的长期稳健发展。

最后，也是更值得强调的是，"营改增"及结构性减税将从更广义的层次缓解三重结构性失衡：其一，结构性减税有助于缓解分配领域的结构失衡。改革开放以来，中国经济实现了 10% 的年均增长，而同期国家税收的年均增速高达 18%，结构性减税将起到返利于民、激活经济实体的作用。其二，结构性减税有助于缓解资源配置的产业失衡。就"营改增"而言，服务业税收激励的上升将有助于资源向第三产业"税收洼地"的流动，进而促进中国经济的结构转型。其三，结构性减税有助于缓解宏微观的结构失衡。包括"营改增"、企业所得税两税并轨、停征利息税、降低股市交易印花税、提高个人所得税中工薪收入起征点等在内的一系列结构性减税政策，无形中产生了引导经济资源从宏观向微观倾斜、从政府向民间倾斜的理念转变和行动激励，对于中国经济微观实力的培育、民间经济力量的崛起有望起到重要作用。

总之，正如西塞罗所言："税收是国家的主要支柱。"税收的支柱作用，不仅体现于增长上的提振，还体现于结构上的引导。从风险视角审视，"营改增"和结构性减税将有助于中国经济长期风险的下降和增长质量的上升。税收改革的这次尝试，无疑是促进中国经济社会文明发展的有益对价。

成文于 2013 年 9 月 27 日。在国际舞台上,中国是
利率市场化的后行者。既然是后行者,就要利用好先行
者的经验,不走错路,少走弯路。

美国利率市场化的 "他山之石"

2013 年 7 月 20 日,中国迈出了利率市场化道路上的关键一步,全面放
开金融机构贷款利率管制。尽管存款管制放开可能尚需较长时日,但中国利率
市场化的深入推进已充分打开了市场的预期空间。实际上,在利率市场化方
面,中国在全球主要经济体中属于后来者,智利、美国、日本和韩国就分别于
1979 年、1986 年、1994 年和 1997 年全面取消了利率管制。对后来者中国而言,
他山之石,可以攻玉。充分利用后发优势,借鉴先行者,特别是美国的先行经验,
中国政策决策者可以更好地把握利率市场化的推进节奏,最小化改革过程中的
经济损失和金融震荡,中国银行业也能更好地学习和参考应对利率市场化挑战
的前车之鉴,最大化利率市场化带来的发展机遇。

1980 年,美国通过了《存款类金融机构解除管制和货币控制法案》
(*Depository Institution Deregulation and Monetary Control Act*),正式拉开
了利率市场化的序幕,贷款利率管制基本取消,存款利率管制的渐次削弱和逐
层取消也自此展开,直至 1986 年,美国利率市场化成功收官。以史为镜,可
以知兴替;以人为镜,可以知得失。从美国利率市场化的推进过程、短期震动、
长期影响和政策搭配看,四大美国经验值得中国深思、参考和借鉴。

首先，利率市场化的美国经验之一是，当实际利率畸高、变得不可承受时，利率市场化的破冰就势在必然。从美国的情况看，什么时候启动利率市场化，既不取决于经济增长的态势好坏，也不取决于实体企业获得融资的价格高低。1974—1975年，美国实际GDP连续两年负增长，衰退并没有倒逼出真正的利率市场化；1974年，美国贷款利率从1960年的4.82%一路升至两位数，融资高价也没有催生出及时的利率市场化。从根本上看，利率市场化的核心目标是降低经济增长的资金成本，减轻金融市场资金价格的扭曲程度，进而达到削弱金融抑制、促进金融深化的效果。从这个角度分析，实际利率相对于实体经济增长是否可承受，才是判断利率市场化启动时点的关键。

1980年，在通胀率高达13.51%的背景下，美国贷款利率飙升至15.27%，实际利率则为5.63%，不仅较1979年上升了1.64个百分点，更较1960—1979年的平均水平上升了3.71个百分点；更重要的是，1980年，美国实际利率高出实际GDP增长率5.92个百分点，此前1979年，实际利率仅相对高出0.84个百分点，而1971—1978年连续八年里更是仅有1974年一年实际利率高出实际GDP增速，其他七年经济增长都能完全覆盖实际利率成本。由此可见，1980年美国经济金融形势最大的变化恰在于，实际利率不仅有所上升，更变成了经济增长不可承受之重。因此，1980年启动利率市场化改革迫在眉睫。

从利率市场化过程看，实际利率畸高和不可承受的特征并不会瞬时消失，1980—1986年，美国实际利率分别为5.63%、8.68%、8.26%、6.58%、7.99%、6.68%和5.96%，经历了先走高后走低的波动演化态势，表明在利率市场化的不断推进过程中，效果显现也是先弱后强，利率市场化启动初期甚至会出现实际利率不降反升的情况。

从利率市场化结果看，完成利率市场化后，实际利率必然长期趋降，对于实体经济也不再是不可承受。1987—2012年，美国实际利率的平均值为4.35%，较1980—1986年的7.11%大幅下降；实际利率高出实际GDP增速的平均幅度为1.78个百分点，较1980—1986年的4.32个百分点明显降低。

再看中国，1980—2011年，实际利率平均值为1.85%，2012年则跃升至

4.1%；1980—2011 年，实际利率比同期实际 GDP 增速平均低 8.15 个百分点，2012 年，这个差距突然缩小至 3.7 个百分点。这表明在实体经济增长长期趋缓的背景下，中国实际利率上升正悄然变得难以承受，因此，2013 年正式放开贷款利率管制，迈出利率市场化的关键一步，从美国经验审视，可谓正当其时、不容迟缓。

其次，利率市场化的美国经验之二是，利率市场化未必会导致利差收窄，但银行业竞争必然加剧，成本管控和综合化经营是商业银行险中求生、险中求胜的关键。很多人认为，利率市场化必然会导致银行业利差下降，但从美国利率市场化的既成事实看，并非如此。美国于 1986 年初最终完成了利率市场化，但美国联邦存款保险公司（FDIC）的权威行业数据表明，美国银行业的净息差（NIM）不降反升。1986 年第一季度，美国银行业的净息差为 3.29%，随后一路升至 1992 年第四季度的 4.2%，然后才开始缓慢下降，直到 2012 年末，还比 1986 年的初始水平高 0.05%。不同规模银行的净息差也大多经历了类似的先涨后跌，2012 年末，资产规模在 100 亿美元以上、10 亿 ~100 亿美元和 1 亿 ~10 亿美元的银行的净息差分别较利率市场化初期上升了 0.2%、0.71% 和 0.33%，只有资产规模在 1 亿美元以下的银行的净息差较利率市场化初期下降了 0.52%。美国利率市场化完成后 27 年的行业走势表明，利率市场化并不会导致净息差的立刻收缩，即便在长期内，利率市场化也并不必然带来净息差绝对水平的下降。而小银行传统业务经营受到利率市场化的挑战可能要大于中型和大型银行。

那么，造成美国净息差不降反升的原因是什么？进一步的数据解构表明，生息资产的收益率并非没有下降，而是下降了很多，1986—2012 年，美国银行业的生息率就下降了 6.76 个百分点，而同期净息差不降反升的根本原因在于，生息资产付息率下降的幅度也很大，1986—2012 年达到了 6.81 个百分点。这一结构表明，利率市场化的确会加剧市场竞争特别是贷款的价格竞争，生存下来的银行并不是那些在资金吸收上打价格战的银行，而是有效降低了融资成本和提升了资金运营效率的银行。

当然，一味降低资金成本，也只是守城之举，避免陷入传统业务上的恶性竞争才是生存发展的关键。笔者利用FDIC的数据进行了测算，1986—2012年，美国银行业非息差收入占总收入的比例从12.04%上升至33.79%，表明只有避免一棵树上吊死、实现盈利结构多元化才能获得生存发展的机会。

利率市场化促进了银行业的优胜劣汰，2013年第一季度，美国银行业的资产收益率（ROA）为1.12%，较1986年第一季度上升了0.4%，同期，资产规模在100亿美元以上、10亿~100亿美元和1亿~10亿美元的银行的ROA分别上升了0.47%、0.37%和0.17%，只有资产规模在1亿美元以下的银行的ROA下降了0.09%。

美国经验显示，利率市场化并不一定会导致净息差的收窄，但毫无疑问的是，银行业的市场竞争会加剧。在动荡环境中，只有坚持顺势而为、成本集约、多元盈利和创新发展的银行，才能在残酷竞争中生存下来，并获得更好的成长机遇。与此同时，作为一定程度上具有规模效应的资本密集型行业，小银行未必船小就好调头，由于规模小、抗风险能力弱，小银行需要具有更大的创新意识才能在利率市场化后的行业洗牌中占据一席之地。

再看中国，股份制改革之后，中国银行业不断完善公司治理结构，增强盈利能力，并于2008—2013年实现了快速崛起，2013年英国《银行家》杂志公布的全球千家大银行排名显示，以一级资本排名，中资银行首次占据榜首地位，并在前十大银行中斩获四席。但中资银行的盈利结构较为单一，以非利息净收入在总净收入中的占比计算，四家进入2013年排名前十位的中资银行的综合化率仅为21.5%、23.6%、29.9%和19.6%，大幅低于摩根大通的53.7%、美国银行的50.5%和汇丰银行的44.5%。由此可见，中资银行虽然进步神速，但在利率市场化冲击下，仍需要大幅提升盈利多元性，加强创新能力，以综合化经营的深入推进应对未来的竞争和挑战。

再次，利率市场化的美国经验之三是，利率市场化必然伴随着银行业乃至整个金融业的大幅震荡，唯有做好相应的政策搭配，保障微观个体的金融安全，改革才能在震荡中稳健推进。在利率市场化导致竞争加剧、盈利困难的背景下，对于银行而言，无论是开源还是节流，都不是一件容易的事情，所以利率市场化的过程必然伴随着较大的市场动荡。1986 年第四季度，美国银行业未实现盈利的机构占比就从年初的 14.4% 蹿升至 31.2%；整个 1986—1992 年则是美国利率市场化的七年之痒，其间有 1970 家银行倒闭，而此前的 62 年里，一共也只有 883 家银行倒闭，在 1993—2013 年的 10 年间，即便发生了次贷危机，累计也只有 604 家银行倒闭。

在银行大范围陷入生存危机的背景下，美国储户利益受到极大的威胁，1933 年建立起来的老旧存款保险制度也难以应对复杂的局面。如此背景下，美国决策层进行了大量补救性的政策搭配。一方面，监管机构加强了对"大而不能倒"的金融机构的救助力度，避免系统性风险发生；另一方面，美国分别于 1982 年和 1987 年通过了两部重要法案，赋予存款保险机构更大的权力和力量，并对存款保险制度进行了体制上的夯实，最终起到了增强储户信心、维持金融稳定、减轻利率市场化直接冲击的有效作用。

从美国经验看，建立和完善存款保险制度是对冲利率市场化风险的核心举措。再看中国，在利率市场化迈出关键一步的同时，存款保险制度也已接近破冰。种种迹象表明，历经十六年的理论研究和政策酝酿，存款保险制度已经呼之欲出。2012 年 1 月，全国金融工作会议就指出"目前，我国推出存款保险制度的时机基本成熟"；9 月发布的《金融业发展和改革"十二五"规划》则要求"建立健全存款保险制度，加快存款保险立法进程"；2013 年 5 月发布的《中国金融稳定报告（2013）》进一步明确"当前，建立存款保险制度的各方面条件已经具备，实施方案经过反复研究和论证，各方面已形成共识，可择机出台并组织实施"。2013 年 7 月 2 日，《中国日报》援引全国人大常委会委员、原中国人民银行副行长吴晓灵的话报道，中国可能在年底前启动存款保险制度，吴晓灵表示，中国人民银行已将存款保险计划列入 2013 年关键改革目标行列。

利率市场化的美国经验充分表明，在利率市场化的推进过程中，银行业竞争加剧，借由传统业务实现持续盈利的难度有所上升，个别金融机构陷入生存危机的可能性加大，而存款保险制度的适时推出，将有望对利率市场化的伴生风险形成有效对冲。因此，尽管国际金融环境动荡不安、中国金融市场也风险林立，但加快推出存款保险制度可谓恰逢其时。

最后，利率市场化的美国经验之四是，利率市场化改革的成功需要长期忍耐和循序渐进。无论相应的政策搭配做得如何完善，利率市场化始终是一国金融体系伤筋动骨的一场大变革，部分银行的倒闭几乎不可避免，宏观增长和微观福利在大变革中都要承担显著的机会成本，甚至是绝对的经济成本。1980—1986年推进利率市场化期间，美国宏观经济增速大幅放缓，实际 GDP 年均增长率仅为 2.79%，大幅低于此前 1960—1979 年 3.95% 的平均增速，1980 年和 1982 年，美国经济甚至还陷入了萎缩困境；此外，微观主体也承受了巨大压力，1980—1986 年，美国月均失业率高达 7.97%，大幅高于 1948—1979年月均的 5.15%，1982 年末，美国失业率甚至升至 10.8%，这甚至是 1947年 1 月至 2013 年 7 月 799 个月里，美国失业率的最高点。

美国经验充分表明，改革总是要付出代价，利率市场化也绝不例外，即便是金融体系相对成熟、经济发展相对领先、微观基础相对坚实的美国，也必须在利率市场化过程中保持耐心，并以渐进式推进的方式在长期中分摊改革成本，进而防止金融动荡升级为金融危机、经济放缓恶化为经济停滞。

因此，对于中国而言，从改革推进理念上看，必须要有做出一定经济增长牺牲的思想准备，政策搭配应力求减小冲击、分摊成本，而不能奢望完全化解冲击；必须要有对经济增速放缓的忍耐性，如若在增长压力下骤然中断利率市场化的既定进程，打乱改革节奏，那么，因噎废食可能会导致中国错失利率市场化推进的最佳时机，并在长期中受到更大的金融压抑的负面影响。此外，从改革推进方式上看，鉴于改革成本和直接冲击较大，把握循序渐进的节奏十分重要，具体而言，在贷款管制放开后，中国政策层一方面需要完善存款保险制度，做好基础性保障工作，另一方面要分阶段、分层次，由长及短放开存款管制，并在存款利率市场化前择机推出大额可转让存单，为后续改革做好缓冲和铺垫。

总之，利率市场化事关重大，中国既然位居后发地位，就要充分利用好后发优势，借鉴美国经济经验，用好他山之石，为中国金融改革的稳健推进和中国实体经济的持续发展创造良好条件。

成文于 2012 年 5 月 3 日。《孙子兵法》永不过时，
走出国门的中国企业也要从中汲取思想的力量。

"走出去"的兵法智慧：苹果新传奇的中国启示

"走出去"成就苹果传奇

NBA 有句名言"永远不要低估一颗总冠军的心"，在大浪淘沙的商业世界，这句话则可以换作"永远不要低估传奇公司自我超越的勇气"。作为新时代的新传奇，苹果公司又一次做到了。2013 年 4 月 24 日，苹果公司公布新一期财报，上一财季苹果公司实现了 116 亿美元的净利润，同比增长 94%，远远超出市场预期。

很多人将苹果的成功归因于乔布斯的天赋异禀和 APP 产品的创新无限，这当然无可争议。但笔者在这里想强调的一点是，苹果传奇的不断延续，还受益于另一个不易察觉的发展战略——国际化。这一点在苹果公司 2013 年第一份财报中显露无遗：国际销售收入占苹果公司总收入的 64%，而中国区销售额则达到创纪录的 79 亿美元，同比增长 3 倍；作为占据苹果全部产品销售额半壁江山的 iPhone，则被销往了全球 100 多个国家和地区。

苹果传奇的新演绎，再次说明：世界是平的。

伴随着信息科技的突飞猛进、生产要素的高速流动和国际贸易的长期发展，

过去二十年，世界经济和国际金融正进入一个无限互联的"全球化时代"。这是一个最好的时代，因为世界是平的，平坦化的世界带来了更广阔的市场、更丰富的客户和更难得的机遇；这也是一个最坏的时代，因为世界是平的，平坦化的世界同样带来了更残酷的竞争、更复杂的风险和更多样的挑战。归根结底，这是一个属于勇者兼智者的时代。这个时代，最远的距离，不是海角天涯，而是大大的世界就在眼前，有人却懦弱地活在自己的小小天地里。勇者无惧，走出去，果敢起航，哪怕偶有"天外黑风吹海立"，乘风破浪，总能邂逅风平浪静之机；智者无忧，走出去，顺势扬帆，哪怕偶遇"涛似连山喷雪来"，创新发展，终能迎来海阔天空之时。

这个时代从不缺乏智者和勇者，苹果的乔布斯就是一位，中国的邓小平则是另外一位。

兵法智慧指引中国企业的国际化发展

自 1992 年邓小平同志南方讲话以来，中国企业的国际化发展正式进入快车道。实事求是地说，过去二十年，中国企业"走出去"成就斐然，但和苹果公司的成就相比，中国企业的国际化发展尚有较大空间。在新时期，进一步培育中国企业的全球竞争力，不仅需要原本的勇气，还需要精炼的智慧。在战场上，运筹帷幄、决胜千里，靠的是古人留下的《孙子兵法》；在国际化征程中，趋利避害、稳健发展，则需仰仗实践中形成的兵法智慧。《孙子兵法》开篇即陈："兵者，国之大事，死生之地，存亡之道，不可不察也。故经之以五事，校之以计，而索其情：一曰道，二曰天，三曰地，四曰将，五曰法。"而"走出去"的兵法智慧，也不外乎道、天、地、将、法五个方面。

道，讲的是天道、情理。道的关键，在于"势如扩弩，因利制权"。战争之道，在于顺应民意；商业之道，则在于顺势而为。所谓"顺风而呼，声非加疾也，而闻者彰"，顺势而为，往往事半功倍，逆流而上，则可能事倍功半。苹果公司能够成就如此伟业，很大一部分原因正在于，它既顺应了新科技变革带来的移动互联新变化，又顺应了全球经济多极增长、个性化电子产品需求全面激增的大趋势。过去二十年，中国经济和平崛起、全球经济多元发展，两大趋势"势如扩弩"，而中国企业唯有审时度势、"因利制权"，以"识势"为本，以"顺势"为基，方能践行顺势而为的发展智慧。

一是顺应中国经济全球化之势。全球化成就了中国经济的和平崛起，2011年，中国 GDP 的全球占比已从 1992 年的 4.316% 上升至 14.322%，中国成为全球第二大经济体、第一大出口国和第二大贸易国，顺此势而为则能实现中资企业的快速发展。二是顺应全球经济多元化之势。1992—2011 年，全球经济从霸权时代进入多元化时代，新兴市场快速崛起，特别是 2007—2011 年次贷危机和主权债务危机在发达市场的爆发和蔓延，进一步加快了国际货币体系改革和全球经济多极增长的进程。暗流涌动、世异时移之际，中国企业既不能故步自封，也不能激进求变，而应以稳健、审慎的姿态，辩证剖析多元化，既要充分认识到新兴市场在增长方面的增量优势，也要细致考虑到发达市场在基本面上的存量地位，进而坚持新兴市场和发达市场并举，全面布局，遍地开花。

天，讲的是天时、时机。天的关键，在于"节如发机，以患为利"。战场上，利用天时，可成"以寡敌众"之壮举；商战中，把握机遇，则可成"做大做强"之伟业。赤壁之战，周公瑾能够"谈笑间樯橹灰飞烟灭"，一半之力正得之于天时，以至于后人唏嘘"东风不与周郎便，铜雀春深锁二乔"。天时固然重要，把握天时更加重要。苹果公司国际化的成功，一部分原因正在于它快速把握了智能手机、平板电脑市场起步发展的天时，迅速占据了全球市场引领者的有利地位。很多时候，经济金融形势瞬息万变，"节如发机"，机遇稍纵即逝，把握机遇需要果敢善断；很多时候，危机是机遇的最大温床，福祸相依，"甘瓜抱苦蒂，美枣生荆棘"，把握机遇需要"以患为利"。

一是在进程推进方面以患为利，把握危中之机。1992—2011 年，全球经济先后经历了亚洲金融危机、次贷危机和主权债务危机的三番肆掠，危机震心分处新兴市场和发达市场，全球各地均受波及。金融危机一方面以摧枯拉朽之势带来了经济损伤，另一方面也以雷霆万钧之势引发了市场震荡，覆巢之下无完卵，一些质地优良的外国公司也在危机中遭遇估值冲击甚至生存危机，既增大了其被收购的可能，也倒逼当地政府降低了准入门槛。这为中国企业以并购等多种形势"走出去"创造了条件。二是在业务开拓方面动若脱兔，把握先行之机。1992—2011年，不断深化的经济金融体制改革给中国企业带来了不容小觑的政策红利和稍纵即逝的先行机遇，例如人民币国际化就给中资商业银行开展跨境人民币结算业务创造了条件，抓住这些政策机遇，将有利于中国企业在国际化进程中实现快速发展。

地，讲的是地势、地利。地的关键，在于"兵无常势，水无恒形"。战场上，善用地利，可奏"以一当十"之功；商战中，因地制宜，则可成"遍地开花"之势。三国时期，关云长水淹七军，生擒于禁，力斩庞德，威震华夏，成就一代武圣之伟业，正是因为他对荆襄区域的地理位置、地形特点了然于心，并能善加利用。地利是死的，但掌控地利之道却是活的，所以说"兵无常势，水无恒形"。苹果公司国际化发展的成功，很大一部分原因正在于它用差异化的策略与全球230家无线运营商建立了良好的合作关系。全球各地的，经济、金融、人文、社会、历史、风俗大不相同，中国企业唯有在熟知地利差异的基础上，适应差异，利用差异，灵活变通，多样进入，审慎发展，才能避免水土不服的尴尬。一是在市场开拓方面，自我调整，适应不同地区经济金融生态的差异；二是在区域发展方面，因地制宜，发挥各个地区业务开展的优势。

将，讲的是人才、人和。把握将的关键，在于"择人任势，上下同欲"。战场上，众志成城，即能摧城拔寨、所向披靡；商战中，同心同德，则可一马平川，驰行天下。三国时期，曹操挟天子以令诸侯，孙权据长江之险而雄霸江东，唯有刘备，既无基业可继，也无地险可守，但凭借着仁德宽厚，刘备坐拥人和之利，文有卧龙、凤雏，武有五虎上将，依旧能拼得三分天下之势。人和，并不是凭空而得，而是靠经营所致。苹果公司的成功，很大一部分原因正在于其通过激励有效的全球人力资源管理实现了企业创新力的长期维持。以苹果公司为鉴，"走出去"的中国企业需要践行"人和为上"的发展智慧，并通过两种方式不断巩固并促进"人和"的有利局面。

一是"择人任势"，不断优化人力资源配置，发挥团队整合中的鲇鱼效应。

在跨国经营过程中，不同国籍雇员的差异总是时刻存在，提升团队的和谐度和战斗力，并不意味着去消灭这种差异，而是需要在正视、尊重差异的前提下，加强管理、求同存异，利用差异调动团队积极性，实现优势互补。二是制度先行，不断强化人才保障机制，实现团队建设中的"上下同欲"。在长期内不断提升海外团队的竞争力，需要以政策引导为突破，以机制创新为动力，以资源投入为保证，保持团队激励的长期维系。

法，讲的是法治、管理。法的关键，在于"合之以文，齐之以武"。战场上，法纪严明、调度有力，方可挥斥方遒；商战中，文化融合、管理有序，才能快速发展。三国时期，诸葛亮随刘备入蜀，以"大汉"文化融合蜀地文化，严格军纪法纪，即便视马谡亲如己出，依旧在其失街亭后挥泪斩之，文武并重，实现了蜀地的繁荣，也成就了自己一代名相的美名。苹果公司国际化经营的成功经验表明，跨国管理是一个精细活，既要"合之以文"，以怀荣宽容促使团队理念一致，又要"齐之以武"，用严明法纪保障团队知行合一。以苹果公司为鉴，"走出去"的中国企业需要践行"文武并行"的管理智慧。

一是"合之以文"，兼容并蓄，不断促进文化融合。正如亨廷顿所言："新时期，世界上不会出现一个单一的普世文化，而是会有许多不同的文化和文明相互并存。"文明的对峙、文化的冲突往往会给跨国企业经营带来较大挑战。应对这一挑战，既需要尊重文化原旨主义层面的差异，还需要引导文化实用主义层面的融合。二是"齐之以武"，强化管理，不断推动稳健发展。跨国管理，既需要手段，又需要方法。在手段方面，需要通过业务系统整合不断促进经营协同和集约管理；在方法方面，则需要以全局性的风控体系保障稳健发展。

二十年弹指一挥间，回望过去，"二十功名尘和土，八千里路云和月"，中国企业"走出去"虽有一路精彩，但前途依旧崎岖；展望未来，中国企业既要有"俱怀逸兴壮思飞，欲上青天揽明月"的豪迈，也需将苹果公司国际化发展中的兵法智慧践行到底。唯有如此，"走出去"的中国企业才有望成就属于自己的不朽传奇。

成文于 2013 年 11 月 17 日。本文提到"西进东退"长期内"可能"逆转，其实这也是一种愿景。之所以会对多元化的退潮产生一些不同的想法，主要是看到《中共中央关于全面深化改革若干重大问题的决定》后笔者有点太过兴奋了。

中西政策三大差异

东边日出西边雨，中美政策最关情。2013 年 11 月 14 日，耶伦在获得美联储主席提名后首次向美国国会和全球市场展示了其对美国经济复苏和货币政策的看法，引发市场大幅震荡；随后的 2013 年 11 月 15 日晚间，中国官方发布了万众瞩目的《中共中央关于全面深化改革若干重大问题的决定》（以下简称《决定》），中国改革发展路线图全面展现。

虽然目前断言中美两国政策新动向的成败还为时尚早，但结合全球经济复苏的差异化结构，分析以美国、欧洲和日本为代表的发达国家的政策取向及其同中国政策的差异，全球政策结构也呈现出明显的东西分化趋势，就政策意图、政策目标和政策手段而言，中西已经选择了两条截然不同的道路，政策差异体现在三个方面。

一是重货币和轻货币的差异。就美国而言，耶伦获提名后的首次公开言论就毫无保留地表现出对超预期宽松货币政策的偏爱，即便从政策周期看，她的核心任务应该是削减 QE 购债规模（tapering），而且她也知道 QE 长期延续是不可能的，但她依旧强调了多渠道保持银根宽松的必要性，甚至在考虑降低超额存款准备金利率。不仅美国经济复苏政策是以货币刺激为核心，欧洲央行也在意外降息后表示可能扩大资产购买，越来越多的市场人士则发现日本经济新政的核心是刺激通胀，而结构改革则只是幌子，始终缺乏实际内容和推进诚意。与西方经济复苏政策重货币不同，中国经济发展政策则表现出轻货币、重实体的特征，在以《决定》为代表的一系列政策纲领中，中国政府一再强调要保持货币供应稳健增长，不靠发票子延续高增长，而是依托多渠道、全方面的深化改革优化资源配置、提升增长潜能。应该说，中国的选择是明智的，因为中西物价形势和金融市场存在根本上的差异，发达国家不仅没有通胀压力，甚至还有通缩可能，所以其以松货币为核心刺激经济增长是有利可图的，但中国和其他新兴市场一样，始终面临着较大的通胀压力，且金融市场成熟度不够，如果盲目跟随竞争性宽松货币潮流，可能将进一步恶化物价形势、损害民众福利，而且还可能由于市场缺陷加剧货币脱离实体经济，带来一系列潜在风险。

二是重短期和重长期的差异。耶伦的言论几乎都在论证保持宽松货币基调和超预期延长超常规政策的必要性，却几乎没有展现出长期视野下的政策考量。与此同时，美国财政政策也在不断将问题延后，2013 年 10 月的政府关张和债务上限争议被放飞到 2014 年第一季度，却始终看不到根本解决的思路；而奥巴马医改近期也不断受挫，奥巴马政府似乎只是想在最后一个四年的短政治周期里解决这个影响深远的大问题，急功近利的心态导致医改这个旨在造福于民的好法案有可能得到一个坏结果。此外，日本"安倍经济学"和欧洲经济复苏计划也处于不断解决短期问题、无暇顾及长期发展的状态。与西方政策重短期不同，中国经济社会发展的政策打算却显示出深谋远虑的一面，中国政府已经多次表态，短期经济增速可以主动放缓，但为长期可持续发展打基础的改革深化和结构调整却不容犹豫，《决定》从经济、政治、文化、社会、生态文明、国防和军队 6 个方面给出了推进长期改革的总体思路、阶段路径和措施细节，具体、细致和明确的特征使得重长期战略也具有饱满的短期抓手。

三是轻风险和重风险的差异。耶伦的国会证词最令人讶异也最令人失望的一点，就是她在显性风险面前展现出的无谓姿态。美国房市、股市近两年来大幅反弹，极其凌厉的反弹势头和实体经济的温和复苏明显背离，一系列市场细节数据也充分显示了资产泡沫风险的再形成和再聚合，但耶伦却对此不闻不见，令人震惊。此外，欧洲、日本和美国作为高赤字、高债务经济体，始终缺乏财政巩固的足够进展，即便欧债危机和美债危机已然敲响警钟，但发达国家普遍将复苏凌驾于风险之上，这恰是危机阴霾始终不散的根本原因。与西方国家经济复苏政策轻风险不同，中国政策当局在经济增长压力较大的背景下，不仅没有放松对发展风险的审慎关切，还在《决定》中充分展示了解决不平衡、不协调、不可持续问题的思路和措施。《决定》的六十条覆盖了对人口红利下降风险、资源消耗过大风险、金融脆弱性风险、城乡二元风险、两极分化风险、阶级固化风险、开放不足风险、资产泡沫风险、市场能力不足风险、财政失衡风险等主要风险的应对。

更进一步，从本质上看，政策结构差异既源于经济结构差异，也可能对经济结构变化产生影响。2013 年 11 月陆续公布的数据显示，美国经济第三季度增长率从表面上看虽不错，其内生动力却已跌至 2009 年以来的低点，日本和欧元区第三季度经济增长率也都较上一季度下滑，且弱于预期。2012 年以来全球经济"西进东退"的结构演化趋势似乎已演绎到一个阶段性高点，而中西政策的三大差异也使我们有理由相信，"西进东退"短期内余势殆尽，长期内也可能发生根本逆转，只要《决定》落实到位，中国经济有望真正开启强势崛起第二季。

成文于 2013 年 12 月 17 日。单看会议决议和政策文件，中国经济还是让人很有信心的，但是关键在于，这些决议和文件能否真正得到不折不扣地贯彻执行。

夯实宏观经济的微观基础：人、铺、郡

《淮南子》有言："根深则本固，基美则上宁。"后危机时代的全球经济复苏比拼，比的不是速度，不是规模，而是微观基础。就中国经济而言，经济增速一直很快，经济规模常年位居全球第二，能否在长达 30 年的起飞和崛起之后开启经济发展奇迹的"第二季"，关键恰在于能否借由全面深化改革夯实宏观经济的微观基础。

微观基础对中国经济的关键作用，体现在其三重内涵：一是福利。有微观基础，经济增长才会伴随着全社会的福利改善；有福利改善，经济发展和社会稳定才有望和谐互促。二是质量。有微观基础，经济增长才有细致可信的增长质量；有增长质量，可持续发展才具有源源不断的内生动力。三是底气，有微观基础，经济增长才能不断积累可观的物质底气；有物质底气，发展方式转变、经济结构调整和改革深入推进带来的短期阵痛才不会变成中国经济渐进崛起的不可承受之轻。

能否夯实宏观经济的微观基础，是决定中国经济将去向何方的核心命题。2013 年"最后一件大事"，则让我们看到了对这个命题的具体求解。12 月 13 日，

2013 年中央经济工作会议（以下简称"会议"）闭幕，会议在全面解析国际、国内经济形势的基础上，提出了 2014 年经济的六大任务：切实保障国家粮食安全、大力调整产业结构、着力防控债务风险、积极促进区域协调发展、着力做好保障和改善民生工作以及不断提高对外开放水平。

　　笔者以为，动态、全面和深入理解会议精神，需要抓住主线。主线就是"如何夯实宏观经济的微观基础"，综合来看，会议内容和决议体现了这一战略的三个细节层面，即"人、铺、郡"。

其一是"人"。

　　经济世界最小的细胞就是人，恰如《管子》所言"凡治国之道，必先富民"，"仓廪实则知礼节，衣食足则知荣辱"，微观个体财富水平、效用满足和经济安全的保障，是国家进步、文明发展的基本前提。本次会议提出的六大任务里，"切实保障国家安全"和"着力做好保障和改善民生工作"两条直接对应到"人"的利益。将谷物基本自给、口粮绝对安全放到了国家宏观经济安全的首位，体现了以人为本的切实考虑和居安思危的战略远见；将就业特别是大学生就业和化解产能过剩中出现的下岗再就业，摆到突出位置，则体现了以保障充分就业为核心的"底线思维"；将解决好住房问题视为房地产调控的重要问题，也体现了资产市场风险管理以保障民生为导向的良苦用心。

其二是"铺"。

　　市场经济最重要的微观主体是"铺"，即企业，企业的生存和扩张是吸纳民众就业的根本保障，企业的普遍发展是经济可持续增长的核心推动力，企业的做大、做实、做强则是国家竞争力提升和经济崛起的重要支柱。本次会议提出的六大任务里，"大力调整产业结构"和"不断提高对外开放水平"两条与中国企业"改自己"和"走出去"息息相关。将化解产能过剩和实施创新驱动发展真正落实到企业层面，让企业真正成为创新主体，真正成为经济结构调整的主角，并让政府回到"创造环境"的配角本位，恰是让市场在资源配置中起决定性作用的重要体现；而对简政放权和营造稳定、透明、公平的投资环境的强调，则体现了宏观对外"开放"就是"放开"微观束缚的政策智慧。

其三是"郡"。

宏观经济最大、最骨干的微观主体就是"郡"，即州郡，也就是现在说的地方，只有地区经济实现协调发展，整个宏观全局才能形成你追我赶、一浪接过一浪的、有层次、有持续性的全局性崛起。本次会议提出的六大任务里，"着力防控债务风险"和"积极促进区域协调发展"直接针对"郡"的发展，而"不断提高对外开放"一条也涉及"郡"的开放。在国际机构不断借由诟病中国债务风险，进而唱空中国经济的背景下，中国将债务风险防范的重心放在地方层面，一方面加强源头规范，多措并举力求减小并化解存量风险，另一方面从思想上纠正不正确的政绩导向，将人事考核同 GDP 脱钩，抑制增量风险的形成。这种力求治标治本的两方面努力体现了中国对债务问题的审慎评判和长远考虑。而坚定不移实施主体功能区制度、扎扎实实打好扶贫攻坚战则体现了区域发展战略对兼顾效率和公平的内在考虑和具体落实；推进丝绸之路经济带建设、建设 21 世纪海上丝绸之路则进一步体现了将落后地区经济建设与"以边带内"提升中国经济区域地位和国际影响力相结合的大战略思维。

总之，夯实宏观经济的微观基础，是中国经济的当前要务，本次会议从"人、铺、郡"三个层面推进这一要务，可谓恰如其分、正当其时。

成文于 2013 年 12 月 4 日。说中国经济被高估，是
有数据证据的，不可不查。"捧杀"中国和"唱空"中
国同样危险。

中国经济需谨防"捧杀"

现实的诡谲之处恰在于：口号愈响亮，结果愈黯淡。自危机以来，以中国
力量拯救全球经济和国际金融市场的各类言论就层出不穷，实事求是地说，中
国经济的稳健增长确实为危机后的经济复苏和失衡调整做出了大量贡献，但尚
不足以达到拯救市场的量级。2013 年末一系列口号和现实的对比进一步验证
了这一判断：尽管市场热议中国大妈托底金价，但金价还是一路急挫，并于
2013 年 12 月 4 日跌至 1200 美元 / 盎司的整数关口；尽管网络调侃中国抄
底者炒热美国房市，但房价崩溃的底特律还是没能逃脱正式破产的命运；尽管
中国大妈再度跻身比特币投机浪潮，但比特币价格并没有因此获得稳健支撑；
尽管越来越多的中国企业在行业排行榜上笑傲江湖甚至独领风骚，但根据调研
机构 Millward Brown 2013 年 12 月公布的统计数据，只有 6% 的美国消费者和
14% 的英国消费者可以说出一个中国品牌。

这一系列有趣而不乏深意的对比，传递了值得中国重视并警醒的三层信息。

首先，中国经济实力在一定程度上被高估了。在改革开放的三十多年里，
中国市场经济建设取得了举世瞩目的成就，但中国尚属于发展中国家的现实并
没有根本改变。中国经济实力被高估的根源是两种幻觉：一是数据幻觉，表征
全球经济地位的重要指标是 IMF 公布的 GDP 全球占比，根据 2013 年 10 月
的数据，2013 年中国 GDP 全球占比高达 15.43%，但值得注意的是，该数据
是根据购买力平价汇率折算的，折算汇率为 1 美元兑 4.27 元人民币，而 2013

年 11 月 15 日人民币对美元即期汇率为 1 美元兑 6.09 元人民币，也就是说，IMF 用不易察觉的技术方法高估了中国经济实际的全球占比。二是危机幻觉，2008—2012 年，中国经济增长率高达 9.26%，远高于全球经济同期的 2.92%，2008—2012 年发达国家的窘境和 2013 年下半年印度等新兴市场的局部危机进一步反衬出中国经济的强势，但实际上，这种鲜明对比只是中国经济实力的提升速度相对较快的反映，并不能代表中国经济实力的绝对水平。

其次，中国经济宏观崛起尚缺乏坚实的微观基础。一国经济实力是宏观经济状况和微观经济活力的综合反映。决定经济实力的，不仅是规模，还有质量。从宏观角度看，中国经济规模已经达到了全球第二的体量，但增长质量还有待提升，一系列不平衡、不协调和不可持续的问题还广泛存在，制约了经济实力的快速提升。从微观角度看，部分中国企业的国际高排名也只是"规模"现象，而不是"品牌"现象，其产品和服务缺乏高质量，因此难以得到国际市场的认同。此外，尽管经济快速发展伴随的两极分化造就了相当数量的中国富裕阶层，但国内金融市场发展尚不充分，也没有形成足够成熟的理性投资者，进而导致投机氛围大于投资氛围，中国投资者在国际市场的名声和影响力都受到一定影响。

最后，"捧杀"中国和"唱空"中国同样值得警惕。理性看待，中国经济虽然一直在快速增长，中国企业和中国投资者也在快速成长，但从宏观和微观两个角度看，中国经济依旧具有市场经济初级阶段和发展中经济体的基本特征，在全球经济和国际金融市场的参与度和影响力并没有达到足以"拯救"全局复苏或改变整体趋势的程度。从外部看，过高的评价甚至热炒中国经济实力，不仅本质上是一种"中国威胁论"的表现，甚至可能会带来"捧杀"的不利影响，其破坏性并不亚于盲目"唱空"中国经济。从内部看，保持经济发展的自信固然十分重要，但自信不能升格为自负，只有正视中国经济的既有成果和尚存不足，才能领悟深化全面改革的紧迫性和现实性，才能以切实行动推动中国经济的增长质量提升；只有正视中国企业的现有成绩和成长经历，才能放下规模崇拜，在尊重市场、发挥市场决定性作用的过程中，培育出真正被国际认可和尊重的中国企业；只有正视中国金融市场的发展格局和现存不足，才能稳健有力地推动金融改革和开放，才能真正形成理性成熟的中国投资者阶层。

第四部分
欧日经济——黎明前的挣扎

欧洲和日本是全球经济多元化退潮大戏的配角。尽管如此，2013 年以来，欧洲和日本也都在发生着大变化。欧洲经济趋向稳定，结构分化却渐趋严峻；日本经济则变成了前所未有的政策试验田，安倍经济学引发了无数热议。这些大变化，不仅和经济有关，也和区域政治与社会心理息息相关，因此对它们的分析也需要突破传统经济学的框架。

引言

全球经济多元化的退潮大戏，既有主角，也有配角，欧洲和日本就是配角。和 2012 年以来如火如荼的美国经济强势复苏与吸引眼球的新兴市场整体下滑相比，欧洲经济和日本经济并没有呈现出明显的上行或下行态势，而是处于一种挣扎和震荡之中。不过，值得强调的是，欧洲和日本的经济始终是全球经济的重要部分，现阶段不是主角，并不意味着它们永远都是配角。事实上，2013 年，欧洲和日本都在发生大变化，欧债危机演化渐趋平稳，欧洲经济也于年中走出衰退阴霾；日本经济则变成了前所未有的政策试验田，安倍经济学引发了无数热议，在一段时间的努力之后，日本也初露走出长期通缩阴霾的迹象。未来全球经济多元化的退潮能够持续多久，在一定程度上就取决于欧日经济这些大变化的后续走向。第四部分将聚焦于 2013 年以来这些大变化及其未来演化。和市场常见的分析不同，这一部分对欧洲和日本经济的分析都突破了传统经济学的框架，进而使得结论也有所不同。

作为第四部分前半部分分析欧洲经济的题眼文章，《欧债危机的政治地理学》一文提出了一个有趣的问题：欧猪五国中的四个，以及 2013 年出事的塞浦路斯，都是南欧国家，为什么是南欧？这个问题显然已经超出了经济学范畴。文章将视野扩展至政治、历史和社会范畴，从二元政治文化、二元社会结构、二元党群格局、二元劳动市场和二元对欧情结五个维度深入剖析了欧债危机具有地理特征的根本原因。正是由于具有这种深层的地缘政治特征，所以经济数据的好坏并不能作为评判欧债危机演化的唯一标准。《欧债危机已经结束了吗？》一文就是对标准问题的进一步讨论，2013 年以来，欧猪国家的融资成本不断下降，欧洲局势趋向稳定，进而导致一些经济学家迫不及待地宣布欧债危机已经终结，该文则从细化"危机终结"的标准切入，得出了欧债危机尚未彻底平息的判断。事实上，欧债危机的确没有彻底终结，2013 年上半年，意大利陷入混乱，塞浦路斯爆发危机，《意大利政治乱局的偶然与必然》和《塞浦路斯危机暴露全球经济六大风险》两篇文章对这两个貌似独立的风险事件进行了分析，论证了欧债危机星火未灭的深层原因。当然，欧债危机虽然并未彻底终结，但整体还是处于不断缓和的通道之中，危机前几年市场人士热议的"希腊退出欧元区"和"欧元区破裂"并没有发生，而且越来越不可能发生，《欧债危机里的"艾普米修斯"》和《欧洲货币一体化不可逆转》两篇文章分别从"后果不可接受"和"成本难以承担"两个角度论证了为何"欧洲解体论"不可能变成现实。

作为第四部分后半部分分析日本经济的题眼文章，《从安倍经济学到安倍心理学》一文提出了一个与市场主流分析全然不同的分析框架，并认为安倍经济学的核心，并不仅限于"日元贬值＋扩大支出＋激励通胀"的三位一体，还高度体现在安倍心理学（Abechology），安倍经济学能否获得成功，关键在于安倍政策的预期引导、心理暗示和情景营造能否有效借由从众、说服、信念和传染等社会心理学通道打破路径依赖形成的惯性，并激发日本经济长期蛰伏所蕴藏的潜能。接下来四篇文章按时间顺序排列，围绕安倍经济学和安倍心理学进行更进一步的讨论，《日本的宽松货币政策有效吗？》一文分析了安倍经济学出炉的背景，在一定程度上也解释了为何心理学对安倍政策试验的重要性如此之大，因为单纯从经济学角度分析，白川方明时代的常规性宽松货币政策难以将日本拖出长期通缩的陷阱。正因为如此，安倍晋三上台后迫不及待地用黑田东彦换掉了白川方明，并祭出以超常规宽松货币政策为核心的安倍经济学"三支箭"。安倍的政策试验一开始并不成功，此前一直处于上涨通道的日本股市突然遭遇滑铁卢，2013 年 5 月 23 日单日竟然下跌了 7.32%，一时市场哗然。在这样的背景下，《安倍心理学的三成与三败》一文从心理学角度分析了股市暴跌的原因，并在全面分析安倍心理学现有得失的基础上，得出了安倍经济学并未完全失败的结论；《安倍经济学的政策教训》一文则从四个方面分析了安倍经济学遭遇股市"用脚投票"的原因，并总结了相应的政策教训。从随后的事态发展看，安倍在一定程度上吸取了教训，安倍心理学的成功之处也逐步释放出刺激效应，日本经济从 2013 年第三季度起呈现出增长、通胀双抬头的趋势，走出长期通缩的希望开始闪现，《从安倍心理学到安倍经济学》一文适时指出，心理学效应只能起到启动长期复苏的作用，日本经济在启动后能否延续上行趋势，关键要看安倍经济学的第三支箭，也就是结构改革，能否从虚做实，毕竟只靠心理学，安倍的政策试验还是难以获得长期效果。

欧债危机的政治地理学

2013 年爆发的塞浦路斯危机表明，欧债危机不仅没有终结，反而向债务危机、经济危机、银行危机和社会危机"四位一体"的复合型危机深度演化。纵观欧债危机的演化，一个有趣的地理特征鲜有人提及，欧猪五国（Portugal、Italy、Ireland、Greece、Spain，PIIGS）中，除了爱尔兰外，希腊、葡萄牙、西班牙和意大利均位居南欧，就连小岛国塞浦路斯，也属于南欧。为什么是南欧？笔者以为，这个问题已经超出了经济学范畴。如果将视野扩展至政治、历史和社会范畴，根本原因在于南欧具有鲜明的二元特征。

第一，南欧具有二元政治文化。

一种是残留的威权型政治文化，另一种则是新兴的公民型政治文化。在以流血革命的方式告别君主制后，南欧国家并没有一步踏入民主社会，而是普遍经历了一段极权统治的时期，1922 年墨索里尼在意大利、1932 年萨拉查在葡萄牙、1936 年麦塔克萨斯在希腊、1939 年弗朗哥在西班牙先后建立了独裁政权，直到 1975 年弗朗哥去世，南欧才真正翻过极权统治的一页，民主进程和公民社会建设得以加速推进。君主制和极权统治残留的威权型政治文化一方面使得南欧民众普遍存在根深蒂固的"服从"心理，缺乏监督政府的意识和行动；另一方面使得各国地方当局习惯了"服从但不执行"的应对策略，政策落地缺乏效率。而由于公民型政治文化并不成熟，南欧民众在参政、议政过程中往往也欠缺足够的经验和理性。正是受到二元政治文化的深远影响，危机爆发前，南欧政府的透支风险和债务风险在积累过程中未能得以充分暴露，有失审慎的政府行为也没有受到民权的有效制约；危机爆发后，长期结构调整政策和财政巩固政策难以得到有效执行，民众在危机过程中的表现也较为激进，不仅增加了危机治理的难度，也加剧了危机引致的社会动荡。

第二，南欧具有二元社会结构。

南欧国家的社会结构普遍呈现出精英阶层和大众阶层对立并存的二元特征。人数较少的精英阶层在资源配置和规则制定过程中占据主导地位，人数众多的大众阶层则居于从属地位。联系两个阶层的主要是恩从关系，强调起点公平和机会均等的公民社会发育不良。南欧的精英政治本身是十分脆弱的，体现在三个方面：一是缺乏经济稳定的基础，二元社会结构下南欧没有真正意义上的中产阶级，大众阶层享受福利，但不拥有财富的主体，经济增长缺少中坚力量的长期支撑，南欧国家一旦陷入危机，就很难像极具韧性的美国经济那样快速走出衰退。二是缺乏制度稳定的保障，二元社会结构下南欧虽然拥有较为健全的现代法律体系和社会制度安排，却缺少美国和中北欧那样的权力制衡，使得制度健全的外衣之下，充斥着权力寻租、庇护关系、黑幕活动等暗疾。三是缺乏社会稳定的环境，南欧国家是高福利国家，但高福利并不意味着社会公平，根据《社会民主之再思考》一书中沃尔夫冈·默克尔所做的实证研究，从贫困、教育、就业、福利和收入分配五个维度比较欧美 19 个主要福利国家的社会公平，西班牙、意大利、葡萄牙和希腊的加权得分分别为 –2.58、–2.71、–2.96 和 –3.09，和爱尔兰一起排在了最末五位，二元结构引致的社会不公使得大众阶层对精英政治的不满和憎恶长期积蓄，这正是危机治理过程中南欧社会动荡加剧，甚至出现反精英政治潮流和无政府主义抬头现象的深层原因。

第三，南欧具有二元党群格局。

不健全的政党和不理性的民众共同构成了南欧国家的党群格局。由于直至20世纪70年代，极权统治的阴霾方才散尽，因此南欧民主社会中的政党形成时间并不长，精英政治使得这些政党充满了"派系"色彩，政党竞争则变成了精英阶层内部不同利益集团的争斗，竞争过程并不是政治纲领的理性比较，而是恩从关系下施恩政策的利益比较，处于被施恩地位的民众也缺少对国家整体利益和长远命运的充分考量。竞争的结果往往是某一派系的短暂胜利，随之则是这一派系在执政过程中对自我利益的强化。不健全的政党体系使得南欧国家的政局缺少长期稳定性。从短期看，政党竞争往往会陷入僵局，就像2013年意大利大选那样；从长期看，基本没有哪个政党能够长期获得民众的多数支持，政党轮替执政较为频繁，施恩政策的连番强化让南欧国家背上了愈来愈沉的债务负担。此外，由于精英政治下南欧的社会团体数量较少，不同派系缺少相互调和的社会生态，因此，南欧的政党竞争更像是"多极"间的惨烈碰撞，而非"多元"间的互促发展，呈现出非你即我的排他性特征，这正是政治联盟稀缺，南欧政党竞争往往引发流血等极端事件，甚至变成社会动荡引爆器的根源所在，同时也是危机之后南欧政府在危机治理上乏善可陈的深层原因。

第四，南欧具有二元劳动市场。

在南欧劳动力市场里，政府力量的绝对水平超出欧洲整体，工会力量的相对增强超出欧洲整体。根据卡尔·艾金格和阿洛伊斯·古格在《欧洲社会经济模式》中的测算，南欧劳动力市场的政府管控指数为3.0（指数越高管控力度越大），是欧盟指数的1.24倍，而欧盟指数则是美国指数的3.39倍。根据德国伊弗研究所的数据，2000年南欧劳资谈判覆盖率从1980年的70%升至80%，是欧盟的1.03倍，欧盟则是美国的5.57倍。这种二元结构导致南欧劳动力市场的僵化程度更高，也更易发生劳资冲突，市场供给和需求更难相互匹配。值得注意的是，由于南欧福利政策具有后向型特征，正如费雷拉在《照护层面的欧洲》中所言："只有当不良后果产生的时候，社会安全网才会得以激活，这些政策仅仅是缓和了贫困和失业的打击，但没有预见产生贫困和失业的危险。""授之以鱼，而非授之以渔"的福利政策导致南欧劳动力的能力建设相对不足，短期失业很容易演化为长期失业，根据德国伊弗研究所的数据，南欧兼职就业人群中"找不到全职工作"而非"没有中意的全职工作"的比例高达29.4%，是欧盟整体水平的1.53倍。二元劳动市场和后向型福利政策的结合，使得南欧就业市场一旦恶化，其改善将是长期而曲折的过程，这也是危机冲击下南欧各国难以快速摆脱经济衰退和社会动荡的根本原因。

第五，南欧具有二元对欧情结。

对于欧洲，南欧各国普遍存在二元情结，既渴望全方面融入欧洲，又缺乏足够的欧洲认同。正如美国著名政治学家霍华德·威亚尔达主编的《全球化时代的欧洲政治》中所言："1500年以来的大部分年代里，南欧一直处在欧洲核心地区的边缘。罗马帝国衰落、基督教分裂为东正教和天主教后，欧洲的中心重新转移到北方，南欧却落在了如新教改革、启蒙运动、工业革命和科学革命以及加速的社会变迁和民主化进程等所有创造现代世界的伟大革命的后头。"长期落于人后的南欧始终渴望融入欧洲，分享欧洲一体化的成果。但在融入欧洲的过程中，南欧国家始终摆脱不了"被轻视"的感觉。这种感觉既由来已久，又不断更新，西方历史学之父罗多德曾在《历史》中感叹"欧洲的边界模糊不清"，这种边界模糊往往变成了轻视的起源，拿破仑在攻占马德里后就曾轻蔑地宣称"欧洲止于比利牛斯山"。即使在欧洲一体化迅猛发展的最近十余年里，其他欧洲强国对南欧的轻视也很容易察觉。例如，伦敦政治经济学院前院长吉登斯曾提出过一个著名的"世界上最好的模式"，该模式集结了十个欧洲国家的优点，但这十个国家不包括葡萄牙、希腊、西班牙和意大利中的任何一个。

更重要的是，在受到轻视之余，南欧各国融入欧洲的过程甚至还伴随着利益受损。以意大利为例，根据笔者的测算，1999—2012年的14年里，只有2001年和2002年两年意大利人均GDP略高于欧元区，2012年，意大利人均GDP和欧元区的差距已从1999年的61美元升至3988美元，意大利经济发展质量明显劣于欧元区，而欧洲货币一体化对意大利外贸的提振作用也相对较小，1999—2012 年，意大利出口年均增长 2.21%，明显低于欧元区同期 4.97% 的整体水平。

此外，对于南欧精英阶层而言，融入欧洲也给其利用施恩政策和暗箱操作谋取集团利益带来了外部约束；而对于南欧大众阶层而言，由于南欧各国在历史上均有过辉煌时期，强烈的民族自尊心也让他们对融入欧洲过程中德国、法国表现出的傲慢充满了敌意。正是基于这种二元情结，危机爆发后，即便急需欧洲其他国家援助，南欧精英阶层和大众阶层均对"核心欧洲"表现出反抗情绪，在意大利大选和塞浦路斯危机过程中，"反欧元"的浪潮就曾此起彼伏。这种二元情结使得危机救助和危机治理更趋困难，单纯的金融市场指标也已经难以反映欧债危机作为复合型危机的演化内涵和趋势所向。

成文于 2013 年 1 月 15 日。任何判断都要有逻辑、有依据，而不能看到现象就得出结论。本文提出了判断复合型危机结束的标准，算是对规范讨论的一种努力。此文发表后，塞浦路斯危机爆发，说明市场偏向乐观还是早了点。

欧债危机已经结束了吗？

2013 年 1 月 14 日，《第一财经日报》环球经济评论栏目全版刊登了单景辉和徐以升的文章《欧债危机已经结束》（以下简称《结束》）。相比"最危险的时刻已经过去，欧债危机暂时缓解"的主流研判，《结束》一文最重要的目的正在于将主权债务危机已经结束这一观点明晰化。在笔者看来，这是非常大胆的尝试，更是非常有益的尝试。结论本身是否正确也许并不重要，毕竟仁者见仁、智者见智，关键在于，《结束》一文用旗帜鲜明的论调向市场人士提示了易被忽视的事实，并启发研究人员去思考和讨论关于欧债危机演化的新问题。

毫无疑问，就欧债危机演化而言，2012 年末以来，一系列积极迹象集中涌现：一是危机国家的国债收益率大幅下行，2013 年 1 月 4 日，希腊长期国债收益率降至 11.08%，较 2012 年 5 月 31 日的阶段高点下降了 18.79 个百分点；2013 年 1 月 11 日，爱尔兰长期国债收益率降至 4.93%，较 2011 年 7 月 18 日的阶段高点下降了 8.85 个百分点。二是主权违约风险大幅下降，2013 年 1 月，衡量西欧 15 国主权 CDS 息差水平的 SOVX CDS 指数降至 100 点以下，大幅低于 2012 年初 380 点的阶段高点；2012 年 10 月 30 日，爱尔兰主权 CDS 息差降至 174 个基点，较 2011 年 7 月 18 日的阶段高点下降了 1026 个基点；2013 年 1 月 11 日，意大利和西班牙主权 CDS 息差降至 216 个和 258 个基点，较前期的阶段高点分别下降了 377 个和 437 个基点。三是市场恐慌情绪明显缓解，2013 年 1 月，VIX 指数已经降至 15 以下。四是欧元大幅走强，2013 年 1 月 14 日，欧元兑美元最高走上 1.3404 美元 / 欧元，较 2012 年 7 月的阶段低点升值 11.3%。五是欧洲股市有所反弹，2013 年 1 月 13 日，MSCI 欧洲指数升至 1187 点，较 2011 年 9 月 23 日的阶段低点上涨了 28.6%。

尽管大部分市场人士都看到了这些积极变化，但《结束》一文结合 2012 年欧洲银行联盟、ESM 和 OMT 的三箭齐发，以及危机传染、危机循环、危机扩散的作用机制，将这些积极变化的集合定义为"金融市场给出的明确答案"。这里，笔者不想赘述《结束》一文的分析逻辑，也无意就《结束》一文的结论本身做太多争论（实际上笔者同意其大部分观点），只想从两个问题进一步展开对欧债危机演化的讨论。

首先，最值得思考的问题在于，判定危机结束的标准是什么？对于单纯的经济危机，NBER 有其一套判断危机起始和结束的规则，但对于金融危机始终的判定，市场既没有源自理论的权威依据，也没有来自现实的传统惯例。特别是对于欧债危机，作为债务危机、银行危机、货币危机和经济危机的混合体，判断的标准更加难以把握。但值得庆幸的是，我们刚刚经历过次贷危机。尽管没有明确的定义，但市场大多会同意，2009 年下半年是次贷危机结束的时点。同样作为复合型危机，次贷危机的结束为判定标准提供了参考。结合次贷危机演化始末金融市场和实体经济的表现，笔者以为，判断复合型危机结束的标准有四个：一是核心危机指标明显改善，作为流动性枯竭的金融危机，次贷危机的核心危机指标是 TED 利差和 LO 利差等，2009 年 7 月，TED 利差就从 2008 年 10 月最高的 463 个基点降至 40 个基点，2009 年 9 月进一步降至 20 个基点以下，基本接近危机前水平。二是危机源生风险有所缓解，次贷危机的源生风险是美国房市的崩溃，2009 年下半年，美国丧失住房赎回权案例同比增幅明显降至 20% 以下，并于 2010 年 4 月首现负增长，开启了美国房市的筑底复苏。三是金融市场信心增强，2009 年 3 月，美国道琼斯指数在跌破 6600 点后开始逐渐反弹，2009 年 10 月，道琼斯指数重上万点。四是实体经济走出衰退，2009 年第三季度和第四季度，美国实际 GDP 增长 1.4% 和 4%，结束了此前连续四个季度负增长的态势，并引致随后三年的温和复苏，2010 年 9 月 20 日，NBER 最终权威判定，2009 年 6 月为衰退的结束月。

根据次贷危机的经验，当前欧债危机演化满足了其中的两项结束条件，即核心危机指标改善（主权 CDS 息差大幅下降）和金融市场信心增强（欧元、股市走强）。但欧债危机的源生风险，即债务基本面风险并未明显缓解，根据 IMF 的预测，2013 年，欧元区的负债率恐将从 2012 年的 93.62% 升至 94.92%，大幅高于 2008—2011 年年均的 80.91% 和历史平均的 70.93%；欧盟的负债率恐将从 2012 年的 87.22% 升至 88.76%，大幅高于 2008—2011 年年均的 74.96% 和历史平均的 60.53%。在边缘国家继续滑向深渊的同时，核心国家除了德国以外均风险积聚，2013 年，希腊、英国、法国和意大利的负债率恐将升至 170.73%、91.37%、90.75% 和 123.8%，只有德国的负债率有望从 78.87% 降至 77.45%。此外，欧洲经济走出衰退也尚需时日，根据彭博资讯的预测中值，2013 年第三季度，欧元区才有望结束 GDP 连续负增长的态势，实现 0.1% 的微弱复苏。

尽管《结束》一文明确表示："欧债危机结束的论断并不意味着欧元区的经济衰退马上就结束，经济是否复苏不是判断欧债危机是否结束的可靠指标。"但笔者以为，源生基本面风险尚未明显缓解且经济并未走出衰退这两点相结合，很容易导致危机的逆袭。在赤字率、负债率本身就居高不下，且经济增长十分羸弱的背景下，财政巩固很容易引发社会动荡，国债发行也很可能再遇障碍，进而导致危机核心指标再度恶化、金融市场恐慌再起。

其次，值得思考的另一个问题则是，欧元危机和欧债危机的关系是什么，欧债危机和欧洲危机的关系又是什么？《结束》一文非常明确地指出："欧洲一体化不可逆转，国内很多研究人员还未从欧元崩溃论中走出来。"的确，一段时间以来，市场中经常能听到"希腊退欧论"和"欧元崩溃论"。笔者十分同意"欧洲一体化不可逆转"。但还想强调四点。

其一，欧债危机不等于欧元危机，欧债危机本身是复合型危机。更重要的是，既然从退出成本、历史沿革、大国梦想等角度考量，欧洲货币一体化不可逆转，那么欧元危机一开始就不存在，既然欧元危机从没有开始过，那么所谓欧元危机的结束也不能标志着欧债危机的结束。

其二，希腊退出欧元区和欧元危机并不是一码事。如果欧洲货币一体化不可逆转就表明欧元崩溃的概率始终很小，那么希腊退出欧元区的概率则并非可以忽视。早在1998年，经济学家Scott就在名为 *When the Euro Falls Apart* 一文中指出，由于欧元区的内部结构不均衡，单一国家在面对经济冲击时很难在区内寻求有效化解途径，成员国退出欧元区的概率约为10%。欧债危机演化过程中，许多研究人士认为这一概率已经潜在提高。事实上，截至目前，希腊并未退出欧元区，这是值得庆幸的事情，但事情没有发生并不意味着发生的概率为零。

其三，希腊退出欧元区并不会导致欧元崩溃。因为历史上有过先例。1992年9月13日，英国和意大利就因抵挡不住德国高利率对两国外汇市场的压力，宣布"暂时"退出欧洲货币体系，由此酿成了欧洲货币一体化历史上著名的"9月危机"，虽然1996年意大利回归，但至今英国依旧游离于欧元区之外。即便如此，欧元并未难产，这意味着，不管是英国、意大利，还是可能的希腊，都不会改变欧洲货币一体化的大势所向，都不会导致欧元崩溃。

其四，欧洲危机不等于欧债危机。《结束》一文十分清醒地指出"欧债危机结束并不意味着欧元区的风险已经完全消除，意大利大选、西班牙求助、希腊再次公共债券违约都会造成波动"。实际上，这些都是表象，在笔者看来，欧债危机也是表象，欧洲危机的核心在于内部的分裂。这表现为两点：其一，货币一体化通过减少内部贸易成本所带来的体制红利正在逐年缩小。根据笔者的测算，2011年，欧盟内部贸易占全部贸易（国际和内部）的比例从1999

年的 67.66% 降至 62.87%；在出口方面，欧盟、德国、西班牙、意大利和英国内部出口占全部出口的比例则从 1999 年的 69.11%、65.5%、73.61%、71.46% 和 58.51% 降至 65.34%、59.3%、66.53%、61.25% 和 54.06%。其二，欧洲经济内部的两极分化问题日显突出。欧元区国家和欧元区之外欧洲国家的分化、德国和其他欧洲国家的分化不断加深，危机救赎和基本面改善所需要的利益再分配与资源再配置愈发难以达成。

总之，《结束》一文是激发欧洲问题脑力激荡的强音。笔者以为，欧洲货币一体化不可逆转，欧元危机从不存在，更谈不上消失；不管欧债危机是彻底结束还是暂时缓解，欧洲危机都还将延续；如果欧债危机随后被确认结束，百年难遇的金融危机从美国到欧洲之后的下一站，很可能将是日本。

成文于 2013 年 3 月 1 日。本文从经济视角审视政治局势，这是一种有益的尝试。财政巩固的付出没有得到回报，自然会引发国内民众的不满，这是意大利社会动荡的重要原因。

意大利政治乱局的偶然与必然

就像一颗放在桌面上、装有计时器的炸弹，意大利大选如期引爆国际金融市场，但爆炸的效果还是大幅超出了市场预期。2013 年 2 月 26 日结果公布的一夜之间，恐慌情绪再起，避险需求重生，风险偏好趋冷，美元指数大涨，股市骤然下行，一度"面朝复苏、春暖花开"的全球经济和国际金融市场又遇"倒春寒"。意大利大选重创市场的原因在于，它并没有按照市场设想的理性模式去演绎，超过四分之一的人将选票投给了前喜剧演员格里洛领导的五星运动党，这使得中左翼联盟的贝尔萨尼和中右翼联盟的贝卢斯科尼都未能获得参议院的绝对多数，而中间联盟的蒙蒂更是被近九成的选民所抛弃。尽管中左翼联盟赢得了众议院的绝对多数而获得组阁权，但成功组阁的可能性大幅下降。整个意大利政局，就一个"乱"字，反紧缩、反欧元甚至反精英政治悄然成为了主流，英国《卫报》在意大利大选前预测的五种可能结果中，最疯狂、最令整个欧洲失望和愤怒、最让投资者担忧的一个成为了现实。

意大利乱局的形成，很像是一个偶然，格里洛出人意料地成功搅局，贝尔萨尼的威望受到锡耶纳银行业假账丑闻的不利影响,贝卢斯科尼老练地利用媒体掌控权快速缩小差距,蒙蒂则由于选择了错误的竞选伙伴而大失人气。但笔者以为,从经济视角审视政治局势,意大利乱局的形成,不是偶然,而是必然。

一方面,从长期分析,意大利经济的积弱不振和相对颓势为政治乱局的形成培育了温床。缺乏经济增长的物质基础,社会动荡和政局混乱不可避免,特别是对于意大利这样的大国而言,经济的长期羸弱更容易滋生极端化的政党主张,更容易让选民在愤怒和不满的情绪影响下做出非理性的政治选择。从经济规模看,意大利2011年的实际GDP总量为1.426万亿美元,是全球第八大经济体、欧元区第三大经济体和欧洲第四大经济体。

经济规模排名靠前的意大利,却在经济增速上排名垫底。笔者利用IMF的国别历史数据进行了测算,1980—2012年,意大利年均经济增长率为1.35%(其中2012年数据为预估值,下同),在全球有统计数据的186个经济体里排名仅居第171位。值得注意的是,加入欧元区后意大利的经济表现更加惨淡,1999—2012年,意大利年均经济增长率为0.51%,在全球186个经济体里排名第184位,仅高于津巴布韦和南苏丹;而在金融危机冲击下,意大利经济也是表现乏力,2008—2012年,意大利年均经济增长率为-1.24%,在全球186个经济体里排名第182位,仅高于拉脱维亚、安提瓜和巴布达、希腊以及圣马力诺。此外,2013年,意大利经济增长率的预估值仅为-1%,在全球186个经济体里排名第183位,仅略好于难兄难弟的葡萄牙、西班牙和希腊。

从意大利和欧元区的经济对比看,意大利民众对欧元区充满敌意不无道理。一方面,意大利并不是欧元区的核心领导国家,其在欧元区的经济地位甚至还处于长期下降的态势,根据笔者的测算,2012年,意大利经济规模占欧元区的比重就从1999年的17.59%降至16.42%。另一方面,意大利经济发展质量明显劣于欧元区,1999—2012年的14年里,只有2001年和2002年两年意大利人均GDP略高于欧元区,2012年,意大利人均GDP和欧元区的差距已从1999年的61美元升至3988美元。此外,欧洲货币一体化对意大利外贸的提振作用相对较小,1999—2012年,意大利出口年均增长2.21%,明显低于欧元区同期 4.97% 的整体水平。

从短期分析看，意大利经济在财政巩固方面的投入产出比较低，这也为政治乱局的形成埋下了伏笔。数据显示，意大利在财政巩固上的努力可能要强于大部分欧元区成员国，2012 年，意大利财政赤字的 GDP 占比有望从 2009 年的 5.37% 降至 2.73%，回到 3% 的马约警戒线以下，而同期欧元区整体的赤字率则依旧处于警戒线以上，IMF 的预估值为 3.31%。此外，笔者利用欧盟统计局和 IMF 的数据进行了测算，2012 年，意大利负债占欧元区整体负债的比例有望从 1999 年的 27.69% 和 2008 年的 25.66% 降至 22.15%，债务在区内占比的下降潜在表明，意大利在赤字和债务控制上付出的努力要高于欧元区的平均水平。

但值得强调的是，财政巩固的受益者在很大程度上是欧元区整体，而非意大利本身。从短频数据看，意大利经济非常糟糕，体现在三个方面。

其一，增长引擎全面瘫痪。2011 年第四季度至 2012 年第四季度，意大利的 GDP 同比增长率分别为 −0.5%、−1.3%、−2.3%、−2.4% 和 −2.7%，连续五个季度负增长，明显弱于欧元区连续三个季度负增长的态势。此外，截至 2012 年第四季度，意大利 GDP 环比增长率连续六个季度负增长，且负增长幅度渐次从 0.1% 升至 0.9%，表明意大利经济不仅在持续恶化，而且恶化的加速度也在悄然提升。

其二，经济信心普遍缺失。2013 年 1 月，意大利营建信心指数、工业信心指数、零售信心指数、消费者信心指数和服务业信心指数分别为 −32.4、−16.8、−27.9、−37.2 和 −18.5，不仅均为负值，且在变化趋势上也呈现出不断走低的态势。2012 年 12 月，意大利的失业率为 11.2%，较 2011 年 4 月 7.8% 的阶段性低点上升了 3.4 个百分点。

其三，生产销售双向萎靡。2012 年 12 月，意大利工业生产指数同比下降 6.6%，并连续 16 个月负增长；意大利工业新订单指数同比下降 15.3%，也是连续 16 个月负增长；意大利零售销售指数同比下降 1.5%，连续 2 个月负增长。

2013 年 1 月，意大利经济景气指数则从 2011 年初的 102.9 快速降至 83.6。

总之，从经济视角看意大利政局，经济长期萎靡为社会动荡加剧和反抗情绪上升培育了温床，财政巩固短期努力带来的巨大经济伤害则为意大利民众的政治抉择渐趋激进埋下了伏笔。而从意大利和欧元区的经济对比来看，加入欧元区后，意大利经济的表现更趋乏力，其在欧元区内部的经济地位也悄然下滑，货币一体化和财政巩固也没有给意大利带来足够的经济激励，反抗紧缩、反抗欧元区的政见在意大利渐受欢迎也是势在必然。

展望未来，意大利政治乱局还将继续演化，僵化的格局势必将带来新的政治尝试，例如可能的二次大选，或是中左翼、中右翼和中间联盟组成空洞却无奈的"大联盟"。意大利乱局的形成具有客观必然性，这意味着意大利很难在短期内走出混乱，走向稳定，而意大利乱局本身，也将长期成为欧债危机恶化的风险因子。

实际上，更进一步看，意大利大选引致欧债危机恶化，这也并不是偶然，而是客观必然。欧洲货币一体化的推进具有明显的不对称效应，欧洲内部裂痕不断加深，意大利大选只是这一趋势特征的体现，而这也正是笔者认为即便欧债危机阶段性缓解，也不会轻易结束的根本原因。

成文于 2013 年 3 月 28 日。塞浦路斯的"小岛惊魂"
本身并不恐怖，但其暴露出的全局性问题却令人担忧。

塞浦路斯危机暴露全球经济六大风险

塞浦路斯的危机已经告一段落，但全球经济的混乱才将将开始。2013 年
3 月 25 日，在几经周折之后，欧元区财长会议批准了欧盟—IMF 解决塞浦路斯
银行系统危机问题的计划，地中海岛国在可能失去紧急救助的最后关头抓住了
救命稻草。笔者以为，塞浦路斯就像一扇窗，在存款税、银行重组、资本管制
和团结基金引发的震荡之中，这扇小窗本身的破碎毁坏可能微不足道，但借由
这扇小窗，全球经济运行中的六大深层风险暴露无遗。

第一，塞浦路斯危机暴露出欧洲一体化可能逆流的体制风险。

在塞浦路斯危机爆发前，市场对欧洲一体化的担忧主要集中在希腊、意大
利和英国，但这三个国家的"退欧"风险不仅没有演化为现实，而且随着欧债
危机的阶段性缓解，其"退欧"的可能性也大幅下降。如此背景之下，市场对
欧洲一体化不可逆转的信心不断增强。但塞浦路斯危机爆发后，"三驾马车"
（欧盟、欧洲央行和 IMF）对塞浦路斯提出了相对前几次救助更为严苛的条件，
并在斡旋过程中表现出前所未有的强硬态度。即便最后塞浦路斯的自救计划获
得了认可，但相比希腊、意大利和英国，塞浦路斯"退欧"一度最为接近现实。

塞浦路斯危机表明，欧洲一体化的长期趋势虽然不可逆转，但并非不可能出现短期逆流现象，欧洲央行"保卫欧元"的战略在一定程度上具有选择性，欧盟领导层在避免希腊、意大利和英国"退欧"上表现积极，是因为这些国家具有系统重要性，而对于塞浦路斯这种经济规模小、与区外大国过从甚密、不具有系统重要性的成员国，欧盟高层可能会在特殊情形下做出"舍车保帅"的选择。

第二，塞浦路斯危机暴露出欧债危机向复合型危机演化的长期风险。

塞浦路斯危机表明，欧债危机不仅没有结束，而且正向债务危机、经济危机、银行危机和社会危机"四位一体"的复合型危机长期演化，这四种危机之间相互影响、彼此牵制，给危机治理带来了复杂挑战。塞浦路斯危机过程就充分显示：一方面，债务危机和经济危机的并存限制了银行危机的应对选择。在欧盟高层明确表示"没有自救，就没有救助"的背景下，塞浦路斯之所以考虑选择较为激进的存款税计划，是因为受到债务风险和衰退风险的双重夹击，其他扩大政府债务负担的自救款筹集方案都会让 IMF 认为"不可持续"，进而彻底失去获得流动性救助的可能。另一方面，债务危机和银行危机的并存使得政策应对不可避免地加剧社会危机。控制债务风险提出了宏观层面财政巩固的要求，避免银行倒闭则提出了中观层面保持银行偿债能力的要求，如此复杂背景下的政策应对将难以满足微观层面的利益保全要求，这正是塞浦路斯在最初的应对计划中甚至考虑向受到存款保险制度保护的小储户征税的原因，而微观利益的受损势必会引发较大的社会动荡。

第三,塞浦路斯危机暴露出欧盟领导层的危机应对渐失稳健的政治风险。

塞浦路斯危机一波三折，引发市场较大担忧，在一定程度上是因为，欧盟领导层在这次危机中的表现有失审慎，而这也暴露了三个层面的政治风险：一是在全局层面，欧盟领导人表现较为稚嫩，处理复杂局面的政治经验略显不足。在塞浦路斯危机过程中，现年 46 岁、两个月前接任容克出任欧元集团主席的荷兰财长赛尔布罗姆受到广泛批评，特别是他在存款税问题上考虑失慎，使市场对其在未来两年半的任期内能否有效协调区内政策充满了担心。二是在核心国层面，德国领导人表现较为强硬，维护区域内部团结的主观意愿略显不足。在 2013 年 9 月大选即将临近的背景下，德国总理默克尔在欧债危机救助博弈中的表现渐趋考虑德国利益和德国民众需求，而非区域整体利益，对于边缘国获得救助前的自救要求渐趋严格，使得区内政策协商氛围渐趋紧张。三是在边缘国层面，塞浦路斯领导人的表现较为慌乱，应对内外危机的统驭能力略显不足。阿纳斯塔夏季斯刚当选塞浦路斯总统不足一个月就遭遇危机，其应对表现也不尽如人意。鉴于欧债危机是跨国界的区域危机，并呈现出向复合型危机演化的长期趋势，危机应对需要欧盟增强内部稳固性和行动协调性，而三个层面的政治风险则加大了各自为政、合力不足的可能性。

第四，塞浦路斯危机暴露出欧元区两极分化加剧的结构风险。

在塞浦路斯危机过程中，国际咨询公司曾做过一项调查，塞浦路斯人中有 91% 支持议会否定存款税，有 67.3% 支持塞浦路斯退出欧元区并转而加强与俄罗斯的战略关系。而此前意大利大选中"反欧元"倾向明显，且提议举行全民公投决定是否继续留在欧元区的"五星运动党"也获得了大幅超出预期的民众支持。边缘国民众"退欧"呼声渐高的深层原因在于，欧元区政治、经济和金融三个领域的两极分化不断加剧。在政治领域，德国主导危机救助的模式进一步强化，边缘国在政策协商中的话语权不断削弱。在经济领域，由于在区域一体化过程中的相对受益不断增强，德国经济的表现较为稳健，而边缘国乃至整个欧元区则始终徘徊在衰退边缘。在金融领域，情况较好、实力较强的金融机构相比情况较差、实力较弱的金融机构更容易获得融资，融资成本也相对较低，这使得危机中金融机构"强者愈强、弱者愈弱"的马太效应进一步显现。两极分化格局的加剧，一方面使得危机治理所需要的结构调整更难实现，即资源从核心国向边缘国的转移更易受到强权国的阻碍；另一方面也加大了区域内部利益协调的难度，加大了成员国"个体理性引致集体非理性"的可能。

第五，塞浦路斯危机暴露出大国博弈加剧地缘动荡的区域风险。

塞浦路斯危机过程曲折，并受到全球的广泛关注，在很大程度上是因为，塞浦路斯不经意间就变成了大国利益冲突、战略对抗的宣泄口。这种大国博弈体现在欧俄博弈、德俄博弈和美欧博弈等多个维度。在确定最初版本的救助计划时，"三驾马车"未与俄罗斯协商就提出了塞浦路斯银行应向储户征收存款税的要求，而俄罗斯储户在塞浦路斯银行有近 380 亿欧元的存款，就此普京表示"不公平、不专业、很危险"；当塞浦路斯向俄罗斯寻求援助，提出重组 25 亿欧元的俄罗斯对塞浦路斯贷款时，俄罗斯曾断然拒绝，使得塞浦路斯的紧张局势和欧盟内部的混乱状况进一步加剧；当俄罗斯在交涉过程中显露出在塞浦路斯建立军事基地的潜在意图时，美国也对塞浦路斯局势表示了密切关注；当塞浦路斯试图将 60 万亿立方尺、开采后有望满足欧盟 40% 需求的天然气资源作为与俄罗斯谈判的筹码时，土耳其表示强烈抗议，欧盟则有惊无险地通过了修改后的救助协议。塞浦路斯危机表明，大国经济、能源、政治和军事博弈加剧了地缘动荡的不确定性，大国利益冲突在小国危机中的宣泄，将放大小国危机的蝴蝶效应，加大区域风险。

第六，塞浦路斯危机暴露出全球离岸金融中心资本大进大出的金融风险。

塞浦路斯危机表明，在本国面临严峻危机挑战的情况下，以避税天堂和隐私保护著称的离岸金融中心也会不惜以牺牲其长期建立的市场信誉为代价，避免国内金融体系的崩溃，并将维护本国小储户权益的优先级置于维护外国大储户权益之上。由于全球四大离岸金融中心中，冰岛和塞浦路斯均已爆发危机，而新加坡和瑞士的银行业规模均为 GDP 规模的 7 倍左右，其高杠杆状态下的资产管理和业务经营也容易受到危机冲击。因此，塞浦路斯危机从根本上动摇了市场对离岸金融中心的信心。短期内，在塞浦路斯资本管制有所松动之后，国际资本可能将大幅撤离塞浦路斯，转而流向其他离岸金融中心或金融体系相对稳定的经济体；长期内，全球离岸金融中心对国际资本的吸引力可能将不断削弱，在多元化投资背景下，国际资本流动将更趋频繁，波动性风险将显著加大。

成文于 2013 年 1 月 12 日。对于欧元区而言，成员国退出不是"阵痛"，而是"致命伤"。"艾普米修斯"事实上还没有真正出现，这说明欧洲国家并未丧失理性。

欧债危机里的"艾普米修斯"

　　"弃我去者，昨日之日不可留；乱我心者，今日之日多烦忧"，昨日有如一场朦胧的春梦，短暂的全球经济复苏还未成形就破碎得风雨飘零；今日则像一片无尽的秋愁，延绵的欧洲主权债务危机不曾离去就已闹得物是人非。从过去希腊经济、金融的几近崩溃，到随后意大利国债的红灯频现，再到塞浦路斯小岛挤兑危机的刹那惊魂，整个欧洲的命运都陷入一种"身世浮沉雨打萍"的扑朔迷离之中。"只有一枝梧叶，不知多少秋声"，关于欧元区破裂的闲言碎语，已不再仅仅集中在希腊身上，就连作为欧元区稳定轴的德国和法国，也卷入这场颠覆的旋涡之中。危机期间，路透社就曾援引欧盟消息人士的话报道，德国和法国官员已就欧盟改革方案展开讨论，希望形成一个更加统一、规模可能较小的欧元区。

　　毫无疑问，欧元区如若破裂，不仅仅将是历史的倒退，更是彻头彻尾的蠢行、人类货币史上最丑陋的失败。但令人哑口无言的是，危机的苦痛已经让市场和政府都陷入一种无知无畏的疯狂，即便是祸在千秋、不可思议的蠢行，也很有可能匪夷所思地突然成真。其实，在这段动荡岁月，欧洲并不缺少政策上的蠢行，欧洲央行曾于两次加息后紧跟一次降息，毫无保留地暴露了其对通胀形势、危机演化和经济增长的连续误判，更在老谋深算、按兵不动的美联储前呈现出跳梁小丑般的幼稚和轻浮；而希腊政府2013年更是将"自作孽不可活"演绎到令人吃惊的境地，先莫名其妙地决定对接受新救助方案进行全民公投，后又灰头土脸地取消这一愚蠢透顶的公投，落得里外不是人的尴尬下场。

近看危机中的政策反复，远观一体化进程中的跌宕起伏，我们不能排除这一次欧元区将真正瘦身的可能。接下来的问题是，如果这一不可思议的瘦身计划真正变成现实，会给欧债危机和全球经济带来怎样的变化。

力主这一瘦身计划的人会说：退出欧元区的国家将不再被统一政策、统一货币所束缚，随心所欲的抵赖和贬值将变成化解债务的有力武器，而德国和法国也终将摆脱区内援助的无底洞，轻装上阵，将"微缩版"欧元区重新带进强劲增长的快车道，全球经济则有望远离债务危机的风险旋涡，再度拥抱美妙的复苏。

在笔者看来，铁一般的事实不会给金子般的幻想让步，"长痛不如短痛"和"退一步海阔天空"仅仅是臆想中的愿景，欧元区的破裂将不可避免地引发危机升级和长期衰退。

首先，对于希腊甚至意大利等可能退出欧元区的国家而言，退出意味着崩溃。理论上已经破产的高债务国家，一旦失去欧元区整体信用的担保，将沦为不折不扣的金融陷阱和经济沙漠，虽然放弃欧元并使用新货币有望给这些国家通过货币贬值化解债务负担提供帮助，但紧随而至的将是新货币的急速失信和恶性通胀的快速形成，进而导致全国金融体系的解体、信用制度的崩坏、资金流入的枯竭和经济发展的全面停滞，甚至可能引发大范围、深层次的社会混乱。退出欧元区、放弃欧元之后，这些国家中真正流通的可能还是欧元，但失去的却是仅存的国家信用。

其次，对于危机而言，退出意味着恶化。退出机制不是危机冷却剂，却是危机催化剂。一方面，成员国的退出，特别是意大利的可能退出，将使欧洲失去防护墙，成立于2010年5月的欧洲金融稳定基金（EFSF）的担保总额为

7800 亿欧元，实际借贷能力为 4400 亿欧元，其中意大利能够提供的担保为 1392 亿欧元，成员国的退出虽然将减轻 EFSF 的借贷压力，但也将削弱 EFSF 的借贷能力，进而将导致危机救助更加力不从心；另一方面，债务危机的风险传染并不会由于危机国退出而切断，根据 BIS 的统计数据，截至 2010 年，全球银行（主要是欧洲的银行）持有希腊、爱尔兰、葡萄牙、比利时、意大利、西班牙公共债务的占比分别高达 54.4%、20.26%、19.37%、25.21%、24.03% 和 52.11%，银行业在债务风险中的藕断丝连将让退出的风险屏蔽作用难以彰显，退出事件甚至可能会成为欧洲银行业挤兑风波的导火索，引发整个欧洲金融体系的混乱和金融危机的升级。

再次，对于欧洲而言，退出意味着没落。退出机制不是欧元区轻装上阵的助力，而是分崩离析的推手。一方面，哪怕是最微不足道的国家离开欧元区，也意味着整个欧洲货币一体化的整体退步，对一体化的信心削弱将使得未来推动一体化的成本更加高昂；另一方面，在债务危机过程中，只要发生第一次退出，就会有第二次、第三次退出，甚至会有更多国家远离欧洲一体化道路，而德国和法国抗衡美国的"大国梦"也将由此分崩离析。

最后，对于全球而言，退出意味着黯淡。欧元区和欧元是人类货币史上最伟大的发明之一，它们的存在和发展，主导了第二次世界大战后国际货币体系从单极向多极的渐进演变，让整个经济世界都变得更加丰富多彩起来。1999 年，国际债券市场中欧元债券的占比为 28%，远远落后于美元债券的 48%，而 2011 年，欧元债券的占比上升至 45%，高于美元债券的 38%；截至 2010 年，国际金融衍生产品市场中，欧元产品的占比也从 1999 年的 32% 上升至 38%，与美元产品占比相差无几。而退出机制及其引发的欧洲动荡将削弱欧元的影响力，使得国际货币市场的多元化发展趋势充满不确定性。而退出引发的欧洲金融失序、经济动荡和社会混乱，以及债务危机的进一步升级则将给全球经济带来难以估量的长期冲击。

总之，退出机制就像潘多拉之盒，看上去很美，一旦打开，放出的却是无尽的苦痛和灾难。在希腊神话中，正是愚蠢的艾普米修斯打开了潘多拉之盒，而欧债危机中的艾普米修斯似乎也正在悄悄走来。也许，作为显而易见的蠢行，退出机制可能并不会真正建立。但至少，德国和法国意欲瘦身欧元区的传闻向市场传递了一层危险信息：部分危机国的愚蠢、懒惰和不负责任，以及债务危机黑洞的急速扩散似乎正将德国和法国的耐心和无私吞噬殆尽。而从本质上看，欧债危机的解决，不仅需要债务重组的缓慢推进、财政巩固的可信执行，更需要短期内欧元区核心国家经济利益、经济资源向边缘国家和危机国家的有力输送。这层危险信息意味着，一旦德国和法国无心救助、切断资源输送，欧债危机将真正失去挽回的余地，甚至可能演化成经济危机、金融危机、银行危机、债务危机、体制危机和社会危机的混合产物，并将全球经济重新拖回 2008 年的噩梦之中。

本文修改于 2013 年 10 月 11 日。欧洲货币一体化并不是一马平川，也曾有过挫折，但插曲还是改变不了主旋律。成本是不可回避的，任何选择都有成本。很多时候，人们想做而没去做一些事，不是因为诱惑不够大，而是因为成本太高。

欧洲货币一体化不可逆转

欧债危机爆发以来，欧元区作为统一货币区的集团稳定性受到了威胁，单个成员国退出欧元区的可能性不断放大。但这种表面上的可能性是否能够转化为现实还需要更为深入的分析。

首先必须搞清楚的是，如果成员国退出欧元区，那么摆在退出者面前的汇率制度菜单会是什么样。回答这个问题必须对欧洲货币一体化进程做个简要回顾，在历史演进中寻觅欧元区成员国汇率制度选择的偏好。

欧洲货币一体化进程可以大致分为四个阶段，第一阶段为第二次世界大战后到 1970 年的跛行货币区阶段，这一阶段的标志性体系为英镑区，区内成员国的外汇储备主要是英镑，各国的货币也盯住英镑，由于英镑本身是盯住美元的，因而该时期的汇率制度是跛行的。第二阶段为 1971—1978 年的联合浮动阶段，联合浮动意味着成员国对内与其他成员国保持可调整的盯住汇率，并规定汇率的波动幅度，对外则实行集体浮动汇率。第三阶段为 1979—1998 年的欧洲货币体系阶段，这一时期的标志性产物为欧洲货币单位（ECU）、欧洲货币合作基金（EMCF）和稳定汇率机制（ERM），成员国在确定本国货币汇率时，以 ECU 为依据，其货币与 ECU 保持固定比价，成员国之间的货币比价通过此中心汇率套算出来。第四阶段为 1999 年至今的统一货币区阶段，随着欧元 1999 年的诞生和 2002 年的流通，各成员国使用统一的欧洲货币，实行完全可信的固定汇率制度。

从欧洲货币一体化的历史演进来看，欧元区成员国在汇率制度选择上更加偏好固定汇率制，只不过四个阶段固定汇率制的合作程度不同，第一阶段的合作程度较低，第二阶段和第三阶段的合作程度中等，而第四阶段的合作程度较高。因此，基于欧元区成员国几十年来的汇率制度选择偏好，就算退出欧元区，退出国也不会选择浮动汇率制，而是在两种合作程度稍低的固定汇率制中择一而栖。

如此一来，成员国是否退出欧元区的问题就可以简化为三种合作程度不同的固定汇率制度的选择问题。经济学的一条基本原理就是，选择意味着放弃，而放弃总是会带来机会成本，所以从成本的角度来分析固定汇率制度的选择问题是十分必要的。

退出一种固定汇率制总是会带来相应的退出成本，只是由于合作程度的不同，退出成本的大小也不一样。这里的退出成本主要来源于三个方面：一是畅销教科书《经济学原理》作者、著名新凯恩斯主义经济学家曼昆提出的菜单成本。这个成本概念最初是用来衡量通胀的，但汇率作为一种货币价格，也适用于这种成本概念。很显然，成员国的汇率制度选择发生改变时，一国汇率标价必然发生波动，而贸易结算的菜单也必须做出相应调整，这种调整带来的效率损失就是菜单成本。二是信誉丧失成本。固定汇率制相对于浮动汇率制最大的不同就是以政策可信性换取了政策灵活性，合作程度越高的固定汇率制其政策可信性就越强，因此，从一种合作程度较高的固定汇率制转向另一种合作程度较低的固定汇率制必然会带来这种可信性的丧失，鉴于政策信誉对经济增长的重要贡献，这种可信性丧失的成本不容忽视。三是重建货币成本。这种成本仅仅对应于合作程度较高的统一货币区的情形，由于单一货币的存在，任何成员国退出这种固定汇率制都意味着必须重建本国货币，这种重建货币的过程无疑是痛苦的，不仅需要时间、信心的长期投入，还需要资源、储备的巨额耗费，由此带来的经济成本往往超出想象。

虽然这里不能给出经济学范式的模型推导，但从退出成本来源的分析也足以看出，对合作程度由低到高的三种固定汇率制而言，其退出成本也是由小到大的阶梯式分布，这意味着从一种合作程度较高的固定汇率制向另一种合作程度较低的固定汇率制转移是不理性的，这种合作程度与退出成本之间的正向相关关系很自然地带来了一个不期而遇的政策含义：欧洲货币一体化不可逆转。特别是对合作程度较高的统一货币区的情形而言，高昂的退出成本使其具有了较为稳健的显著优点，外部投机冲击对整个统一货币区的稳定性的影响微乎其微。

当然，欧洲货币一体化不可逆转这个强版本的政策含义显然需要一些实证经验来加以证实。幸运的是，"以史为镜可以知兴替"的古训再一次在我们的分析中发挥了作用，从历史演进的角度看，欧洲货币一体化进程虽历经坎坷仍不为所动的事实提供了不可逆转性的最佳证据。欧洲货币一体化进程曾多次遭遇危机：1954 年《欧洲防卫共同体条约》因法国国民议会投票的否决而失败；1965 年，法国总统戴高乐反对欧共体部长理事关于决策机制从全体投票通过改为多数票通过；1969 年，欧洲货币联盟的提出因美元危机、石油危机及经济危机的多重冲击而夭折；1992 年，《马斯特里赫特条约》因丹麦选民在全民公决投票中的否决而告终；2001 年，旨在改革欧盟机构和为欧盟扩大做准备的《尼斯条约》因爱尔兰选民在全民公决投票上的否决而告终。这些危机虽然在当时都不可避免地带来了欧洲货币一体化搁浅的忧虑，但最终都没有威胁到欧洲货币一体化的不断前行，在历史长河中，这些当时的惊涛骇浪最后仅仅构成了小小浪花，在欧洲货币一体化滚滚向前的潮流中逐渐被人们所淡忘。

唯一的一次例外来自英国和意大利，这两个国家于 1992 年 9 月 13 日分别因抵挡不住德国高利率对两国外汇市场的压力，最终宣布"暂时"退出欧洲货币体系，由此酿成了欧洲货币一体化历史上著名的"9 月危机"。但另类的意大利很快又于 1996 年返回欧洲货币体系，这从反面证明了欧洲货币一体化进程的巨大力量。至于英国，也许这个自以为是的亲美国家从来没有真正融入欧盟，不断被法国和德国"边缘化"的尴尬处境以及对英镑因循守旧的依恋情怀使其根本无心加入欧洲货币一体化的大军之中。所以，从本质上说，欧洲货币一体化进程不可逆转，没有真正意义上的反例能够对这一政策含义提出质疑。

因此，应该相信，欧洲货币一体化不可逆转，而部分国家发出的退出欧元区的威胁不可置信，充其量只能当作少数政客鼠目寸光的跳梁表演而已。

成文于 2013 年 5 月 20 日。用心理学来分析安倍经济学，是笔者2013年的一大收获，结果比想象得还要犀利，还要有预见性。

从安倍经济学到安倍心理学

"日本正在独自探索前行之路"，这是 2013 年 4 月 IMF 首席经济学家布兰查德在新一期《世界经济展望》序言里提及日本经济时说的第一句话。第一次读到这句话，就让人感觉有些突兀，毕竟在全球性危机导致的经济冲击下，发达经济体和新兴市场经济体或多或少都面临着类似的增长困难，从 5 月以来欧元区、澳大利亚和印度等经济体的央行接连降息的举动来看，全球各国在解决增长难题的政策选择方面也有共通之处。日本的"独自探索"体现在哪里？

起初笔者的理解是，在连续多年通缩、货币升值和经济停滞的背景下，日本面临的挑战不仅与众不同，而且前所未有，所以其政策搭配无史可鉴，无参可考，唯有独自探索。但 2013 年 5 月 16 日高盛日本经济研究团队的报告《对安倍经济学范本高桥财政政策的简要说明》（*A Guide to Takahashi Fiscal Policy, the Model for Abenomics*）表明，当下独树一帜的安倍经济学（Abenomics）实际上是以 1932—1936 年日本高桥政策为范本，次贷危机后的日本经济现状与大萧条期间十分类似，彼时以脱离金本位、宽松财政和宽松货币为三大支柱的高桥政策帮助日本实现了大萧条后全球最快的经济复苏，1933 年日本经济增速就从 1931 年的 0.4% 升至 10%。安倍在类似情景下推出类似政策也是希望复制类似的成功。

如果说安倍政策高度模仿了高桥政策，那么日本的"独自探索"究竟体现在哪里？在比较分析了日本长期历史数据和新近经济数据的基础上，笔者尝试将研究视野部分跳出市场惯常的经济学分析范畴，得出了一个可能有些不一样的结论：日本正在进行一场前所未有的经济实验，安倍政策和高桥政策形似而神不似，安倍经济学的核心，并不仅限于"日元贬值＋扩大支出＋激励通胀"的三位一体，还高度体现在"安倍心理学"（Abechology）。安倍经济学能否获得成功，关键在于安倍政策的预期引导、心理暗示和情景营造能否有效借由从众、说服、信念和传染等社会心理学通道打破路径依赖形成的惯性，并激发日本经济长期蛰伏所蕴藏的潜能。

为什么说安倍经济学的核心是安倍心理学？笔者以为，原因在于两方面。

一方面，也是最重要的，安倍经济学的重中之重是治理通缩，而从通胀形成的三大要素看，突破心理层面的障碍是当务之急。从日本 1960—2012 年的经济历史看，通缩的危害在很大程度上在于抬升了实际利率，进而导致金融和经济的活跃度大幅下降。20 世纪 60 年代和 70 年代，日本年均经济增速高达 10.44% 和 4.11%，同期实际利率均值仅为 2.28% 和 −1.5%；20 世纪 90 年代和 21 世纪以来，日本贷款利率虽然明显下降，但实际利率依旧高达 3.74% 和 3.19%，导致经济增速降至 1.47% 和 0.78%。再看现在，尽管截至 2013 年 4 月，日本主要银行的长期贷款利率降至 1.2%，低于危机以来（2008 年以来）平均的 1.69% 和历史平均（有统计数据以来）的 2.08%，但只要通缩状况未能根本改变，实际利率就难以下降并激活实体经济。安倍经济学旨在战胜通缩，但成本推动型通胀的形成路径过长，从截至 2013 年 4 月的形势演化看，彭博公布的日元名义有效汇率自 2013 年以来下降了 14.88%，日本进口价格同比增速从 3.3% 升至 9.5%，但生产投入价格同比增速仅从 −1.2% 升至 0.4%，2013 年 3 月日本 CPI 同比增速甚至依旧为 −0.9%，"货币贬值—进口价格上涨—生产成本上升—批发价格上涨—消费价格上涨"的通胀形成路径尚未传导到位。此外，需求引致的通胀形成路径也尚不通畅，日本季度经济增长刚刚有所恢复，复苏基础并不稳固，需求端的通胀引力缺乏力度和稳定性。如此背景下，唯有预期引致的通胀值得给予厚望，这也是安倍不信赖白川方明，而选择黑田东彦的深层原因，因为白川方明始终认为日本的通缩是人口结构变化导致的结构性问题，将创造通胀的政策重心放在信贷渠道，而安倍则将通缩简单地视为货币现象，基于这一理念，推出出人意料的量化宽松政策和醒目政策目标本身，就能起到及时、有效的通胀引导作用。

另一方面，信念倾向于自我实现，日本经济在常年"失落"过程中实际上已经积累了物极必反的物理动能，而从日本国民与众不同的心理特征看，树立信心、强调责任、引导从众可能具有超出政策内容本身的重要意义。日本经济失落已久，2012 年名义 GDP 仅为 476 万亿日元，甚至还低于 1991 年的水平。在名义 GDP 未见增长的 21 年里，日本经济的增长潜力还在不断积聚，体现如下。

其一，日本依旧是全球最富裕的国家之一。根据世界银行的数据，2011 年日本人均 GDP 高达 45902 美元；根据 IMF 的数据，2012 年日本人均 GDP 为 46736 美元。权威国际组织的数据均表明，即便人口老龄化，日本家庭的消费潜能始终较强。其二，日本的全要素生产率长期处于提升状态，这既依托于微观层面的科技创新，也依托于研发支出的持续投入。20 世纪 90 年代以来，研发支出占日本 GDP 的比重平均为 2.92%，21 世纪以来升至 3.26%，即便在 2008 年危机爆发后，该指标也依旧高达 3.45%。其三，日本具有较高的储蓄率、较低的失业率，这意味着激活消费具有坚实的物质基础。根据 IMF 的数据，2012 年，日本总储蓄的 GDP 占比为 21.57%，失业率则仅为 4.35%；日本官方数据则显示，2013 年 3 月，日本的失业率为 4.1%，15~24 岁年轻人的失业率仅为 6.5%，与欧洲整体失业率高达两位数、失业年轻人动辄超过半数相比，日本就业市场明显状况良好。因此，从宏观经济角度分析，日本经济的关键在于如何激活潜能。

而从微观角度看，日本民众的心理变化是经济潜能释放的关键。首先，心理学家 Bohner（1988）和 Weiner（1985）指出："人们无休止地分析和讨论事情为什么发生，特别是当其经历一些消极事件或者预期之外的事情的时候。"

长期的增长停滞一直像个谜，困扰着日本民众，安倍经济学通过明晰的政策指向、强烈的政策暗示和果断的政策行为，向日本民众宣示，安倍经济学已经找到并指向了问题的核心，并有能力复制历史上的成功经验，这种心理暗示对于民众坚定增长信念极为重要。其次，华盛顿大学社会学教授艾奇奥尼（Amitai Etzinoi，1993）在名著《社会精神》中强调"社会带来的压力是人们道德价值的重要支柱"，安倍在推行政策的过程中，无论于国际还是日本国内，都展现出较为强势的一面，政策压力不断转化为社会压力，对于日本民众改变长期通缩状态下的习惯性行为产生了重要作用。最后，戴维·迈尔斯（David G. Myers）在名著《社会心理学》里指出："从众——由于群体压力而引起的个体行为或信念的改变，本身并不含有消极的价值判断，但北美和欧洲的社会心理学家给从众贴上了消极的标签，从众、屈从、服从，而不是赋以积极的含义，社会敏感性、反应性、团队合作精神，这反映的是他们的个体主义文化。"值得强调的是，正如心理学家 Markus 和 Kitayama（1994）所发现的，"在日本，与其他人保持一致不是软弱的表示，而是忍耐、自我控制、成熟的象征"。日本社会心理这种与众不同的"认可从众"的特征，为安倍政策带来"预期自我实现"创造了条件，因为只要安倍经济学从一个局部打破通缩环境下的坚冰，整个社会心理和社会行为都有望发生星火燎原式的全局变化。

其实，如果细查日本经济的历史结构，内需是日本经济最重要的动力，服务业是日本经济最重要的组成。1981 年至 2013 年第一季度，日本季度经济增长的均值是 2.11%，其中消费贡献为 1.13 个百分点，而贸易贡献仅为 0.21 个百分点；服务业占日本 GDP 的比重则从 20 世纪 70 年代的 54.69% 升至 21 世纪以来的 70.3%。激活内需、提振服务业，"日元贬值 + 扩大支出 + 激励通胀"三位一体的安倍经济学是重要的具体措施，而日本经济能否走出长期阴霾的关键，还在于安倍经济学背后的安倍心理学能否让日本民众真正战胜对通缩、货币升值、增长停滞的长期恐惧。

从数据看，与其说安倍经济学取得了阶段性成功，不如说安倍心理学初战告捷，但从未来形势演化看，安倍心理学能否继续改变日本并促成安倍经济学的大胜，还充满变数。而这又是另一个话题了。且看下回分解。

成文于 2013 年 1 月 8 日。本文写在"安倍经济学"正式推出之前，从中可以看出，白川方明时代的日本货币政策宽松是不够的，所以黑田东彦上台后显著加大货币政策的宽松力度也是势在必然。

日本的宽松货币政策有效吗？

2013 年初，在安倍晋三的强力施压下，日本货币政策被迫进一步趋向宽松，表现如下：一是放松政策目标，将通胀目标从 1% 上调至 2%；二是扩大量化宽松规模，自 2004 年 1 月起日本央行将引入开放式资产购买措施；三是频露政策暗示，甚至考虑放弃为短期利率设定的 0.1% 下限；四是强化宽松基调，日本央行明确表态将在战胜通缩、恢复增长前持续加强宽松力度，配合财政政策的刺激计划。

日本政策当局此番强化宽松货币政策基调并不完全出乎市场预料，毕竟从短期经济走向和长期经济趋势看，日本经济都已行至危险的刀锋边缘，不变则只会在短期衰退和长期萧条中愈陷愈深。根据日本官方数据，2012 年第二季度和第三季度，日本 GDP 季环比增长年率分别为 -0.1% 和 -3.5%，自 2008 年金融危机爆发以来第三次满足短期衰退的技术条件；根据 IMF 的数据，2011 年，日本名义 GDP 为 468.19 万亿日元，甚至不及 1991 年 476.43 万亿日元的水平，1991—2011 年的 20 年里，日本实际 GDP 增长率的年均水平仅为 0.89%，远低于 1980—1990 年 4.51% 的年均增速。

事出有因并不意味着事必有果。关键问题是，宽松货币政策的此番强化能否治愈增长萎靡、通缩严重、信心匮乏的"日本病"，并将日本重新带入一个稳健复苏的长期通道。对此，市场并无明确共识。笔者以为，分析日本宽松货币政策的效果，需要从短期和长期两个角度渐次切入。

从短期看，政策的实际力度小于市场感知，政策空间能否得以有效应用尚存悬疑。安倍晋三二次上台后对日本货币政策的诟病和施压可谓闹得沸沸扬扬，吸引了国际市场的广泛关注，日本货币政策进一步趋向宽松的具体举措也看似具有较大突破性。但深入分析，2013年初的政策力度并不大，体现在三个方面。

其一，2%通胀上限的提升形同虚设。对于深陷通缩的日本而言，将通胀上限从1%提升至2%的标志性意义远远大于实际意义，2011年，日本通胀率为-0.29%，2012年的预估值也才0.04%，上一次通胀率高于1%是2008年（1.38%），再上一次通胀率高于1%则是1997年（1.76%），而上一次通胀率高于2%则要追溯到1991年（3.3%）。实际上，1%的通胀目标比较符合日本实际，1980—2011年，日本通胀率平均值为1.06%，1991—2011年日本通胀率的平均值则仅为0.26%。根据IMF的数据，2012年和2013年日本产出缺口为-2.23%和-1.45%，负的产出缺口表明宽松货币政策的短期效果将更多体现于产出效应而非通胀效应。如此背景下，提升通胀上限除了具有表态性的"承诺效应"，几乎没有太多实质性作用。

其二，量化宽松政策力有不逮。日本央行的量化宽松政策和美欧有较大不同，其力度也相对较弱。一是生效时间较晚，根据日本央行的计划，开放式资产购买措施将从2014年1月开始，这意味着在此之前，日本央行仅限于雷声大雨点儿小的状态；二是净购买规模不大，每个月13万亿日元（约为1400亿美元左右）并不是净购买额，而是总购买额，换算成净购买量每月恐不足1万亿日元（约为110亿美元左右），远低于美联储QE3（s）每月850亿美元的净购买规模；三是购买结构不甚理想，13万亿日元的购买额里有10万亿日元是短期证券，只有2万亿日元用于购买长期国债，考虑到目前日本短期利率已经行至低谷，证券购买结构偏向短期并不会带来太多的边际提振效应。

其三，宽松承诺的可置信度存疑。2013 年 3 月 19 日，日本央行行长白川方明将提前三周卸任，同日副行长山口广秀和西村清彦的任期也将到期。从当前日本央行应对的"敷衍"本质来看，现任央行高管到期就换人的可能性很大，但考虑到安倍晋三只能提名两位货币政策委员会委员，所以换届后的日本央行能否彻底贯彻安倍晋三的"极端主义"宽松货币精神，还尚难定论，安倍晋三的宽松承诺在执行层面上具有一定的不可置信度。

既然当前力度不足，那么，未来日本货币政策还有进一步宽松的空间吗？出乎大多数人意料的是，答案是肯定的。尽管日本利率政策的空间不大，但量化宽松和汇率政策还未全然发力。一方面，根据日本官方统计数据，截至 2012 年第二季度，日本央行持有的国债占全部国债总额的比例仅为 10.2%，虽然较 2008 年第四季度 8% 的阶段低点有所上升，但较 1998 年第二季度 19.5% 的阶段高点还有较大距离，这表明日本央行尚有更大比例购入并持有国债的能力。另一方面，笔者利用 BIS（国际清算银行）的数据进行了测算，2012 年全年，根据数十种货币通过贸易加权折算的日元名义有效汇率下降了 9.77%，在全球 26 种主要货币中日元排名贬值幅度第一位；2011—2012 年，日元名义有效汇率下降了 1.85%，日元排名贬值幅度第二位，落后于欧元；而 2008—2012 年，日元名义有效汇率却是上升了 32.66%，日元排名升值幅度第一位。这一测算结果十分醒目地表明，尽管 2012 年日元整体贬值，但这一年的贬值远远无法冲抵危机爆发以来巨大的日元升值影响。如果将视野进一步拉远，1990—2012 年，这失落的 20 多年里，日元名义有效汇率上升 68.36%；1985 年广场协议以来，日元名义有效汇率上升 133.36%；1964 年以来，日元名义有效汇率上升 350.6%，日元均排名主要货币升值幅度第一位。由此可见，与长期、持久且影响深远的升值相比，2012 年日元的贬值力度并不大，日本汇率政策还有施力欲望和施力空间。此外，作为全球少有的上市央行，日本央行甚至可以在必要的时候直接购买股票，提振股市，维护市场信心。

那么日本政府还会进一步利用尚存的宽松政策空间吗？从主观层次分析，安倍晋三有继续发力的意愿；但从客观层次分析，难度较大。在当前德国、美国等主要国家都对日元贬值表示不满，货币战争气氛渐趋浓烈的背景下，日元的进一步贬值恐遇较大阻力。而日本央行在独立性丧失威胁下的未来走向，也存在较大不确定性，量化宽松规模能否加大也存在疑问。

值得强调的是，即便日本政府能有效维持并适度加强宽松货币政策，"日本病"也未必能得以痊愈。关键在于，从长期看，政策的实际影响恐将弱于预期，政策效果能否得以有效传导尚存悬疑。宽松货币政策的长期影响恐打折扣的原因有七个。

其一，正如麦金农（2007）的研究，持久的流动性陷阱既大大压缩了日本商业银行的利润空间，也使日本国内的资产组合在持有美元和日元上更加不稳定，进而将削弱宽松货币政策的效果。其二，正如田谷祯三（2007）的研究，结构性因素会削弱宽松货币政策的通胀效应，例如日本兼职职工与全职职工之比已从 1990 年的 13% 提高至 2012 年的 25%，进而给劳动力工资造成了长期下行拉力。其三，根据伯南克（2002）的论断，抗通缩政策的有效性在货币和财政当局合作的情况下能得到大幅的提升，而尽管 90% 的国债由国内投资者持有的结构使得日本国债市场比较稳定，但全球最高、200% 以上的负债率限制了日本财政宽松的力度，进而使得宽松货币政策缺乏有力的政策搭配。其四，日本人口结构趋向老龄化，不仅经济增长的人口红利消失，年轻人对老年人的替代效应也降低了整体工资水平，进而导致宽松政策的增长效应和通胀效应都受到抑制。其五，日本微观主体形成了潜在的通缩依赖，日本家庭将超过 50% 的资产以现金或银行存款形式保存，日本企业也对加大杠杆、负债发展充满了恐惧，这进而导致宽松货币政策的施力缺乏微观基础。其六，鉴于日本宽松货币政策已经实施十余年且没有将日本带出通缩窘境，安倍晋三全力推动货币宽松的"承诺效应"可能也小于市场预期。其七，日本经济的基本面已经深层受损，日本的失业率中枢已经从 1990 年的 4% 以下上升至 2013 年初的 4% 以上，日本就业率则从 1970 年的 63.8% 降至 2011 年的 56.2%；2012 年的 12 个月里有 10 个月日本国际贸易余额为负，而自 1985—2007 年的 276 个月里，只有 3 个月为负，作为需求调控的宽松货币政策难以对结构性病因产生影响。

　　总之，从短期看，日本的宽松货币政策力有不逮，从长期看，政策影响也恐将弱于预期。彭博资讯的预期中值显示，市场认为2014年第二季度日本的通胀率将升至2%以上，IMF也预测2014年全年日本的通胀率将从2013年的 -0.17%升至2.13%。笔者以为，这些预期都稍显乐观了一些。对于中国而言，日本宽松货币政策从贸易、汇率、资本流动渠道直接产生的影响可能并不太大。但值得注意的是，如果日本宽松政策短期不给力、长期不如意，那么日本政府向外倾泻政策压力的可能性将有所上升，中国作为日本于亚太领域经济、金融方面最大的竞争者之一，将可能成为矛头所向，而这也将进一步放大岛屿问题可能带来的各种影响。

成文于 2013 年 5 月 30 日。针对 2013 年 5 月日本股市匪夷所思的大跌，本文从"安倍心理学"的角度进行了剖析。

安倍心理学的三成与三败

日本"独自探索的前行之路"显然颠覆传统思维和市场想象。如果从纯粹的经济视角看安倍经济学，那么，看山是山，看水是水，但这山水全然无法构成一个完整的世界，2013 年第二季度日本经济数据超预期刚给安倍经济学打上成功的标签，随后日本股市暴跌似乎又给安倍经济学写上了失败的注脚。但如果将视野从经济学扩展到社会心理学，那么，看山不是山，看水不是水，但这山水却可以构成一个协调的影像，经济数据超预期并不意味着安倍经济学的成功，股市暴跌也不标志着安倍经济学的失败，两者都是安倍心理学对实体经济和金融市场产生深远影响的结果。

2013 年 5 月 22 日，笔者发表了《从安倍经济学到安倍心理学》一文，强调了安倍心理学对理解安倍经济学的重要作用，"安倍经济学能否获得成功，关键在于安倍政策的预期引导、心理暗示和情景营造能否有效借由从众、说服、信念和传染等社会心理学通道打破路径依赖形成的惯性，并激发日本经济长期蛰伏所蕴藏的潜能"。言犹未尽，风暴已至。5 月 23 日，日本股市暴跌 7.3%，27 日再跌 3.2%，30 日又跌逾 5.15%，短短 7 个交易日，日本股市就已狂泻

13%。从市场对日股暴跌的解释来看，无论是强调伯南克言论的震动、中国PMI 数据的拖累、日本股市在暴涨后技术性调整的需要，还是不明所以的阴谋论，都既不能令人信服，也无法对理解日本经济和日本金融市场未来的可能变化提供较大帮助。

笔者以为，理解日本经济金融特立独行的运行轨迹，需要突破传统市场分析模式，从安倍心理学和安倍经济学共同切入。17 世纪的哲学家帕斯卡尔就曾指出"心灵的活动有其自身的原因，而理性无法知晓"，三个世纪后，科学家们证实了这一观点的正确性，而时至今日，日本金融市场匪夷所思的暴涨暴跌更新鲜、更生动地展示了社会心理异动的巨大力量。

以 2013 年 5 月 23 日为临界点，在此之前，日股较 2012 年末累计上涨了50.33%，在此之后短短数日，就累积了超过 13% 的跌幅。短期内基本面不可能发生多么大的逆转，股市暴涨暴跌实际上涉及了两个问题：第一个问题是发生方向性逆转的是什么，第二个问题是为什么振幅如此之大。

先从第二个问题说起，日本社会的心境联结（mood linkage）是振幅巨大的根本原因。早在 1621 年，牧师学者 Robert Burton 就曾在《忧郁的剖析》中提出了一个很有意思的问题："为什么一个人打哈欠之后，另一个也紧跟着打哈欠呢？"1998 年，心理学家彼得·托特德尔（Peter Totterdell）给出了解释，因为人类的情绪很容易在封闭空间内发生社会传染，即所谓的心境联结。对于这种情绪和心理传染效应，凯恩斯也曾经打过一个形象的比方：股市就像是选美竞赛，成功选为冠军的人将获得竞赛胜利，于是，想获胜的参赛者并不一定会投票给他认为最漂亮的人，而是会猜想其他参赛者的偏好，并尽量将自己的票投给其他参赛者眼中的美女。结果就是，人们的选择彼此交叉、深度影响，较小的心理变化也很可能带来较大的行为影响。由于日本正处在一场生死攸关的经济试验中，因此日本社会心理也处于前所未有的易传染状态。就像托克维尔 1856 年所言："当不幸看上去不可避免时，人们可以耐心地承受；一旦人们感到可以摆脱这些不幸，它们就变得令人无法忍受了。"安倍经济学的激进尝试给日本社会带来了走出长期阴霾的希望，而希望诞生的温床同时也是失望酝酿的土壤。在日本社会心境联结效应明显增强的状态下，上涨阶段的跟随性购买和下跌阶段的跟随性抛售都大幅增加，进而放大了市场的波幅。

再回到关键的第一个问题，到底是什么发生了逆转？笔者以为，安倍经济学的真实效应不可能瞬时改变，真正改变的，是人们对安倍经济学成败的主流认识和理解。而作为安倍经济学成败的关键，安倍心理学在短期内可谓有得有失，日本社会心理发生逆转的根本原因在于，安倍心理学刚刚取得三个成功，尚未巩固，就迅速暴露出三个失败之处。

先看安倍心理学的三个成功之处。

一是有效激发了通胀预期。尽管某位著名中国经济学家在一篇引发亚洲诸多争论的文章中指出，"迄今为止，世界还没有看到日本显露出什么通胀的迹象，世界只看到日元在大幅贬值"，但实际上，日本反通缩即将有所成效的迹象不仅有，而且很有力，只不过尚未传导至通胀率的即时上升。正如笔者之前强调的，从成本推动和需求引致两个通道的通胀形成是较为缓慢的，所以通胀预期异常关键。而彭博资讯的数据显示，基于 Breakeven 测算的日本通胀预期明显上升，截至 2013 年 5 月 29 日，日本 1 年、2 年、3 年、4 年、5 年和 6 年的通胀预期分别较 4 月 4 日上升 0.45 个、0.17 个、0.14 个、0.17 个、0.3 个和 0.33 个百分点。

二是有效提振了经济信心。2013 年 4 月，日本消费者信心指数从 2012 年末的 39 升至 44.5；2013 年 5 月，日本 Sentix 投资者信心指数从 2012 年末的 -4.3 升至 7.3。受益于信心增强，日本经济的先行指标也都表现强劲，2013 年 3 月，日本景气动向指数从 2012 年末的 92.9 升至 97.6；2013 年 4 月，日本制造业 PMI 指数从 2012 年末的 45 升至 51.1，日本经济观察家指数从 2012 年末的 45.8 升至 56.5。

三是幸运邂逅了经济反弹。2013 年第一季度，日本经济增长率高达 3.5%，大幅高于历史平均的 2.13%。很多人由此认为安倍经济学初获成功，但实际上，安倍扩张性财政政策刚刚于 1 月公布，而超预期货币政策正式出台是在 4 月，从政策时滞角度分析，第一季度日本经济的强劲表现很难直接归因于安倍经济学的实际效果。从增长贡献数据分析，私人消费和净出口分别提供了2.3个和1.5个百分点的贡献，安倍心理学对消费者的提振以及前期日元大幅贬值的滞后影响构成了增长的主力引擎；而私人企业设备投资造成了0.3个百分点的增长拖累，政府消费和公共投资的增长贡献也仅为0.5个和0.2个百分点，这说明安倍经济学的具体政策措施并未对增长形成显著支撑。

本来，安倍心理学的三个成功为安倍经济学的效果增进提供了大好时机。但遗憾的是，在动荡不安的国际环境中，安倍政府并没有抓住社会心理发生积极变化的机遇扩大战果，而安倍经济学的内生弊端和日本政要有失审慎的举动给社会心理带来了负面影响，表现为安倍心理学的三个失败。

一是矛盾。安倍经济学内容较为繁杂，诸多政策之间难免会出现效果冲突和矛盾的现象。例如，安倍的通胀政策难免需要借助刺激通胀预期，通胀预期上升会引致国债收益率上升，而量化宽松货币政策又旨在通过国债购买压低国债收益率，进而为投资复苏和经济增长营造良好的货币环境。也就是说，同样的国债收益率上升，市场可以理解为安倍政策的成功，即它有效刺激了通胀预期，或是引发日本家庭调升风险偏好进而抛售大量持有的国债；也可以理解为安倍政策的失败，即央行的债券购买并未能起到压低收益率的成效。事实上，黑田东彦新政以来，市场对日本国债收益率的变化恰好呈现出由好及坏的转变。截至2013年5月29日，日本国债收益率为0.922%，较4月4日上升0.436个百分点，安倍政府显然未能有效引导市场对这一现象的认识，政策内在矛盾引发了市场心理的劣变，而伯南克恰逢其时地放缓美国QE论调和美国国债收益率的同期上行，难免让日本社会更倾向于认为国债收益率上升是一种危险，或者说是安倍经济学的失败，而忽视了国债收益率上升蕴涵的另一部分积极内涵。

二是示弱。戴维·迈尔斯（David G. Myers）在《社会心理学》里指出："如果社会心理学家在过去的25年中教给了我们什么东西的话，那就是不仅我们的态度会影响行为，同时行为也会影响态度。"政策行为往往会对社会心理产生不易发现的重要影响。作为一种开创性的政策试验，安倍经济学需要用强势行为强化心理认同和社会从众，而安倍重新执政以来的政策行为也显示出醒目的强势风格。如此背景下，偶然的政策行为"示弱"会给社会心理带来难以预料的冲击。遗憾的是，在日本国债收益率上行、日元汇率升势放缓的背景下，市场业已对安倍政策效果产生了怀疑，而黑田东彦在 2013 年 5 月 22 日的一次讲话中却表现出对国债收益率上行无能为力的态度，日本央行的政策行为也显得有些无动于衷，并没有适时加大政策力度以缓解市场对政策效果的担忧。这种示弱不可避免引发了社会心理的逆转，而 2013 年 5 月 29 日日本央行再表示将加大债券购买频率，实际上为时已晚。

三是偏见。黑兹利特在《论偏见》里说："偏见一旦为自己找到理由，它就会从容不迫。"尽管从偿债风险和流动性风险分析，日本全球第一、超过 230% 的负债率引发债务危机的可能性并不大，但在欧债危机尚未终结、日本国债收益率短期上行的背景下，市场有理由相信日本爆发危机的危险已大幅上升。此外，尽管短期复苏是日本经济长期结构调整的基础和前提，但在股市突然暴跌的背景下，越来越多的人将老龄化、企业强势等长期结构性风险视作安倍经济学注定失败的理由。实际上，这些偏见已经对安倍心理学形成了负面冲击，安倍经济学的试验机会和成功概率也由此受到抑制。

总之，安倍经济学成败的关键在于安倍心理学，而安倍心理学也是理解日本经济、金融现象的重要视角。心理学家林达·波洛弗说："虚幻的乐观会增强我们的脆弱性。"日本股市的近期暴跌，在很大程度上是因为安倍心理学在取得三个成功之后过于乐观，这使得日本股市的脆弱性显著加大，而一旦市场注意到安倍心理学的三个失败，暴跌就成了必然的结果。展望未来，市场对安倍经济学的心理认同正处于危机期，安倍如何在短期内用强势行动挽回社会心理的劣变，将是日本经济试验能否成功的关键。

成文于 2013 年 6 月 6 日。"Everything is nothing"，这个直觉很准，后来的事实表明，安倍的第三支箭几乎是"空箭"。

安倍经济学的政策教训

风物长宜放眼量，但长期中我们也已经死了。严谨来看，尽管 2013 年 5 月 23 日以来日本股市的连续暴跌并不意味着安倍经济学的全然失败，毕竟经济政策从制定到执行再到见效是一个需要时间的过程，但必须承认，安倍政府已经陷入其再度执政以来最大的信任危机之中，安倍经济学也面临着经济政策史上前所未有的尴尬：它尚未成形就饱受非议，甚至可能由此胎死腹中。也许现在还未到断言安倍经济学最终成败的时候，但从 2013 年以来安倍经济学的运行轨迹，特别是从 5 月 23 日日股暴跌后的政策应对来看，安倍政府未能力挽狂澜的短期表现已经足以留下一些引人深思的政策教训。

其一，要处理好政策目标和政策措施的关系。

2013 年 6 月 5 日，安倍公布了万众瞩目的结构性增长政策，但市场却不为所动，日经 225 指数短暂回升之后迅速逆转回跌，当天收盘暴挫 3.83%。安倍射出的所谓"第三支箭"未中市场靶心，其关键在于，这支箭虚幻无形，重目标而轻措施。安倍的讲话听上去很美，几乎面面俱到，涵盖了经济增长、国民收入、监管放松、直接投资、出口计划等方方面面，但"Everything is nothing"，太过宽泛必然缺乏政策聚力，太过宏大必然缺乏政策细节。纵观安倍上台以来的表现，在政策宣示过程中混杂目标与措施是其一贯做法，而且无论是 2013 年 1 月的财政支出政策还是 2013 年 4 月的量化宽松货币政策，都借由这种做法获得了较好的效果，日本通胀预期开始形成、经济信心有所恢复、产能利用有所上升、居民风险偏好也明显增强，但值得强调的是，这种做法在公布第三支箭时却未得市场待见。根本原因在于，同步提出的政策目标与政策措施要具有关联性、互助性，如此才能产生彼此强化的共振作用。应该说，安倍经济学前两支箭的政策目标和政策措施是相互支持的，但第三支箭的政策目标却过于空洞，诸如 10 年内实现 2% 的实际 GDP 增长、提高人均收入 150 万日元等，都没有足够有针对性的、有执行计划的政策措施相匹配，在这种情况下，政策目标越宏伟，其与政策措施的割裂就越深，政策制定者内心的无力就越醒目，市场对全盘政策的信任度也就越低。因此，避免画饼充饥是处理好政策目标和政策措施关系的关键。

其二，要处理好短期目标和长期愿景的关系。

自 2013 年 5 月 23 日以来，日股连续 9 个交易日中有 5 天单日跌幅超过 3%，这意味着市场对安倍的近期表现始终处于失望状态。失望的一个重要原因在于，市场渴望见到 A 计划，安倍却给出了 C 计划。股市暴跌追根究底是短期市场震荡，安倍的危机应对理应将重点放在处理短期问题上，提出可行可信的短期政策目标，稳定市场情绪，化解短期风险，但安倍却在万众期待之际给出了一系列不痛不痒的长期愿景，这并不是市场想要的。实际上，离开务实的短期目标，长期愿景只是海市蜃楼。结合日本现状，安倍经济学若想获得成功，一个理想的演化路径是：2013 年 7 月之前，安倍借助强有力的政策宣示促成社会心理的转变，消灭长期通缩的心理梦魇；7 月，安倍顺势拿下参议院选举，结束日本跛行的政治格局，为长期结构性增长策略的提出和实施扫平制度性障碍；7月之后，安倍借助前期宽松财政政策和宽松货币政策的政策效果的滞后显现，在复苏势头初步确定的背景下拿出针对劳动力市场缺乏弹性、企业缺乏柔软度等结构性问题的长期增长政策，为日本经济的可持续复苏奠定基础。面对出人意料的股市暴跌，安倍似乎有些乱了阵脚，在政局未稳之前就高调公布长期政策，而不是对美国和日本同时出现的国债收益率上行、日本央行政策有效性和股市暴跌的技术性内涵做出清晰解释，确定维护市场稳定的短期目标，结果自然是市场"用脚投票"。因此，避免无的放矢，以循序渐进的短期目标夯实长期愿景的基础，是处理好两者关系的关键。

其三，要处理好经济政策和社会心理的关系。

经济学和心理学的融合由来已久，但从没有像安倍经济学和安倍心理学这样相生共存、荣辱与共。此前，政策研究领域包容社会心理学最著名的例子是所谓的"动态不一致性"，即政策制定者可以借由政策实际力度与之前承诺的差异，实现更显著的政策效果。从某种程度上看，这种颇具影响力的传统观点倾向于利用政策制定者的信息优势，通过适度降低政策透明度来达到"政策超预期"的效果。现实中，格林斯潘等政策制定者也曾经常用行动践行这种理论，借由"出其不意"的政策达到调控目标。但危机之后的全球政策调控新经历，尤其是安倍的政策试验表明，社会心理学对政策效果的影响远远超过现有理论所理解的范围，政策制定者利用信息获得的短期收益可能会大幅小于其丧失社会信任所付出的长期代价。特别对于危机后的经济政策而言，政策的信心维护和社会心理引导的作用非常关键，原因在于：一方面，危机后的政策往往具有不稳定性，特别是在日本这样政局动荡的国家，缺乏市场信任，再大规模、再正确的经济刺激计划和增长政策都无法产生效果；另一方面，危机后的社会心理往往具有敏感、多疑的特征，而经济政策在出台之后也无法立刻显现其真实效果，此时政策制定者的强势行为和坚定信念往往能够有效激励市场信心、引发正向传染、带动有益的从众行为，为政策目标分阶段的实现创造条件。从日本的情况看，安倍在任职首相之后的社会心理引导本已取得了较好的成效，但未能及时澄清日本国债市场和股票市场的异变现象，导致社会心理突然逆转，对安倍经济学的担忧和质疑已经明显超出理性水平，金融市场甚至出现了"悲观预期自我实现"的不利趋势，这与其说是安倍经济学的失败，不如说是安倍心理学的失败。因此，顺水推舟、激发正能量是处理好经济政策和社会心理关系的关键。

其四，要处理好政策冲突和政策搭配的关系。

经济世界的真实性就在于，它永远都不是一个"Other things being equal"（其他条件不变）的单纯世界。单个经济政策的影响都是复杂、多元的，多个经济政策的整体影响更是相互交错，政策冲突不可避免，政策搭配则不可或缺。从安倍经济学的运行经验来看，危机后的开放经济体，其面临的政策冲突也更趋复杂，包含三个层面的内涵：一是政策效果在同一变量上叠加造成的矛盾冲突。最明显的例子就是国债收益率，安倍经济学试图激发通胀预期以改变长期通缩状态，并提升日本投资者的风险偏好以刺激长期投资，这两项内容都会引发国债收益率的短期上行，而日本量化宽松货币政策的目标是压低国债收益率以降低投资成本，在这种情况下，安倍经济学的不同内容对国债收益率的施力方向是不一样的，国债收益率的上升既可以被理解成某一部分安倍经济学获得成效，也可以被理解成另一部分安倍经济学未达效果。二是政策效果在过多变量上分散造成的矛盾冲突。这一点在政策目标和政策措施的关系分析中已经有所提及，有效政策搭配的一个拇指法则就是目标数量不能大于工具数量，目标过于宽泛的政策组合往往收效甚微。此外，政策过于分散往往会导致市场对政府干预能力的担忧，例如 2013 年 6 月 5 日安倍公布的政策中，就有大比例提高公用设施资本支出等内容，这与日本债务风险上升、政府财力捉襟见肘的现状存在矛盾。三是政策效果的外溢性造成的矛盾冲突。作为开放国家，日本的经济刺激计划难免会包含鼓励出口的内容，而安倍经济学的内视性更为明显，甚至引发了其他国家的关切，激发了全球货币战的氛围。在三种冲突的干扰下，政策制定者的选择唯有丰富政策搭配的层次，及时进行市场沟通，并不断加强政策领域的国际沟通与协作。因此，预期引导和审慎自控是处理好政策冲突和政策搭配关系的关键。

总之，安倍经济学的困境已经留下了很多政策教训。世易时移，危机后的经济政策，应该突破经济学的传统束缚，以更真切、更平实、更贴近时代和人的方式谋求短期复苏和长期发展的统一。

成文于 2013 年 8 月 14 日。本文关于日本通胀细节的研究工作量很大，但还是值得的，因为它让藏在水面下的冰山全貌得以显现。事实上，本文指出的"日本经济内生的长期通缩抗力可能比预期的还要弱"预示了随后日本反通缩的进展不力。

从安倍心理学到安倍经济学

2013 年 8 月，日本公布了第二季度各项经济数据，评价安倍政策表现的数据素材和事实证据初步具备，那么，安倍的政策箭雨究竟给日本经济带来了怎样的改变？在笔者看来，之前提出的"安倍心理学和安倍经济学"的协同分析框架和观察逻辑依旧是审视新数据、评价新变化的有效方法。

2013 年 5 月 22 日，笔者发表了《从安倍经济学到安倍心理学》一文，强调了安倍心理学对理解安倍经济学的重要作用，"安倍经济学能否获得成功，关键在于安倍政策的预期引导、心理暗示和情景营造能否有效借由从众、说服、信念和传染等社会心理学通道打破路径依赖形成的惯性，并激发日本经济长期蛰伏所蕴藏的潜能"；6 月 4 日，笔者又发表了《安倍心理学的三成与三败》一文，初步分析了安倍心理学的作用机制和初步效果。8 月，在综合分析种类过千种、序列长度达几十年的更新后数据，笔者发现，安倍心理学已经为安倍经济学形成了有效支撑，在安倍心理学的作用下，安倍经济政策不再有如箭入死海，而是在日本经济湖面上形成了可观的涟漪。尽管数据也呈现出诸多不尽如人意之处，但日本经济可能已经迈出了走出长期失落的重要一步。

首先，分析关键的 GDP 季度数据结构，2013 年第二季度日本经济已经明显受益于安倍心理学的提振，而且呈现出较强的内生动力。第二季度，日本实际 GDP 季环比年率增长 2.6%，从绝对水平看低于预期水平，但从结构看，有三大亮点。

一是核心引擎消费依旧表现强劲。第二季度消费季环比年率增长 3.1%，增速高于 1980 年至 2013 年第二季度 2.06% 的历史均速，消费为经济增长做出了 1.9 个百分点的贡献，高于 1.12 个百分点的历史平均贡献。在收入增长乏力的背景下，消费的强劲表现主要受益于安倍心理学带来的信心增强。2013 年 1—6 月，日本所有行业收入同比增幅分别为 0.12%、-0.79%、-0.97%、-0.02%、-0.12% 和 0.06%，仅有两个月实现了正增长；但 2013 年 1—6 月，日本消费者信心指数分别为 43.1、44.2、45、44.5、46 和 44.6，均高于 2012 年月均的 39.97 和 1982 年以来历史平均的 42.28。

二是私人企业设备投资呈渐进改善态势。尽管 2013 年第二季度企业设备投资依旧萎缩了 0.4%，但相比前三个季度 -12.3%、-5.5% 和 -0.7% 的负增长，萎缩幅度正逐步缩小，受此影响，企业设备投资在第二季度没有拖累 GDP 增长，而之前三个季度却分别造成了 -1.7 个、0.7 个和 0.1 个百分点的增长损失。这一亮点也是受到安倍心理学的提振。2013 年 1—6 月，日本 Sentix 投资者信心指数分别为 0.5、5.5、3.9、6.3、7.3 和 8.4，一扫此前连续 7 个月为负值的颓势，且基本渐进增强，7 月，该指标进一步升至 12.3，创 2007 年 9 月以来的新高。在投资信心持续增强的助力下，未来企业设备投资有望给日本经济增长提供正贡献，并向 0.39 个百分点的历史平均增长贡献趋近。

三是内生增长动力保持强劲。为排除外力作用和波动性要素的干扰，笔者剔除了库存变化、政府消费和投资，以及进出口贸易对 GDP 增长的影响，结果显示，2013 年前两个季度，日本经济内生增长 2.2% 和 1.9%，强于 1.49% 的历史平均水平。在内生动力保持的背景下，政府消费、公共投资和净出口分别给第二季度短期增长带来了 0.7 个、0.4 个和 0.7 个百分点的增长贡献，高于其 0.44 个、0.02 个和 0.22 个百分点的历史平均贡献，表明安倍扩大财政支出、强势引导日元贬值的政策已经起到了拉升短期经济表现的作用，这也是日本季度增长率连续两个季度高于历史均值的重要原因，并对市场信心起到了较强的提振影响。

当然，亮点在某种程度上也包含着隐忧，季度 GDP 增长率的绝对值较高，可能也大幅抬升了市场的基准预期，给未来增长"超预期"带来了困难。从目前来看，安倍心理学虽对消费和投资业已产生了明显提振，但尚需要收入增长、投资环境优化和行业根本性复苏来接棒安倍心理学，并提供可持续的增长支撑。

其次，分析日本通胀数据结构，2013 年第二季度安倍心理学的效果显现也已为日本走出长期通缩创造了条件。2013 年 6 月，日本 CPI 同比增长率为 0.2%，结束了此前连续 12 个月同比负增长的态势，6 月日本核心 CPI 同比增长率为 0.4%，创下了 2008 年 11 月以来的最高纪录。温和通胀的形成得益于货币供应量的较快增长和通胀预期的抬升，2013 年 6 月，日本 M_1、M_2 和 M_3 的同比增长率分别为 5.2%、3.8% 和 3.1%，均明显高于此前十几个月的水平；此外，值得强调的是，截至 8 月中旬，基于盈亏平衡测算的 1 年、2 年和 3 年的日本通胀预期分别为 1.34%、1.83% 和 1.72%，分别较 3 月末上升了 1.12%、0.55% 和 0.28%。

不过，进一步的细节数据也表明，日本在迎战通缩的战役中仅仅是由于心理战获得了暂时性的小胜。安倍心理学为安倍经济学的结构性政策和长期反通缩措施的出台营造了较好的短期通胀环境，但长期通缩阴霾依旧未散。截至 8 月中旬，基于盈亏平衡测算的 4 年和 5 年的日本通胀预期为 1.44% 和 1.32%，不仅平均水平低于短期通胀预期，而且它们自身也分别较 3 月末下降了 0.15% 和 0.06%。

此外，笔者还利用日本官方提供的 760 种分类商品 1971 年以来的 41.8 万个价格数据进行了庞杂计算。结果非常有力地证明，日本走出通缩才刚刚起步：截至 2013 年 6 月，760 种分类商品中仅有 278 种商品的价格同比正增长，价格非负增长的则为 357 种，有超过六成种类的商品在过去一年内价格未见增长。

笔者还计算了 1971 年以来各类商品的月均同比增速，并将其与 7 月数据进行了对比，760 种商品中仅有 147 种商品的价格同比增速超过其历史变化均速，有 150 种商品的价格同比增幅不低于其历史均速，超过八成种类的商品过去一年的价格变化幅度要明显小于其历史价格变化速度。值得注意的是，相对历史水平，当下价格增速最快的前十类商品分别是个人台式电脑、个人笔记本电脑、电视机、移动视频播放器、汉堡包、录像机、洗衣干衣机、汽车保险、电视游戏和进口手包。相对价格（不是绝对价格）涨幅排名靠前的，大多是电子商品，这潜在表明，包括中国在内的大量日本电子商品海外生产和组装基地的劳动力价格的上涨正在对日本物价的长期水平产生影响。而如果剔除这些外来影响，日本经济内生的长期通缩抗力可能比预期的还要弱。安倍经济学下一步的结构性政策必须要足够有力，才能对内生的长期价格下行惯性产生抑制性作用。

最后，分析其他数据结构，从安倍心理学到安倍经济学的效果彰显也能从中得到一些体现。例如，截至 2013 年 8 月 9 日，日本 1 年、2 年、3 年、4 年、5 年、6 年、7 年、8 年、9 年、10 年、15 年、20 年、25 年、30 年和 40 年的国债收益率分别较 5 月 29 日下降了 0.014 个、0.033 个、0.074 个、0.121 个、0.152 个、0.204 个、0.211 个、0.214 个、0.191 个、0.178 个、0.108 个、0.003 个、0.03 个、0.018 个和 0.054 个百分点，表明"5·23 股市暴跌"事件发生以来，市场对白川方明的 QE 政策有效性的担忧已经明显缓解，日本国债规模虽于第二季度突破千万亿日元大关，但国债市场渐趋稳定，长期利率也处于绝对低位，为投资复苏创造了条件。再例如，安倍对经济复苏的暗示，以及 IMF 在调降预期大潮中反常调升日本 2013 年经济增长预期 0.5 个百分点的信心提振，对更多企业加大生产和劳动力雇佣的力度形成了有效激励。2013 年 1—6 月，日本产能利用指数就有 4 个月实现了环比增长；6 月，日本失业率降至 3.9%，较 2012 年末下降了 0.3 个百分点；6 月，日本非自愿离职者占离职者的比例为 35.4%，也较 2012 年末下降了 2.6 个百分点；而且值得注意的是，15~24 岁人群的失业率较 2012 年末下降了 0.7 个百分点，在欧美青年失业率飙升的背景下，日本就业市场并没有"输掉未来"。

总之，综合全面数据，从结构看内涵，尽管增长率略弱于预期，2013年第二季度日本经济的表现依旧可圈可点，安倍心理学的效果显现为日本走出通缩、走向复苏创造了条件。但与此同时，经济数据的细节也显示出日本经济战胜长期通缩、经济全面崛起的基础还尚未形成，接下来，安倍心理学能起到的积极作用已经较为有限，该轮到安倍经济学真正细化并发力了。

第四部分

第五部分
金融市场——共识的崩塌

多元化是危机后全球经济复苏的最大共识，这个共识的崩塌不可避免地对国际金融市场的运行产生了深远影响。事实上，2013年以来，金融市场里的共识也在发生崩塌，表现为一系列金融变量的变化与市场预期的方向截然相反，甚至出现了一些传统理论难以解释的"黑天鹅"现象。市场永远是对的，需要调整和反省的，是受制于老旧思维的市场参与者自身。

引言

多元化,是危机后全球经济复苏的最大共识,这个共识的崩塌不可避免地对国际金融市场的运行产生了深远影响。事实上,2013 年以来,金融市场里的共识也在发生崩塌,表现为一系列金融变量的变化和市场预期的方向截然相反,甚至出现了一些传统理论难以解释的"黑天鹅"现象。市场永远是对的,需要调整和反省的,是受制于老旧思维的市场参与者自身。本章的主题就是这些与众不同的市场异变。

作为本部分的题眼文章,《货币是靠不住的》一文把美元、黄金和比特币这三个发生过"黑天鹅"现象的事物写到了一起,并把它们放到货币进化这条主线上进行了剖析。从货币的五大职能切入,该文刻画了金属货币日薄西山、信用货币跌宕起伏和虚拟货币稚嫩不堪的货币"三世同堂"景象,并就此展望了货币进化的趋势方向、可能问题和过程风险。

接下来的五篇文章聚焦于美元和外汇市场。作为多元化退潮的主角,美国经济强势复苏的态势逐渐被市场认知和接受,进而导致 2013 年以来,市场对美元走强形成了一致预期。但现实从不以人的意志为转移,经济基本面相对强势并没有带来强势美元的回归。笔者以为,美元汇率走势之所以与传统理论和市场共识相悖,根本原因在于传统理论和市场共识对汇率的理解是基于一种无差别的"普通货币",但美元不是普通货币,美元是全球唯一的、最特殊的霸权货币,因此美元汇率变化的基准逻辑天然就与众不同。有鉴于此,《DO/DO 机制和美元逻辑》与《为什么美元贬值是内生稳定的?》两篇文章提出了一个和传统汇率决定理论截然不同的理论假说,即 DO/DO 机制,并由此为美元长期以来一直处于贬值大通道的历史事实提供了一个基于内生稳定论的解释。美元在市场认为该走强时不走强,这不仅本身自有道理,而且也为美国经济的相对强势提供了助力,《警惕美元堰塞湖》一文就阐述了美元借由霸权地位虹吸全球增长能量的潜在机制,并指出了这一机制对新兴市场的不利影响,进而从金融视角给全球经济多元化的退潮提供了一种解释。《汇市异动折射全球经济新变化》一文将视角从美元拓展至整个外汇市场，指出包括美元在内的金融变量的运行规律已经发生了深层变化。在此基础上，《美元汇率需重新认识》一文总结了2013 年市场普遍看错美元走向的根本原因，并就如何更好地理解、认识和预判美元走势提出了一些有操作性的建议。

再接下来的四篇文章探讨了全球炒家的旧宠和新爱，也就是黄金和比特币。2013 年 4 月，国际金价发生了暴跌，比暴跌更可怕的是，主流经济理论和市场逻辑都不能解释这个"黑天鹅"现象。如此背景下，《金价暴跌的寓意》一文另辟蹊径，并没有努力去寻求牵强的解释，而是借由发现、比较和解构"历史的共鸣"，来探寻金价反常暴跌背后深藏的趋势信息和政策信息。金价的"跌跌不休"导致全球避险需求和投机需求越来越难以找到合适的目标，这个时候，比特币进入了资金大鳄的视野，疯狂热捧引致了比特币一度的惊世繁荣，而随后监管机构否定了比特币的货币属性，这导致比特币热迅速降温，比特币兑美元的比价则由此大起大落，震惊全球。作为市场上最早出现的比特币经济分析，《比特币逆袭的背后》、《防控比特币风险恰逢其时》和《比特币的货币反思》三篇文章分别探讨了比特币热兴起的宏观经济背景、监管机构管控比特币风险的现实意义和比特币出现对国际货币体系改革的启示，从不同视角还原了比特币热的真相。

应该说，美元、黄金和比特币"黑天鹅"现象的出现，本质上是多元化退潮阶段全球经济内在不稳定性在国际金融市场的间接反映。而全球股市的西热东冷则是全球经济西进东退最直观的折射，《欧美股市收复危机失地的深层寓意》和《警惕股市与经济的"脱钩"》两篇文章，则分别对欧美股市走强和中国股市积弱不振的原因和寓意进行了分析。

在"黑天鹅"频发的当下，经济预测变得无比尴尬。《经济学家的预测管用吗？》一文从 2013 年的诺贝尔经济学奖切入，探讨了多元化退潮阶段国际金融市场运行经常性、大幅度偏离主流预期的根本原因，并就经济预测的意义进行了分析。多元化退潮阶段，国际金融市场的混乱是不可避免的，但这并不意味着政策当局对此无能为力,相反,越是不确定性丛生,越是需要加强有效的政策应对和风险管理。值得强调的是,多元化的退潮有两个主角,这意味着政策发力和政策协调也需要这两个主角的共同努力。最后,《值得中美政策高层细听的十大麦氏金言》一文就借由对麦金农教授的新著《失宠的美元本位制:从布雷顿森林体系到中国崛起》的凝练和评价,提出了多元化退潮时代中美政策高层值得倾听的十大麦氏金言,这十大金言虽然略显"叛逆",却恰是这个"退潮"时代最贴近现实、最具有启发意义的政策建议,也许也暗藏着改变"退潮"的时代密钥。

成文于 2013 年 4 月 11 日。本文是笔者探讨比特币的第一篇文章，从货币"三世同堂"角度来看比特币，是很有趣的一个尝试。

货币是靠不住的

毫无疑问，我们正在经历货币史上最动荡不安、最匪夷所思、最有趣至极，也是最意味深长的一段货币时光。这是一段前所未有的"三世同堂"时光，黄金、美元和比特币（Bitcoin），三代主流货币在各自舞台上都有着醒目的表演，有的令人唏嘘，有的令人迷茫，有的令人惊讶，三代货币的交相辉映，则令人对货币本身充满了疑虑。

货币是靠不住的，"三世同堂"更显如此。即便危机后不断有市场人士叫嚣"回归金本位"，但在经历最高 1915 美元 / 盎司的荣光之后，国际金价最低跌至 2013 年 4 月 4 日的 1539 美元 / 盎司，连投资者都已意兴阑珊，更遑论金本位的王者归来了。即便危机后"国际货币体系多元化"的论调不绝于耳，但美元并没有以大幅贬值的态势退出历史舞台，反而自 2013 年 2 月以来走出了一波强势升值，而就在市场由此转而渲染"美元大牛市开启"之时，美元升值态势突然又戛然而止，信用货币内在的不稳定性、不确定性和波动性在美元身上就已有充分体现，更遑论完全失去货币节操的日元了。即便大多数现代人已经习惯于利用网络完成几乎所有的交易，但 2009 年诞生的比特币作为最具"世界货币像"的虚拟货币却鲜为人知，笔者甚至无法在包罗万象的 Bloomberg 系统里找到比特币的行情数据，不过，比特币却正在经历过山车式的跌宕起伏，在信用货币令人失望的背景下，2013 年 1—4 月，1 比特币的美元标价（可以视作比特币兑美元汇率）从不足 20 美元一路飙升至最高 266 美元，升值幅度之大令人瞠目结舌，就在先锋市场人士转而预言"虚拟货币时代即将来临"之时，比特币又掉了链子，4 月 10 日，在最高冲上 266 美元之后，1 比特币的美元标价在毫无征兆的情况下一路狂泻至 150 美元左右，一日贬值幅度就超过了 40%。

从黄金的没落、信用货币的摇摆和虚拟货币的狂躁看，作为人类历史上最伟大的发明之一，货币的内涵结构、作用机制、职能特征和社会效应正发生着不易察觉但影响深远的变化，这些变化不仅是当前货币"三世同堂"中动荡不安的深层原因，更寓意着在全球经济金融生态"量变引发质变"、危机"催化作用"尽显的背景下，货币自身进化的方向所在。

首先，从货币的价值尺度职能看，变化体现在对波动风险的规避要求上。货币出现的初衷就是为了便利商品交易，但从金属货币进化到信用货币之后，货币的专一性被分散性所取代，信用货币呈现出明显的主权特征。如此背景之下，商品交易不得不承受货币林立带来的额外成本，即汇率风险带来的交易成本，而金融危机之后的货币战表明，以邻为壑的现象从未真正消失，人类永远都具有争利互斗的本能，分散性的货币则给了人类锋利的金融武器。但危机不会扭转全球化的趋势，人类在冲突中不断融合，比特币的出现、流行和疯狂，恰是货币从分散性回归专一性的进化需求。这种内在需求，一方面将推动信用货币体系内部通过更广泛的"区域货币一体化"来降低分散性，另一方面也将为超主权的虚拟货币逐渐登上主流舞台酝酿条件。

其次，从货币的流通手段职能看，变化体现在对交易模式的跟随满足上。从直接但难以匹配的物物交易进化到以货币为中介进行交易，交易需求的快速增长促成了货币的出现，并进一步引致货币从有限量、不方便的金属货币进化为易于持有的信用货币。信用货币的优势恰在于其生产的低成本性，这使其能够轻易通过规模增长满足交易需求的暴增。比特币现在所处的困境，一方面与黄金有些类似，它们都很稀缺，比特币的产量有 2100 万单位的上限，且生产成本边际递增，这使其很难满足流通需求；另一方面与黄金不同的是，比特币没有实体，这使其流通需要交易模式的技术改进。这意味着，在虚拟货币真正走上主流舞台前，势必发生的，将是虚拟货币在固定产量下自身可分割程度的深度拓展，以及交易模式在电子化方向的广泛应用。

再次，从货币的价值储藏职能看，变化体现在对币值稳定的体制约束上。货币是财富的一种表现方式，因此货币币值的变化往往是财富再分配的重要推手。从这个角度看，金银天然就是货币，在很大程度上是因为金银天然具有内在价值稳定的特征，而信用货币却没有这种天然稳定机制。更可怕的是，信用货币不仅本身不存在内在价值，而且信用货币体制本身不具有自我约束性，掌握权力的政府可以通过改变货币数量来完成对内的财富再分配，甚至能够利用其外溢性影响实现对外的财富掠夺。信用货币的币值不稳定，归根结底是权力的不平等。但比特币一个美丽的地方恰在于，没有人能控制它的生产，而且更精妙的是，对这个体制的破坏行为往往会自食苦果，比特币出现后，就曾发生过几次黑客盗窃事件，而窃贼盗来的比特币却由于它自身的行窃行为而价值大减，这种体制的自我约束让币值稳定具有宝贵的内生性。不过，现实中，比特币的币值波动很大。笔者以为，这一方面是因为现有的虚拟货币体系缺乏对逃税、洗钱和非法交易等不法行为的监控，另一方面也是因为虚拟货币的辐射范围和实际影响还不够大，其内生性的体制约束力还未能得以充分显现。这意味着，虚拟货币在走向主流舞台的过程中，势必需要容纳并接受必要的监管力量，只有更多的人心安地接受本身无价值的比特币，比特币内生稳定的优势才能得以充分发挥。

最后，从货币的世界货币职能看，变化体现在对时代精神的内在映射上。货币是时代的产物，其本身就闪耀着时代精神的光辉。金属货币折射了重商主义精神，信用货币折射了多元主义和工业主义精神，而刚刚崭露头角的虚拟货币则折射了时代对霸权主义、私利主义和精英主义的扬弃。随着科学技术的长足进步、微观势力的迅速崛起和多元格局的逐步形成，信用货币骨子里的权力失衡和公平缺失愈发与时代发展格格不入，霸权国家利用货币武器掠夺全球财富，重要国家利用货币发行对内征收通胀税、对外与贸易伙伴无序争利，作为货币最大持有者的微观个体却只能被动承受货币动荡的利益受损，这种失衡的货币格局自然引发了货币的自我进化，比特币就是这种进化的阶段性产物，没有人能够控制比特币的生产和流通，只有比特币持有者、使用者才是这个货币体系真正的主宰，每一个微观个体或宏观主体的行为对其自己将直接产生影响，对他人负责、对整个货币体系负责，就是对自己负责。这种权力制衡、民意体现和自我净化的货币特征，与其说是比特币创造者中本聪的天才杰作（有趣的是，这个人杳无踪迹，可能本身也是一个虚拟人），更像是时代变革的产物。

我们很幸运，处在货币"三世同堂"的历史切面。尽管当下金属货币日薄西山、信用货币跌宕起伏、虚拟货币稚嫩不堪，但笔者相信，这只是时代转变对货币进化提出新要求的必经过程。随着信用货币体系在"区域货币一体化"进程中修复危机创伤，随着虚拟货币在科技进步和监管夯实助力下逐步成长，货币将变得更加透明、公平和简单。

成文于 2013 年 2 月 21 日。本文从美元的霸权地位出发，提出了一个解释美元汇率变化的新理论，即状态转变的 DO/DO 机制。后来美元的走势出乎市场意料，但这个理论却展现出很好的解释力。

DO/DO 机制和美元逻辑

原因和逻辑，貌似相同，实则迥异。对于金融市场的现象发生和趋势走向，原因可以解释过去，也可以解释未来，但很难区分在过去和未来的比例划分，而逻辑的影响却是贯穿始终，过去和未来在逻辑的贯穿下从分裂的静态碎片连接成有序的动态整体。从两者关系看，探寻原因往往是探寻逻辑的研究基础，而探寻逻辑则是探寻原因的最终目的。从原因和逻辑两个维度审视美元汇率，"拐点已至"、"牛市来临"、"王者归来"的流行判词值得深入推敲。

鸟瞰市场，美元升值不仅是关于未来的主流预期，也是关于过去的既成事实。就市场关注度而言，美元、日元和英镑的"三国演义"构成了核心故事，欧债危机缓解后的欧元反而变成了配角。美元就像赤壁战前的曹魏，拥兵百万、霸气天成，2013 年 2 月 20 日美元指数走上 81.069 的短期高点，较 2 月 1 日 79.125 的短期低点升值了 2.46%；日元和英镑则像难兄难弟的吴蜀，都对美元呈现弱势，2013 年 2 月 20 日，日元兑美元走上 94.32 日元 / 美元的短期高点，较 2012 年 9 月 13 日 77.49 的短期低点贬值 21.72%，2013 年 2 月 21 日，英镑兑美元降至 1.5228 美元 / 英镑的短期低点，较 2012 年 12 月 20 日 1.6279 的短期高点贬值 6.46%。

解析原因，美元升值的原因有六个。

其一，从经济基础对比看，美国经济的相对强势为美元走强奠定了物质基础。尽管发达国家公布的 2012 年第四季度经济增长数据均较为羸弱，但美国经济季度负增长背后却暗藏着内生增长动力的趋强，相比之下欧洲和日本低于预期的增长数据背后却几无亮点。根据 IMF 的预测，2013 年美国经济有望增长 2%，明显优于欧元区的 -0.2%、日本的 1.2% 和英国的 1%，而在增长主引擎恢复的背景下，美国经济短期内超预期的可能性也大增，进而助力美元走强。

其二，从货币政策对比看，美联储的相对宽松不足为美元走强创造了货币条件。在全球宽松货币政策已成趋势的背景下，美联储的宽松力度和宽松空间相对弱于其他主要央行。日本央行受到首相安倍晋三的强力施压，业已提高通胀目标、扩大量化宽松规模，并可能将在 2013 年 3 月 19 日白川方明卸任后更进一步趋向宽松；英国央行内部则业已在重启量化宽松政策方面形成更大共识，即将于 2013 年 7 月 1 日接任行长的卡尼也明确表示将容忍更高通胀。而美联储在再宽松方面余力不大，并于近期出现了提前退出宽松的内部声音。

其三，从财政状况对比看，美国财政巩固的相对可置信为美元走强提供了保障。正如经济学家 Barry Eichgreen 所言："美元的命运取决于美国的预算政策。"财政巩固是汇率走强的重要动力，而相对领先的复苏势头给美国增收减支增加了底气，财政悬崖、债务上限和自动减支多重压力的倒逼也增加了美国财政巩固的必然性。相对于日本和欧洲，美国财政约束的切实增强短期内具有相对较大的可置信度。

其四，从经济结构对比看，美国贸易依赖的相对减弱为美元走强打开了门禁。尽管都是大型开放经济体，但美国经济对贸易的依赖相对小于欧日。1947—2012 年的 264 个季度，美国实际 GDP 增长率均值为 3.23%，贸易的增长贡献为 -0.1 个百分点。危机期间，贸易一度对衰退中的美国经济形成了支撑，例如在最困难的 2009 年前两个季度，贸易贡献高达 2.45 个和 2.47 个百分点。但危机震心的外移让贸易贡献触顶回落，2012 年第四季度已经降至 -0.25 个百分点。当增长不再依赖外需，美国对美元走强的容忍度大幅上升。

其五，从均衡水平看，美元的相对低估为美元走强埋下了伏笔。根据 BIS 的数据，由一篮子货币构成的美元名义有效汇率在 1964—2012 年下降了 31.22%，同期日元的名义有效汇率则上升了 350.6%，日元和美元当前的调整相对于长期态势尚属较为有限。正如法兴银行最近的研究所示："日元贬值空间还很大，美元的低估也很突出。"

其六，从货币博弈看，日元和英镑的单边运行为美元走强形成了助力。当前国际市场内，竞争性贬值并未受到有效制约，市场对日元和英镑的走弱形成了一致预期，大举做空的投资势力则有能力促成"预期的自我实现"。相对而言，奥巴马在国情咨文中强调的制造业回归战略则有可能进一步激励美元的回流。在货币博弈中，美国的参与意愿和竞争态势明显不及日本和英国等经济体，其他主要货币的积极走弱将使美元被动升值。

在经济变量里，汇率的影响要素最为广泛，汇率变化的原因也最为复杂，而以上分析表明，在当前市场状态下，诸多因素的施力方向大都聚集于美元升值方向，这也导致美元升值预期成为主流预期。但随着形势变化，汇率的影响要素本身可能也会发生转变，其对美元的作用方向也将随之扭转，进而可能出现升值推动力逐渐被贬值推动力所抵消的现象，诸多要素施力方向趋同的巧合也将不复存在。例如，一旦被拖延的国债上限讨论出现重大分歧，或欧洲经济滞后超预期走强，或日本政界再度发生意外动荡，国际外汇市场内的施力乱流恐将打破当前认识固化的格局。

值得强调的是，探寻美元升值的原因并不困难，真正困难的是，这些原因的影响究竟有多大程度业已体现在现有的美元升值之中。换句话说，这些原因对未来美元升值的推动力还剩多少？对此问题，笔者目前也无法给出令人信服的分析。但这个问题的提出本身就表明，作为既成事实，美元升值是否会持续下去并从现象转化为趋势，从原因角度很难找到答案。

有鉴于此，笔者认为，走出短期幻象造成的迷茫，需要从长期视角探寻美元汇率的趋势逻辑。利用 BIS 的有效汇率数据，笔者做了一个有趣的测算：截至 2012 年 12 月，在全球 26 种主要货币中，美元的长期贬值幅度并不是最大的，1964 年以来的贬值幅度仅排名第 13 位，位居中游。但如果将数据序列拆分成 1964 年以来、1985 年以来、1990 年以来、2000 年以来、2008 年以来、2011 年以来和 2012 年以来这 7 个有意义的序列，26 种货币中仅有两种货币在这 7 个序列中都呈贬值状态，一种是美元，另一种则是盯住美元的港元。这潜在意味着，贬值是美元在长期中的一种常态或惯性。那么，这背后潜藏着怎样的货币逻辑呢？

对于美元长期贬值，很多市场人士认为（包括笔者曾经也这样认为），这是经济地位决定货币地位的逻辑所致。表面上看，似乎很有道理，根据 IMF 的数据，1980—2012 年，美国 GDP 的全球占比就从 24.66% 降至 18.91%。但进一步分析，经济地位数据和汇率数据的同向变化可能只是一个巧合，而并不具有因果关系。将视野从美元转向更多货币，经济地位决定货币地位从正反两个方面都能找到反例。1985—2012 年，韩国 GDP 的全球占比从 1.04% 升至 1.96%，但其货币却贬值了 55.95%，在 26 种主要货币的同期贬值幅度中排名第 2 位；1985—2012 年，加拿大 GDP 的全球占比从 2.4% 降至 1.75%，但其货币却升值了 13.12%，在 26 种主要货币的同期升值幅度中排名第 11 位。

笔者以为，基于国际秩序、国际货币体系和世界经济结构的特征，美元汇率变化的长期逻辑是：长期贬值是稳定的动态均衡，作为战后全球唯一的霸权国家，美国对内吸纳经济资源和全球商品，对外输出美元资本。一方面，美元贬值并不影响对内购买力，为消费稳定创造了条件；另一方面，美元贬值既能向美国资产持有者不断征收"贬值税"，又创造了通胀压力外输的通道，并满足了美元资本大幅向海外扩张的规模需求。只要霸权存在，美国就有意愿也有能力将这种模式维持下去，而全球化将使得这种模式的作用力更广、影响力更大，让美国从模式运行中获得的收益更多。这也意味着，新兴市场的崛起及其经济地位和开放度的提升，反而使其更容易成为这种模式的被动接受者，这也就可以解释为何"经济强国有强币"有如此多的反例。

换句话说，由于美国是开放的、消费型的霸权经济体，因此美元贬值是其经济在固有模式中循环发展的稳态均衡，不管其他经济体愿意不愿意。与此类似，日本作为开放的、储蓄率高、国债内购率高的非霸权经济体，日元升值也是其长期发展中的稳态均衡，不管日本自己愿意不愿意。

这个逻辑表明美元长期贬值不仅符合美国利益，本身也是稳定的。但值得注意的是，长期贬值并不意味着单向贬值。笔者以为，美元长期走势和短期走势的连接点，即长期逻辑于短期运行中的作用机制，是"DO/DO 机制（Depreciation On/ Depreciation Off 机制）"。这一机制有些类似资本市场的"RO/RO 机制（Risk On/Risk Off 机制）"，风险偏好上升时，资本市场处于 Risk On 状态，投资行为更为激进；风险规避倾向上升时，资本市场处于 Risk Off 状态，投资行为更为谨慎。

"DO/DO 机制"实际上是一个美元汇率状态转换机制，决定状态转换的阈值变量是危机和全球化。当危机爆发、美元避险需求上升时，或是当全球化进展缓慢、霸权模式获益有限时，美元处于 Depreciation Off 状态，即阶段性升值；当危机平复或全球化进展迅猛时，美元则处于 Depreciation On 状态，回到长期贬值的通道。美元于 2008—2009 年以及 2011 年下半年的两次阶段性升值分别是次贷危机和欧债危机爆发引致 Depreciation Off 状态的结果，而当前欧债危机风险犹存以及全球化倒退则是美元再次进入 Depreciation Off 状态的诱因。由此可见，"DO/DO 机制"是理解和分析国际外汇市场复杂变化，特别是美元汇率长期趋势和短期变化的重要工具。

总之，为美元升值找原因并不难，关键是这些原因对过去和未来均具有解释力，却无法区分解释力的时序划分，这对综合预判美元汇率的短期变化和长期走势难以起到有效作用。深入分析美元长期走势中的深层逻辑，霸权状态下的长期贬值是一种稳定的动态均衡，而以危机和全球化为阈值变量的"DO/DO 机制"则决定着短期升值和短期贬值的状态轮转。次贷危机并未使美国失去霸权，因此，美元长短期运行的内在逻辑并未改变，"DO/DO 机制"依旧有效。在当前以邻为壑的非合作氛围愈演愈烈，且欧债危机并未确定终结的背景下，美元短期升值符合逻辑，但这并不会改变长期贬值的稳态趋势，本轮美元升值空间可能较为有限，形成长期美元牛市的概率也较小。

成文于 2013 年 3 月 18 日。本文是对 DO/DO 机制的一个补充研究，同时也分析了美元长期中始终处于贬值通道的深层原因。

为什么美元贬值是内生稳定的？

"货币是一个引人入胜的研究课题，因为它充满了神秘与自相矛盾"，经济学家弗里德曼和施瓦茨在《美国货币史》中如是说到。作为货币的相对价格，汇率则更加诡谲莫测，因为影响汇率变化的因素，往往比影响货币变化的因素在数量上要多出数倍；而作为开放世界的核心货币问题，美元汇率的趋势走向和命运摇摆更是饱受意识冲突、理论桎梏、现实矛盾、市场误解和媒体喧嚣的困扰。2013 年以来，特别是 2 月之后，美元指数快速走高，汇率狂飙过程中的荷尔蒙效应让市场再度陷入激进的狂想，美元大牛市呼之欲来的言论不绝于耳。

美元大牛市是否将至？这显然已经不是一个汇率短期走向问题，而是一个汇率长期趋势的问题。分析美元牛市的成因，市场习惯于从短频数据对比、市场氛围变化、避险需求涨跌、短期资本流动、货币政策取向等角度切入，但这实际上是在用短期视角审视长期问题，而支持美元短期走强的理由未必在长期站得住脚。近代经济学泰斗马歇尔在 1885 年就曾犀利地指出："在所有的理论家中，最鲁莽和诡谲的就是那些声称用事实和数据本身证明一切的人，他们隐瞒了在选择和组合这些事实和数据以及争辩因果关系时，自己所起到的作用（可能他们也没有意识到自己所起的这种作用）。"在笔者看来，当下部分市场人士预判美元大牛市时所犯的选择性错误，甚至与前几年次贷危机高潮阶段那些断言美元崩溃的占卜式诅咒，在非理性程度上并没有本质的区别。

长期问题就要基于长期逻辑进行分析。笔者以为，尽管当下美元短期升值较为迅猛，但长期贬值依旧是大势所趋。原因倒不是"次贷危机终结了美国经济和美元的霸权地位"以及"全球经济多元化发展削弱了强势美元的物质基础"之类的陈词滥调，而是因为，在经济体系长期动态演化过程中，美元贬值是一种稳态均衡，换句话说，美元贬值是内生稳定的。

那么，为什么美元贬值是内生稳定的？从美国自身的视角分析，美元长期贬值有助于美国向内虹吸资本和资源、向外分摊债务成本和通胀压力，弱势美元符合美国利益。但更进一步看，符合美国利益未必符合全球利益，实际上显而易见的是，美元长期贬值并不利于其他国家的经济发展和金融稳定。因此，分析美元贬值的内生稳定性，需要跳出基于美国的思维框架，从全球视角寻找更广域的解释。

笔者以为，从全球视角审视，美元长期贬值也是内生稳定的，原因有三。

首先，美元长期贬值是全球化演进的自然水花。就像在封闭经济里，经济增长总是伴随着物价水平的上升，在开放经济环境下，全球化的演进也自然伴随着美元汇率的贬值。由于在国际贸易、国际金融市场和国际货币体系中，美元扮演着核心货币的角色，因此全球化的过程，本质上就是美元大市场扩张的过程。特别对于新兴市场经济体而言，加入全球化就意味着加入美元世界。那么，从某种程度上看，全球经济就是一个以美元为本币的"大型封闭经济体"，全球经济的持续增长和全球化的持续推进，使得这个"大型封闭经济体"的总需求快速增长，进而引致美元标价产品的价格不断上升，美元贬值获得内生动力。事实上，全球化带来的美元贬值效应在现实中充分显现，很多新兴市场经济体在打开国门、加入美元世界的过程中，都有本币大幅升值的动荡经历，这种潜在的"加入成本"如此高昂，以至于部分小型经济体在全球化浪潮中出现了美元挤出本币的"货币替代"（currency substitution）现象和"美元化"（dollarization）现象。

其次，美元长期贬值是全球经济结构分化的必然结果。全球经济最大的结构特点是内在就具有天然互补性。一方面，美国的主经济引擎是消费；另一方面，以欧日和金砖国家为代表的其他经济体对出口的依赖比较大。这种美国消费全球产品的需求格局导致美国经常项目持续逆差，且逆差规模不断加大，根据美国官方季度数据，20世纪70年代美国季度逆差均值仅为0.79亿美元，80年代升至194亿美元，90年代升至307亿美元，21世纪以来则进一步升至1379亿美元。正如巴菲特所言："除非美国的贸易逆差和经常账户逆差有所改善，否则，美元对其他主要货币的汇率不可避免地还要进一步下降。"贸易逆差形成的过程，本身就伴随着美元币值的走弱。而在笔者看来，更重要的是，全球经济的互补结构，使得美元贬值在平衡全球生产和消费双方利益的过程中发挥了重要作用，对于非美经济体，美元贬值使其通过对外贸易获得了额外的货币财富增值感受，而美国则获得了消费需求的持续满足。这种利益平衡效应赋予了维系全球经济结构、美元渐进贬值的内生动力。

值得特别指出的是，这里似乎有两个与传统认识相悖的问题。一是美元贬值是否不利于非美经济体的出口。笔者以为，短期内，需求是易变的，出口对汇率的价格敏感性较高；但长期内，整体需求增长是稳定的，出口并不具有太大的价格弹性，这实际上构成了长期中的历史现实，美元贬值并未减缓全球贸易快速发展的势头。二是美元贬值是否不利于美国需求的维系。笔者以为，美元贬值只是降低了单位美元的购买力，而决定消费者购买力的是单位劳动力的购买力。正如维金在其畅销书《美元的坠落》中所言："货币不过是一层面纱，实际起作用的力量是人们的能力、人们的勤奋与才智、人们所掌控的资源、人们的经济组织模式与政治组织模式。"凭借着领先世界的科技创新能力和劳动生产力，美国消费者的财富创造能力大幅高于美元贬值幅度，根据IMF的数据，1980—2012年，美国人均GDP上升了306.58%，而同期美元指数仅下跌了14.76%，单位劳动力的购买力的持续提升为美元长期贬值背景下美国消费者的效用满足奠定了基础。

最后，美元长期贬值是国际货币体系演化的伴生现象。次贷危机爆发以来，市场上流行着一种观点："美元经济的日暮西山将终结美元的霸权地位，美元贬值是美国经济地位下降的货币反应。"IMF 的数据也显示，1980—2012 年，根据购买力平价计算的美国 GDP 全球占比就从 24.66% 降至 18.91%。但笔者以为，这种"经济强国必有强币"的观点存在很大的漏洞。一方面，反例是存在的；另一方面，更关键的是，美国经济地位的所谓下降本身可能就是一种幻觉。市场衡量一国经济地位的重要指标是其 GDP 的全球占比，而这种计算必须要涉及美元汇率折算，在美元长期贬值过程中，这种计算本身在时间序列上就具有降低美国占比、提升他国占比的汇率效应，而市场惯常参考的 IMF 数据，则使用了根据购买力平价的汇率，这种汇率折算相比市场汇率折算进一步降低了美国占比数据。从某种程度上看，美国 GDP 的全球占比下降和美元贬值互为因果，美国经济地位的所谓下降具有较大的汇率水分；换个角度，新兴市场经济体的确在崛起，但其崛起的态势和速度可能也不如其 GDP 全球占比上升显示的那般犀利。美国经济地位和金融地位是否在快速下降？越来越多的迹象显示，事实可能并非如此。不过，值得强调的是，即便美国霸权依旧存在，全球经济多元化始终是大势所趋，而其他经济体在崛起过程中，总会自觉或不自觉地去挑战或冲击美元的霸权地位，这种货币挑战往往伴随着一段时期内的本币强势，从欧元、英镑、日元到人民币，不同货币在冲击美元霸权过程中，不断给美元贬值提供内生的额外动力。

总之，对于汇率而言，短期变化和长期趋势的决定要素及其作用机制大不相同，例如，短期中利率平价很重要，而长期中大部分国家是美国货币政策的跟随者，利率平价的汇率影响大幅下降。尽管当下能给美元短期升值找到很多理由，但从美国视角和全球视角看，美元长期贬值都具有内生稳定性，这意味着，美元形成长期大牛市的几率可能并不大。实际上，根据笔者的测算，截至2013 年 3 月 18 日，2013 年第一季度美元指数上涨 3.79%，在 1967 年第一季度至 2013 年第一季度的 185 个季度中，升值幅度仅排名第 31 位。如果将数据线拉长，此轮美元升值可能只是美元在双向波动、震荡下降大趋势下不断经历且必须经历的插曲之一。

成文于 2013 年 3 月 13 日。本文结合堰塞湖的地理学特征分析经济学意义，从货币角度分析了美国经济金融变化产生外溢性影响的重要途径。

警惕美元堰塞湖

2013 年以来，"堰塞湖"这个词在财经领域非常流行，主要用来形容中国经济的货币超发和中国股市的 IPO 积压问题。那么，什么是堰塞湖？从地理学意义看，堰塞湖是指河流被外来物质堵塞而形成的湖泊，常由山崩、地震、滑坡、泥石流、火山喷发的熔岩流和流动沙丘等造成。

虽然从经济学意义看，"堰塞湖效应"和"堰塞湖现象"属于衍生词汇，并无确切的理论解释，但笔者以为，跨学科的思想碰撞可以从特征类比切入。从地理学特征比照理解，堰塞湖的经济内涵有五：一是危机伴生现象，地理学上的危机是地震、泥石流和火山喷发等，经济学上的危机则是经济危机和金融危机；二是存在"进易出难"的积聚效应，地理学上对应着水量的蓄积，经济学上则对应着金融资本或经济资源的积聚；三是内含临时性的阻塞机制，地理学上的阻塞物是火山熔岩流和泥石流等，经济学上的阻塞物是限制性政策等，这些阻塞机制既不是原本就有，也不会长期存在；四是具有超出本源的外溢性影响，地理学上对应着从河流到湖泊的积水面扩大，经济学上则对应着经济金融效应的跨境辐射和跨区域传染；五是暗藏漫溢倾泻的崩溃风险，地理学上风险爆发的导火索是堵塞物在冲刷、侵蚀、溶解后的崩塌，经济学上的风险引爆器则可能是政策变化或突发经济事件。

那么，从地理学和经济学共鸣的五重内涵审视，经济世界的堰塞湖在哪？虽然和堰塞湖相提并论较多的是中国的货币供应和企业 IPO 问题，但笔者以为，不仅这两个问题的讨论已然较为充分，而且结合影响力、重要性以及与五重经济内涵的契合度，当前最值得警惕的全球性风险恰是"美元堰塞湖"。

美元堰塞湖是指全球范围内金融资本向美国和美元资产聚集的现象。从其经济内涵考察，美元堰塞湖是金融危机破坏全球经济秩序和国际货币体系过程中的一种伴生金融现象，积聚效应是客观因素和主观因素共同作用的结果，而美元外流的阻塞机制主要由奥巴马提高资本外流的税收成本等抑制性政策构成，具有短期性特征，这意味着美元堰塞湖天然就具有崩塌的可能性，对全球经济的潜在危险不容小觑。

美元堰塞湖的形成始自次贷危机终结、欧债危机恶化的 2010 年。笔者利用美国财政部公布的数据进行了测算，2010—2012 年，美国净资本流入分别为 2998.76 亿美元、4907.37 亿美元和 2918.45 亿美元，而 2009 年美国资本净流出为 3163.2 亿美元。值得强调的是，2012 年，虽然美国净资本流入的绝对值相对 2011 年有所下降，但考虑到 2012 年全球资本流动的总规模有所萎缩，且新兴市场经济体的资本流入明显下降，而中国全年资本和金融项目逆差达 1173 亿美元，自 1998 年以来首次出现年度逆差，根据残差法计算的中国资本净流出更高达 3267 亿美元（当然，残差法的测算结果具有较大局限性，仅具有参考意义），美国资本流入的相对势头依旧较为强劲。

从 2013 年以来的市场情况分析，多重因素进一步激化了美元堰塞湖的形成。

其一，美元的快速升值进一步刺激全球资本向美国积聚。2013 年 3 月 8 日，美元指数走上 82.924 的短期高点，较 2 月 1 日 79.125 的短期低点升值了 5%，较 2013 年初升值了 4%。在美元短期快速升值的过程中，大部分市场人士进一步将强势美元预期从短期延展到中长期，市场内做多美元、做空日元、英镑和欧元的气氛更趋浓烈，美元走强的预期使得增持美元资产的国际需求迅速膨胀。

其二，美国宏观经济的相对稳健性进一步刺激全球资本向美国积聚。2012年，美国经济就曾展现出周期性领跑的相对强势，在全球经济放缓的背景下加快了经济复苏的步伐。2013年，美国宏观经济基本面的相对强势不仅没有削弱，反而潜在增强，体现在几个方面：一是经济韧性相对较强，在欧日滑向衰退深渊的同时，美国经济却抵挡住了财政悬崖、自动支出削减机制启动和国债上限触顶的利空叠加，并未陷入增长停滞，经济表现超出市场预期；二是复苏的确定性相对较强，在欧洲经济依旧受到债务危机拖累、日本货币局势激进动荡、新兴市场出现分化的背景下，美国经济并没有太多令人担忧的潜在掣肘；三是增长的内生性相对较强，消费持续的强势表现增强了美国经济复苏的内生动力，使得美国成为少数无惧于全球总需求放缓、保护主义倾向抬头和全球化倒退的国家。

其三，美国微观经济主体的能力恢复进一步刺激全球资本向美国积聚。美国微观经济主体的能力恢复体现在家庭和企业两个层次。一方面，受益于就业形势改善和房市触底复苏，美国家庭的财富水平大幅回升，在持续多年的去杠杆化完成之后，美国家庭的经济实力和风险偏好明显增强。另一方面，受益于次贷危机引发的优胜劣汰和结构调整，美国企业的创新能力、竞争实力和业绩表现悄然回升。两方面的综合效用，使得美国资本市场供求两旺，市场活力充分激发，股指一路震荡上行，自2013年3月初起，道琼斯指数连续多个交易日创出历史新高。充满微观活力的资本市场提升了美国对国际资本的吸引力。此外，2013年奥巴马正式开启第二个总统任期，其对美国跨国经营企业"走回来"的政策导向更趋坚定，美国"再工业化"大战略下的资本回流渐趋增强。

值得强调的是，当下美元堰塞湖的加速形成符合美国利益。一方面，在全球缓慢复苏、增长动力匮乏的背景下，美元堰塞湖的形成有助于美国虹吸全球资本助力，维系资本市场繁荣，保持并增强复苏信心；另一方面，在美国经济增长引擎发生转换的背景下，即从危机期间贸易引擎临时性支撑转变为现在重新回归对内生引擎的依赖，美元堰塞湖形成过程中伴生的美元升值并不会对美国经济造成太大损伤。而更进一步看，美元堰塞湖不会永远存在，一旦美国经济从复苏转向繁荣，在夯实霸权的本能驱使下，美国产业政策可能将再度转为向外扩张，抑制资本外流的阻塞机制一旦消融，美元堰塞湖将崩溃宣泄，全球经济都将承受通胀上行、霸权势力悄然增强的影响。

其实，从本质上看，美元堰塞湖的积蓄和泄洪，对于美国经济而言具有"逆周期效应"，即在经济萧条和恢复阶段，向美国内部积聚增长动力，在经济繁荣阶段，向美国外部分散通胀压力，并通过霸权的渗透为下一轮"蓄水和放水"积攒力量。而对于其他国家，特别是中国这样的新兴市场国家而言，美元堰塞湖的积蓄和泄洪，则具有"顺周期效应"，经济繁荣时平添物价稳定压力，经济困难时则削弱复苏动能。这种"顺周期效应"是宏观经济不确定性和不稳定性的催化剂，唯有了然于胸，才谈得上防患于未然。

对于美元堰塞湖，中国既要时刻警惕，也需从根本上加以应对：一是形成理性预期，对于国际投行主导、目前非常流行的美元长期升值论需加以谨慎对待，避免思想上盲从和行动上冒进；二是完善水流监测，对国际资本多渠道的流入和流出加强数据采集、统计和预警；三是建设自身蓄水池，深入推进资本市场能力建设，夯实宏观经济增长的微观基础，为吸引资本、留住资本和用好资本创造条件；四是坚定不移地推进国际经济秩序多元化，从推进人民币国际化、完善外汇储备管理、引导投资多样化、更多参与国际货币体系重建等多种渠道，用行动避免国际经济秩序在次贷危机终结之后再度转向霸权结构。

成文于 2013 年 6 月 18 日。本文从外汇市场切入，强调了金融市场运行规律的深层变化，并明确指出，新兴市场是危机演化的新震心，这是有预见性的。

汇市异动折射全球经济新变化

"远峰带云没，流烟乱雨飘。"经过 2007—2013 年连续五年的危机肆虐，全球经济的不确定性未见些许减少，"黑天鹅"事件依旧层出不穷，经济复苏始终一波三折，市场运行总是跌宕起伏，未来发展还是扑朔迷离。风云变幻之中，许多带有趋势演化信息的新变化正在悄然发生。而作为开放经济中各国经济复苏态势、宏观政策选择、货币金融环境相互对比、冲突融合的数据反映，全球汇率的趋势走向和结构演化内在折射了国际经济金融环境的这些新变化。

从全球外汇市场 2013 年年中的演化来看，一系列市场异动与此前市场形成的趋势共识和主流预期大相径庭，甚至呈现出一些背道而驰的现象。而更值得强调的是，尽管这些市场异动的量级已然不小，相应的市场震荡也是极为剧烈，但绝大多数市场分析人士依旧将这些异动视作一种无须解释、不改大势的短期波动。实际上，这种对某种中长期趋势的盲目相信和对短期剧烈变化的漠然忽视不仅有失审慎，而且可能错过了捕捉汇市异动背后宏观趋势信息的机遇。

综合历史数据和趋势变化，当前的汇市异动呈现出两个关键特征：首先，也是最重要的是，美元由升转贬，市场对美元牛市已至的一致预期遭到重创，2013 年 6 月 13 日，美元指数一度跌至 80.51 的阶段低点，较 5 月 23 日 84.49 的阶段高点贬值了 4.71%，这波急速下跌将上一波 5 月 1 日至 23 日 3.89% 的短期升幅完全吞噬，并已咄咄逼近 80 的整数大关，距离 2012 年 9 月 14 日 78.6 的中期低点也就一步之遥。其次，近三个月来，发达国家和新兴市场国家货币的汇率走向出现明显的分化。截至 2013 年 6 月 14 日，发达国家货币对美元汇率在近三个月内大多呈升值态势，欧元、丹麦克朗、瑞士法郎、加拿大元、挪威克朗和英镑在近三个月内对美元分别升值了 2.47%、2.46%、2.44%、0.52%、0.9% 和 3.5%，甚至连自 2012 年 9 月起持续贬值的日元，也对美元升值了 1.1%。主要发达国家货币中，只有澳大利亚元在近三个月内对美元贬值了 7.58%。此外，截至 2013 年 6 月 14 日，新兴市场国家货币对美元汇率在近三个月内大多呈贬值态势，印度卢比、巴西雷亚尔、俄罗斯卢布、印尼盾、马来西亚林吉特、智利比索、土耳其里拉、菲律宾比索、韩国元、哥伦比亚比索、秘鲁新索尔、阿根廷比索和南非兰特在近三个月内对美元分别贬值了 5.48%、7.03%、3.4%、1.77%、0.13%、4.8%、2.53%、5.15%、1.52%、4.97%、5.09%、4.62% 和 7.22%。主要新兴市场国家货币中，只有中国人民币在近三个月内对美元升值了 1.39%。

汇市异动折射了全球经济和国际金融市场正在发生的三大深层变化。

其一，金融市场的运行规律正在发生新变化，传统经济理论和历史运行经验对国际金融市场趋势演化的解释力有所下降，理解市场、感知未来愈发需要突破理论桎梏和经验主义的思维试错和框架创新。近一段时间的美元贬值就是最好的例子，从传统分析视角审视，2013 年初以来逐步流行的美元牛市论调理应更趋确定。在日本经济的政策试验广受质疑、欧洲经济深陷衰退泥淖、新兴市场经济增长动力明显匮乏的背景下，美国经济呈现出更具韧性和可持续性的相对强势；在安倍准备进一步扩张刺激性政策、全球自 2013 年 4 月初以来进入新一轮降息热潮的背景下，美联储的政策退出计划反而轮廓渐清；在全球股市受累于日本股市连跌的背景下，美国股市则依旧在历史高位维持着相对强势。从利率平价、经济对比、资产选择、资金流动等各个汇率决定理论切入，美元升值的基础似乎都应进一步夯实，而非削弱。但不到一个月内美元指数4.71%的巨大跌幅充分说明，汇率并没有按照理论推演和经验暗示的道路去演进。市场不会有错、数据不会撒谎，美元有悖共识的近期下跌已成事实，始终强调美元的中长期强势、等待美元随后的反弹验证并没有什么太多的现实意义，务实的做法是继续修正我们理解和预判市场运行特别是短期运行的思维方式。更进一步看，2013年以来陆续出现了黄金暴跌、日股连挫和近期的美元急贬，这些有悖于市场预期和普遍共识的"黑天鹅"现象，貌似难以解释，实际上是现实敲响了本本主义和经验主义的警钟，市场运行的旧制度正在悄然崩塌，经济理论和市场思维的大革命再不能由于孤芳自赏而止步不前。

其二，金融危机的阶段演化正在发生新变化，新兴市场成为危机新震心的可能性悄然加大。全球汇市近三个月来的结构特征值得高度关注，大部分发达国家货币对美元升值，大部分新兴市场国家货币对美元贬值，这潜在表明，如果发达国家和新兴市场国家各有一种代表性的篮子货币，那么新兴市场国家正在对发达国家整体贬值。联系当下经济、金融的全局状况，新兴市场国家货币的整体贬值伴随着其经济增长动能的普遍下降、政策两难的普遍凸显和资本市场的普遍萎靡，综合比较实际上暗示着，经济、金融风险的全局重心分布正倾向于更多地向新兴市场转移。笔者以为，从逻辑推演的角度看，危机影响不存在任何死角，危机演化不存在些许侥幸，本轮危机的本质属性是信用危机，正因为危机伤及了金融作为资金融通体系的根本——信用，危机才会如我们所见，震心持续转移，短板频频受挫，冲击绵绵不绝。第一阶段，信用危机表现为银行危机，微观信用受损，流动性枯竭，微观信用缺失最为严重的美国成为危机震心，为拯救危机，全球政策以宏观信用抵补微观信用；第二阶段，信用危机表现为债务危机，宏观信用受损，财政巩固拖累经济增长，财政政策受制约，宏观信用缺失最为严重的南欧成为危机震心，为拯救危机，全球货币政策被迫发力，量化宽松升级，以货币信用抵补宏观信用；第三阶段，信用危机将表现为货币危机，货币信用受损，货币政策效应骤减、货币秩序混乱，这一阶段的危机震心很可能将是货币信用最为羸弱、金融体系脆弱性最大的经济体，而毫无疑问，新兴市场可能最符合危机新震心的形成条件。

其三，全球政策预期正在发生新变化，对预期超调的再调整势在必然。近期的汇市异动表明，市场对全球货币政策的预期存在两种性质相似、方向相反的"预期超调"。一方面，对于美国货币政策而言，市场对政策退出速度和力度的预期明显过高，即预期失之于"过紧"。从美国经济状态看，尽管在房市去泡沫化、家庭去杠杆化基本完成的背景下，美国房市复苏和消费增长具有较高的含金量，美国经济的内生动力和复苏质量明显高于大部分主要经济体，但值得强调的是，从绝对水平看，美国经济增长尚未达到潜在水平，产出缺口依旧加大，劳动力市场的根本性和持续性恢复还未最终确认，在复苏任务远未完成、货币政策刺激空间尚存的前提下，美国依旧需要长期维持宽松货币政策基调，现在市场广泛预期的"退出"并不是宽松货币政策的退出，而是非常规政策的退出，即超宽松货币政策的"去超化"。美国货币政策的转变可能将遵循"减少资产购买—停止资产购买—调升超额准备金率—调升基准利率—资产出售"的长期渐进路径。而从美联储自 2008 年危机爆发以来不畏通胀数据升降、我自岿然不动的政策风格来看，这个长期路径上的每一步，美联储的迈进可能都不像市场预期的那样迅速。另一方面，对于新兴市场国家的货币政策而言，市场对宽松政策基调的预期明显过强，即预期失之于"过松"。尽管新兴市场近期增长动力不足，对政策刺激的需求有所上升，而通胀压力也明显缓解，似乎为货币政策进一步趋向宽松创造了条件，但新兴市场货币的近期贬值在某种程度上表明国际资本大幅流出新兴市场的危险正逐步加大，在金融危机演化渐趋不利于新兴市场的背景下，适时、适度提高利率、避免资本过度外逃似乎又成了另一种战略性选择，2013 年 6 月中旬印度尼西亚的突然加息就是这种应对的一个例证。从危机应对、经济增长、通胀、风险管理等多重角度审视，新兴市场货币当局的政策选择可能不会像市场预期的那样一面倒地偏向宽松。

总之，汇市异动表明，全球经济和危机演化正在发生新变化，理解思维需要创新，政策应对同样不能陷入传统桎梏。对于中国而言，在进一步打开国门、推进改革的过程中需要更审慎地统筹考虑国际、国内两个大局，更稳健地选择政策方向和政策时机。

成文于2013年8月27日。市场对美元汇率存在数据表征和运行机理两方面的认知误区，而走出误区，需要把握数据内涵并借助DO/DO机制来理解美元汇率。

美元汇率需重新认识

汇率是经济世界最复杂、最难理解的变量（没有之一），因为汇率本质上代表着开放背景下一国与其他国家甚至整个世界的货币关系。如果说其他经济变量涉的经济关系是单维的、平面的，那么汇率涉及的经济关系则是多维的、立体的。在各种货币汇率里，美元汇率又是最重要、最易曲解的变量（没有之一），因为美元始终是超然于其他货币、真正具有世界货币特征的主权货币。但无论是市场还是理论界，对美元汇率都存在片面和陈旧的认识，以至于很容易迷失在美元汇率变化和现实经济动态相互背离的迷雾之中。结合各种来源的汇率数据和各类均衡汇率决定理论，笔者以为，当前市场对美元汇率存在数据表征和运行机理两方面的认知误区。

首先，市场对美元汇率变化的整体性认识几乎都是片面的、矛盾的，甚至是错误的，根本原因在于美元汇率自始至终都缺乏一个全面、客观和有效的表征数据。经常听到和看到媒体及市场人士热议"美元升值或贬值"，这里，如果没有加上特定的双边货币对象，即"美元对某某货币升值或贬值"，那么严谨的意思应该是美元作为一种主权货币对其他所有主权货币整体升值或贬值。也就是说，如果未明确表示为双边汇率，那么所谓的美元汇率应该是美元兑一篮子货币的价格。美元最著名的一篮子汇率就是美元指数，该指数由美元兑欧元、日元、英镑、加拿大元、瑞典克朗和瑞士法郎的双边汇率按照57.6%、13.6%、11.9%、9.1%、4.2%和3.6%的权重加权计算得来。从一篮子货币的构成就可以看出，美元指数只是美元兑少数主要发达经济体主权货币的相对货币价格。

很明显，构成过于单一，导致美元指数和市场所感知到的美元汇率变化存在较大差异。一个简单的直觉就是，2013年8月，国际金融市场经历了极为剧烈的大幅震荡，包括印度卢比和印尼盾在内的诸多新兴市场货币对美元大幅贬值，甚至引发了一系列的政府干预，但美元指数几乎未见大幅波动。由此可知，作为最常用的美元汇率表征数据，美元指数未能全然反映国际汇率市场和美元相关的重要变化。

能够更好、更全面地反映美元汇率变化的，是包括更多货币的一篮子汇率，最权威的是国际清算银行（BIS）公布的美元名义有效汇率的月度数据。具体而言，BIS提供两种口径的美元名义有效汇率，一种是窄口径数据，数据长度从1964年开始，货币篮子里总共包括27种货币（包括美元在内）；另一种是宽口径数据，数据长度从1994年开始，货币篮子里总共包括61种货币。将美元名义有效汇率和美元指数做个对比，美元指数的不精准性就一览无遗。例如，2013年7月，宽口径的美元名义有效汇率（下文所取用数据均为宽口径）为100.59，较上月升值0.59%，同期美元指数却是下跌1.82%，从7月国际汇市双边汇率的全局数据看，美元名义有效汇率更准确地描述了美元整体性的变化趋势。

更值得强调的是，笔者通过测算发现，美元指数不精准是一种长期现象，而且这种现象正渐趋严重。1994年2月至2013年7月的234个月里，有76个月出现了美元指数和美元名义有效汇率变化趋势相反的反常情况，反常比例为32.48%；2010年以来，这一比例上升为34.88%；2012年以来，反常比例进一步升至36.84%；2013年以来，7个月里有3个月两者发生背离，反常比例升至42.86%。由此可见，美元指数越来越难以担当起描绘美元汇率变化态势的核心指标，市场始终紧盯美元指数，不可避免会产生很多认识误差。

重新认识美元汇率，势必需要逐步摒弃美元指数，选择更加精准、更能包容美元兑新兴市场货币趋势的新变量。美元名义有效指数看上去是一个较为理想的替代指标，但遗憾的是，BIS 只公布月度数据，且公布时间较为滞后，无法及时反映美元的快速变化。所以，美元的数据表征问题可以简单归结为：美元指数具有即时性，却不具有精准性；美元名义有效汇率具有精准性，却不具有即时性。截至目前，金融市场和国际机构尚没有提出一个有效的数据解决方案，这使得市场对美元汇率的认识始终处于混沌和偏差之中。

数据问题表面上是技术面的，实际上也包含思想上的误解。很多媒体和市场人士对汇率的认识缺乏常识，经常混淆一篮子货币汇率和双边汇率。例如，经常有记者在采访时会问道："美元升值是不是加大了人民币贬值的可能？"这实际上就存在概念上的错误，美元升值是美元对其他所有货币升值，而在人民币对美元升值背景下，这只意味着人民币对其他主要货币面临着更大的升值压力。

无法区分双边汇率和有效汇率，只是思想上的常识性错误。对于美元汇率，市场和理论界存在更深层关于运行机理的认知误区。经过近十年紧贴市场的美元汇率研究，笔者以为，这种认知误区体现在长期和短期两个方面。

一方面，有一种观点十分流行，那就是长期内，全球经济多元化势必导致美国经济霸权日渐式微，进而会使得美元不断贬值。美元贬值的确是长期趋势，但这种因果逻辑有待商榷。美国经济长期地位是否在下降？ IMF 的占比数据显示如此，但 IMF 统计全球 GDP 的时候使用了基于购买力平价的汇率进行折算和加总，这种方法实际上高估了包括中国在内的诸多经济体的占比地位并低估了美国经济的占比地位。此外，2013 年 7 月末，美国调整了 GDP 统计方法，在纳入知识经济后，美国 1929—2012 年的实际 GDP 规模被平均上调 10.47%（名义规模年均上调 2.78%）。如果 IMF 的数据能反映这种新变化，美国经济地位可能并不像市场普遍认为的那样下降迅速。此外，即便美国经济占比在缓慢下降，这也并不意味着美元货币地位会下降，国际机构数据显示，2008—2012 年危机并没有对美元造成较大打击，反而是给美元最大的对手——欧元以致命损伤，美元在全球贸易结算、国际支付、国际商品计价和金融产品发行中依旧占据主导地位。因此，美元汇率长期运行机理可能和多元化具有一定相关关系，但未必有因果关系。

另一方面，经济学领域的汇率决定理论一直在不断更新，这实际上表明影响并决定汇率的要素正在不断被发现、被强调，包括相对通胀、利率平价、相对经济增长和资产选择都对汇率短期和中期变化产生影响。但笔者发现，影响汇率的因素越多，越难以理解汇率短中期的趋势变化。而美元汇率更是经常和基本面要素的相对变化相背离，原因在于，美元具有根本上的特殊性。

美元是全球唯一具有一定世界货币特征的主权货币，这使得美元汇率短期和长期的运行机理都不同于其他货币。全球化的过程，本质上就是一个更多经济体更大程度加入"美元世界"的过程，在这个过程里，美元运行的短期和长期逻辑是统一的，即美元既会在这个"美元世界"里发生一些自然的币值变化，又会由于美国的国家利益发生一些人为的币值变化。这两种变化的长期方向是一致的，都是美元倾向于缓慢贬值，这也与美元实际的长期运行轨迹相同。此外，短期内，美元汇率这种内生变化方向会由于一些特殊情况发生扭转，决定长期贬值趋势是否在短期内持续的，是全球化和危机这两个阈值变量。如果有危机，美元的避险需求激增，或是全球化倒退，"美元世界"的边界扩张受阻，且美元贬值给美国带来的边际效用不足，那么长期贬值就会暂时被短期升值所取代。

这个基于美元国际货币地位、融合短期和长期的美元汇率运行机理就是"DO/DO 机制（Depreciation On/ Depreciation Off 机制）"，笔者曾于 2013年 3 月在《DO/DO 机制和美元逻辑》一文中进行过阐述。从近期美元汇率经常有悖于市场共识的运行轨迹来看，"DO/DO 机制"依旧有助于理解美元汇率的变化。例如，市场普遍预期美国经济强势复苏会带来美元同步升值，但实际上美元不升反贬，根本原因在于，美欧复苏伴随着全球化的再度加速，进而触发长期贬值阀门重新开启。

总之，美元汇率近阶段的一系列"反常"状况表明，市场需要重新认识美元，走出数据表征和运行机理上习惯性的认知误区。

成文于 2013 年 4 月 17 日。本文写于笔者 34 岁生日
当夜，经济理论和传统经验对解释此番金价暴跌显得如
此无力，这让笔者充分认识到自身知识结构的局限。

金价暴跌的寓意

万物皆可知，特别是人类的集体行为，即便再怎么匪夷所思，也总有可以
认同的动机和情有可原的解释。2013 年 4 月 12 日和 15 日连续两个交易日的
金价暴跌，让很多人特别是看宏观的人，陷入了一种非常罕见的"认知危机"。
暴跌本身并不可怕，可怕的是，很难从基本面找到暴跌的原因，而一些常见的
宏观趋势与黄金价格的联动模式，也完全遭到了颠覆。以至于一些技术流的朋
友，会不无调侃地说，作为一个纯粹的技术现象，此番金价暴跌将高谈阔论的
宏观人士打回了原形，于金融现象发生后再去寻找解释本身就是一件毫无意义
的事，因为当市场进入"交易员模式"，一切结果都不需要有原因。

真是如此吗？笔者很不愿相信，但事实却是，如果不是供给面发生了突破
性的进展，即人类发明了合成黄金的技术，或是占地球金资源 99.7%、深藏于
地核与地幔深处的自然宝藏突然蹦上地表，那么，真的很难理解这莫名其妙的
暴跌。从宏观分析的惯常套路去探寻，根本就找不到任何支持金价暴跌的证据。

众所周知，黄金是以美元标价的，黄金价格与美元汇率往往反向变化，但
金价暴跌的这两天，美元并没有明显的大幅升值，甚至早在几个交易日前，美

元就呈现出阶段性回落的态势。此外,避险需求一直被视作推升金价的主要助力,但此番金价暴跌的背景却并不是危险的化解,反倒是局势的恶化,塞浦路斯危机已将欧债危机结束的幻想生生敲碎,意大利大选彻底陷入僵局,葡萄牙、西班牙的再救助箭在弦上,黑田东彦的放手一搏惊动全球,半岛局势的紧绷扣人心弦,而2013年4月初公布的一系列美国经济数据则几乎无一例外地弱于预期,国际组织都在忙于调降增长预期,就连中国新鲜出炉的季度经济数据也让市场有失所望。一切看上去都有助于推升黄金的避险需求,但金价却一落千丈。再切换一条思路,作为国际货币体系的元老,黄金的准货币属性,甚至是金本位的荣光,也经常被人们热议,但这次金价暴跌,却伴随着比特币(Bitcoin)在冲上266美元天价后的一泻千里,以及美元在"牛市回归"期盼中的逢高回落和日元在黑田东彦新政后的持续下跌,信用货币和虚拟货币的脆弱照理说应该让黄金的货币属性更加凸显,但金价却没有得到一丝相应的支撑。

更进一步,即便跳出金价决定论的宏观分析套路,当下市场上流行的暴跌解释也都缺乏足够的说服力。一种观点认为黑田东彦新政引致的资产再配置效应以及德拉吉对塞浦路斯的施压,均引发了黄金的抛售,但从体量上看,这些抛售压力都不具有让金价如此暴跌的能量。另一种观点认为,保证金上调和多头溃散是金价暴跌的原因,但这些更像是放大跌幅,而非引发暴跌、促使金价击穿强力支撑位的根本原因。还有阴谋论者认为,这是美联储在下的一盘大棋,但要知道,欧美发达经济体才是黄金的最大持有者,根据王兆才(2012)博士论文中的数据,截至2012年1月末,美国、德国、意大利和法国分别持有8133吨、3396吨、2452吨和2435吨黄金储备,黄金储备占其外汇储备的比例分别高达76.9%、74.2%、73.9%和73.7%,而作为新兴市场代表,中国和印度的黄金储备仅为1054吨和558吨,占各自外汇储备的比例则为1.8%和10%,金价暴跌给欧美带来的账面损失明显更大。此外,也有观点认为,索罗斯、法国兴业银行、瑞士联合银行集团和高盛集团大肆唱空黄金的行为起到了引导"预期自我实现"的作用,但这与其说给出了解释,更像是加重了金价暴跌的神秘感,而且,值得指出的是,在金价一路飙升的过程中,唱空金价的人始终存在,就像中国股市一路下跌过程中唱多声也从来不绝于耳一样,市场上永远都存在着多空双方，有人唱空并不能给市场走熊提供有力证据。

难道从基本面着眼真的就找不到看穿金价暴跌的角度？笔者心有不甘，经验告诉我们，人类行为总有雷同之处，而从过去窃来火种往往能照亮现实。于是，笔者利用黄金价格 1995—2013 年的每日数据以及 1920—2013 年的月度数据进行计算和排序，并结合不同阶段的经济金融基本面状况进行对比，以求寻找到一个和 2013 年 4 月 12—15 日相类似的历史瞬间。结果还真有发现！

在 1920—2013 年的金价月度跌幅排名榜上，2013 年 4 月的金价跌幅（截至 4 月 15 日）排在历史第二位，排在第一位的是 2008 年 10 月，这个月正值美国次贷危机升级后，美国国会先否决再通过总值 7000 亿美元的救助方案，这段历史表明危机并非总是金价的助推器，特别是危机爆发前期的救助不力，往往会变成包括黄金在内的高估值资产遭抛售的诱因。排在第三、第四位的是 2011 年 9 月和 11 月，当时恰逢金价走上 1921 美元 / 盎司的历史高位，这段历史表明，没有只涨不跌的金融变量，高位本身往往就给做空提供了可行空间。

最重要的发现还是来自每日数据的分析，笔者对 1995 年 4 月 17 日至 2013 年 4 月 15 日时间序列上 4694 组数据进行了排序，连续两个交易日跌幅排名非常靠前的几组数据中，就有处于 2006 年 6 月的数据。而仔细审视 2006 年 6 月的宏观背景，和当下有着极大的相似。首先，美国经济增长都处于一种季度强势的幻觉之中，2006 年第一季度，美国经济增长率为 5.1%，明显高于前一个季度的 2.1%，但 2006 年第二季度和第三季度，增长数据大幅降至 1.6% 和 0.1%；与此类似，2013 年第一季度，美国经济的预期中值为 2.8%，明显高于前一个季度的 0.4%，但 2013 年 4 月初公布的短频数据表明，第二季度美国经济增速恐将明显下滑，彭博资讯的经济预期中值也仅为 1.6%。其次，美国货币政策都在增长幻觉中呈现出具有标志性意义的紧缩态势，2006 年 6 月末，美联储进行了 2003 年紧缩周期以来的最后一次加息，把基准利率提升至 5.25%，将紧缩力度推到极致并保持了一年左右；而 2013 年 4 月，美联储也在连续 6 年的宽松之后，正式流露出结束 QE 甚至渐进收紧货币的意图。此外，2006 年 6 月和 2013 年 4 月的类似之处还表现在美元指数都处于 84 点左右，并且都刚刚经历过一波短期升值，美国股市都在短期内经历过自我突破的兴奋点，金价也都于不久之前创下过历史高点。

2006年6月之后的历史我们都很清楚，2007年伊始美国房市就警报频传，并最终引致了百年难遇的次贷危机。2006年6月的金价暴跌实际上印证了非常重要的一点：在市场对增长充满信心的背景下，实体经济本质上的羸弱和货币政策在从紧方向上的冒进最终将融合成一个致命的错误，而在错误迹象提前显现的当口，敏感的市场就迅速以金价暴跌的方式进行了回应。危机将至，现金为王，抛售一切高估值的资产都是明智的选择。

2013年4月的形势，与此极为类似。观点总是暗藏偏见，事实却不会撒谎。为理解貌似不可理喻的金价暴跌，还是让我们摒除掉所有的市场声音，按照时间顺序简单罗列下4月以来发生的重要事件：4月1日，朝鲜宣布朝韩进入战时状态；2日，美国制造业PMI指数的表现创两年最佳；3日，欧元区失业率刷新纪录；4日，黑田东彦公布超出预期的宽松货币政策；8日，美国非农就业远低于市场预期，德拉吉暗示欧洲央行降息摆上议程，拉加德赞扬日本的货币宽松措施；9日，瑞士联合银行集团和高盛集团发布唱空金价报告；10日，OECD警告斯洛文尼亚面临严重的银行危机，惠誉下调中国主权信用评级；11日，标普和道琼斯指数创历史新高，FOMC会议纪要被爆提前泄露，纪要显示美联储曾积极考虑退出QE，WTO下调贸易预测；12日，比特币暴跌；13日，德拉吉施压塞浦路斯出售黄金，IMF下调美国增长预测；16日，波士顿发生爆炸案，美国和中国公布的经济数据均明显弱于预期；17日凌晨，IMF在《世界经济展望》中将2013年全球经济增速下调0.2个百分点。

当前基本面有三个关键点：其一，全球经济增长弱于预期，一度表现抢眼的美国和中国，以及深陷区域危机的欧洲，都承受着较大的增长压力，经济基本面的实际状况并不好；其二，美联储以及部分新兴市场国家，对经济形势的判断可能有失乐观，美联储退出QE政策，以及部分新兴市场国家稳健趋紧的倾向和对融资渠道的梳理收紧，可能都将产生令人担忧的滞后效应；其三，经济羸弱背景下的政策收紧很可能会变成一个错误，并可能成为新危机的诱因，高估值市场在危机迹象显现时就有调整修复的内在需要。

按时序罗列的事件则显示：美联储的确在前期会议中考虑过退出宽松，但实体经济新近迹象表明，经济复苏基础并不牢固，提前获知前期会议纪要的投行发现了这个可能致命的错误，进而唱空黄金，而一旦经济羸弱被后续数据验证、政策冒进错误被市场逐步感知，对高估值市场的唱空演化为集体做空，也是情有可原的。

其实，为既成事实的金价暴跌寻找解释并没有太大意义，关键是，一旦从基本面角度理解了金价暴跌，它寓意的宏观信息更为重要：实体经济有风险，政策退出需谨慎，美国如是，中国如是，世界如是。

成文于 2013 年 10 月 27 日。本文将比特币置于全球经济大环境中进行分析，在比特币受到追捧的背后，不是对比特币的无尽期许，而是对信用无依、实体无力的深度恐惧。

比特币逆袭的背后

相信和怀疑，其实是同一枚硬币的两面。人们很容易相信，资产价格的飙升是金融市场发展和繁荣的标志，但很多时候，建立在虚幻之上的热捧，往往是市场极致情感无处宣泄时的堆积所致，这些极致情感，不是笃信，而是深入骨髓的怀疑和老无所依的恐惧。比特币的狂躁逆袭，就是一个很好的例子。2013 年上半年，比特币兑美元汇率一度在几周之内从 15 美元 / 比特币升至 266 美元 / 比特币，随后，泡沫飞速破灭，比特币汇率一路狂跌到 58 美元 / 比特币，但无声无息之间，比特币又于下半年重新上演王者归来的好戏，并快速回升至 233 美元 / 比特币，历史新高似乎也已经指日可待。如果说比特币第一次狂飙还可以从比特币自身找到很多缘由，那么，此番暴跌后的逆袭，与比特币自身的进化似乎并无太大关联。因此，对于逆袭狂曲而言，真正重要的，并不是比特币自身发出的时代强音，而是比特币逆袭背后的趋势音符。

首先，比特币逆袭的背后，是黄金失色。

经过 2013 年 4 月无以解释的暴跌，黄金已经变成了真正意义上的"野蛮遗迹"，其避险功能大幅衰退，重回国际货币体系的星点可能性也已完全消失。如此背景下，黄金自 4 月以来的走势完全呈现出随机波动的大宗商品特质，即便美元同期贬值，下半年新兴市场局部危机和美债危机闹得风声鹤唳，黄金也再没有显示出可置信的强势。黄金失色带来了传统避险模式的终结，并激励越来越多的投资者将比特币视作投资和投机的可选标的。

其次，比特币逆袭的背后，是沽出美国。

除了黄金，最被避险需求看重的传统资产，就是美国国债。美国国债市场具有足够的体量，足以容纳各国外汇储备管理者这种巨型"机构投资者"的投资需求，同时美国国债具有很好的流动性、安全性和一定的盈利性，因此深受海外投资者青睐。但 2013 年 10 月以来的政府停摆和债务上限问题让市场意识到，即便美国国债的短期违约风险并不大，但美国财政和债务问题的常态化已经使得投资美国国债在长期中变得危险和难以控制。因此，削弱对美国国债的依赖是海外投资者趋利避害的需要，事实上，沽出美国已然悄悄进行。2013年 4—8 月，外部持有者连续五个月绝对减持美国国债，净持有量从 5.72 万亿美元降至 5.59 万亿美元，自 2002 年以来，这种连续减持态势就从未出现过。美国国债吸引力的下降，也导致国际资本将一部分注意力移向比特币。

再次，比特币逆袭的背后，是信用无依。

虽然比特币自诞生以来，其发行的非主权特征和内在的自我约束性就令人神迷，但严格意义上说，比特币当前并不具备取代信用货币的条件，而且从比特币别暴涨暴跌的走势看，其一系列内生弊端所带来的不稳定性甚至已经成为国际金融体系里十分重要的新风险。市场对比特币的追捧，表面上看是对新一代货币形式的前瞻推崇，实际上却是对信用体系和国际货币体系发展出现阶段性断崖的现实恐惧。2008 年以来，危机演化将信用模式逐级击垮，次贷危机作为流动性危机摧毁了金融机构的微观信用，政府救助则用宏观主权信用填补微观信用的空洞，随后，主权债务危机又摧毁了政府主权的宏观信用，全球货币政策又用货币信用去做支撑，结果，货币信用难以为继，QE 长期化、货币发行失控、货币战氛围浓烈，货币信用面临坍塌窘境。在连续崩溃、连续补缺之后，信用链条的断裂已到货币信用这最后一环，后续无依，因此，货币信用的缺失、崩塌和涅槃将是一个长期过程。在这一过程里，时代虽然尚未进化到虚拟货币时代，但比特币在信用无依的背景下被视作新的希望，而这种超越时代的过高期望本身不过是虚幻的望梅止渴和无益的揠苗助长。

最后，比特币逆袭的背后，是实体黯淡。

比特币的火热，折射出实体经济的黯淡，正因为全球经济增长无依，虚幻的比特币才受到超出理性的资金追捧。事实上，全球经济增长预期不断被下调，美国就业市场的僵化未见改善，欧洲和日本的复苏脆弱不堪，新兴市场则褪去了独立增长的光环。全球经济前景黯淡，实体投资机会匮乏，这恰是比特币逆袭的另一种原因所在。

总之，比特币逆袭的背后，不是对比特币的无尽期许，而是对信用无依、实体无力的深度恐惧。

成文于 2013 年 12 月 5 日。比特币热蕴藏了大量的投机风险，本文则强调了风险管控的必要性。事实上，此后比特币交易网站接连发生风险事故，这种预警是及时的。

防控比特币风险恰逢其时

哪里有风险，哪里就需要适时适度的风险管控。2013 年 12 月 3 日，为保护社会公众的财产权益，保障人民币的法定货币地位，防范洗钱风险，维护金融稳定，中国监管层联合印发了《中国人民银行　工业和信息化部　中国银行业监督管理委员会　中国证券监督管理委员会　中国保险监督管理委员会关于防范比特币风险的通知》（以下简称《通知》）。从正确认识比特币的属性、各金融机构和支付机构不得开展与比特币相关的业务、加强对比特币互联网站的管理、防范比特币可能产生的洗钱风险以及加强对社会公众货币知识的教育及投资风险提示五个方面对时下的"比特币热"做出了反馈。

在比特币被非理性爆炒的背景下，防控比特币风险恰逢其时。从维护宏观金融稳定和保护微观金融消费者权益两个角度看，《通知》的适时出台都是有益的。

首先，《通知》起到了及时正本清源的关键作用。

比特币究竟是不是货币，一直是备受关注的核心问题。对于这个问题，国际学术界和政策层一直没有给出明确的答案，前期时任美联储主席的伯南克在论及比特币的现时属性时也语焉不详，甚至对比特币的未来寄予了"谨慎祝福"。在核心问题始终模棱两可的背景下，投机势力利用美联储延后 QE 退出、欧洲央行意外降息、市场对信用货币信心动摇的时机，大肆渲染比特币超主权、无监管、有内在发行约束的"漂亮"特征，大肆夸大比特币进化为"未来货币"的可能，进而导致比特币价格一路狂飙，甚至于 2013 年 11 月 29 日超越国际金价。《通知》直击比特币投机的软肋，明确指出比特币不是货币，不具有法偿性和强制性，揭去了笼罩在比特币身上的神秘面纱，让其正式回归了虚拟商品的本位，对比特币投机炒作无异于釜底抽薪。

其次，《通知》体现了防范金融风险的核心精神。

比特币热不仅震惊了市场，也吸引了各类金融机构的关注，在此前比特币本质属性尚未明确的背景下，个别国际对冲基金开始酝酿设立投资比特币的产品，少数较为激进的国际金融机构也在考虑于清算、支付和理财等业务领域纳入比特币。由于比特币具有匿名性、无监管、无实体等内在特征，一旦其"无保护"地渗透进金融领域，将对国际货币体系、各国金融市场和金融机构的稳健运营带来难以预料且不可控的干扰。而且一旦比特币在金融领域出现问题，各国货币当局也缺乏应对经验，极端情况下甚至可能引致系统性金融风险。《通知》瞄准了金融风险这个靶心，风险防控以金融机构、支付机构和网络交易平台为重点，切断了比特币危险扩散和放大的关键纽带。

再次，《通知》发挥了营造理性氛围的重要功能。

当前正值金融领域贯彻落实十八届三中全会提出的全面深化改革核心精神的关键时期，金融改革的稳健推进离不开金融市场的健康成长，而培育成熟投资者、营造理性投资氛围是金融市场能力建设的重要一环。比特币热恰是投资者教育的生动案例，《通知》在约束金融机构自身行为的同时，也要求其"将正确认识货币、正确看待虚拟商品和虚拟货币、理性投资、合理控制投资风险、维护自身财产安全等观念纳入金融知识普及活动的内容，引导社会公众树立正确的货币观念和投资理念"，不失时机地将机构行为监管和投资者教育有机结合起来，从宏观和微观两个维度促进了理性氛围的形成。

最后，《通知》并没有否定比特币的全部未来。

值得强调的是，比特币虽然现在不是货币，但依旧是一种重要的虚拟商品，《通知》并没有从根本上"取缔"比特币，而是屏蔽了比特币对金融体系的危险渗透。普通民众还是可以在风险自担的前提下，自由持有比特币，并参与不涉及金融机构的比特币交易。对于比特币的普及和发展而言，这种属性还原和功能回归有益而无害。避免了揠苗助长和疯狂炒作，比特币反而拥有了更值得期待的未来和更值得重视的可能性。总之，防控比特币风险恰逢其时，《通知》发布之后，比特币热势必将逐渐消退，但比特币的出现对国际货币体系改革和信用货币超发带来的警示作用，以及对货币进化的启示作用依旧值得我们理性借鉴、反复思考。

成文于 2013 年 12 月 22 日。比特币就像一个从未来穿越到现在的精灵，它本身无力取代现在的货币，但它带来的思想光明将有助于世人走出信用货币体系的混乱和黑暗。

比特币的货币反思

作为 2013 年最诡异的昙花一现，比特币市场的"郁金香"，等不到全面怒放，就已迅速凋零。继中国监管部门出台《中国人民银行　工业和信息化部　中国银行业监督管理委员会　中国证券监督管理委员会　中国保险监督管理委员会关于防范比特币风险的通知》、否认比特币是货币之后，欧洲银行业管理局、印度尼西亚央行和挪威政府相继发出对比特币的风险警告，比特币价格也由此一路大幅下跌。所谓不以成败论英雄，尽管比特币的货币梦想已被粉碎、投资远景也渐显惨淡，但在笔者看来，对于经济金融研究而言，2013 年的"比特币现象"是一笔宝贵的现实财富，它对货币属性转换、货币职能演变、虚拟货币进化和货币体系改革的思想震撼和思想启迪值得我们长久品味和细细考量。

"思想是块泥土，随着时日的变迁它被揉捏成不同的形状"（《西线无战事》）。时代本身，就是对思想最大的束缚，而打破思想的桎梏，就需要挣脱历史的束缚，走出经典的局限，阅读时代的变迁。对于什么是货币，经济学家的认识也是不断在变化。从货币金属论到货币条目论，人们先是将货币视作固定充当一般等价物的商品，具有价值尺度、流通使用、支付手段、价值储藏和世界货币五大职能；随后又将货币视作一种符号，一种名目上的存在，为商品交换和其他经济行为提供可信任的媒介。

应该说，在每一个时代，经济学家对货币的定义和理解都是有理有据的，但毕竟还是超脱不了他们所处的时代。例如马克思，尽管他提出了"货币天然不是金银，金银天然就是货币"的妙论，但他既没看到美元在国际货币体系的霸权地位崛起，更不会想象到由电脑里 P2P 软件算出的比特币会掀起当下这样的热潮。

所以，理解比特币，需要理解货币，而理解货币，则需要忘记传统理论的表述形式，穿过时代触摸理论的精神实质。在笔者看来，货币的本质属性有三：普及性、稳定性和清偿性。人们在接受一种货币之前，首先会考虑，这种货币能不能用出去，而这个问题取决于有多少人已经接受了这种货币，以及这种货币在多大程度上被应用于经济活动之中，这就是普及性。人们在接受一种货币之后，也会考虑，这种货币能换来的东西会不会保持不变，即货币购买力能不能得以保障，如果购买力大幅下降，人们就会放弃这种货币，如果购买力大幅上升，人们则会窖藏这种货币，这两种情况下货币的普及性都会受到普遍打击，只有购买力变化不温不火，保持长期稳定，人们才能安心持有、频繁使用这种货币，这就是稳定性。此外，人们在准备由短期接受转为长期使用一种货币之前，则会考虑，这种货币是否包含一种长期承诺，无论未来发生什么不可预料的事情，持有货币就能得到相应的对价清偿，这就是清偿性。

货币的出现和消亡，都和"三性"的变化息息相关，每一代货币，都有自身鲜明的特征，货币进化的过程就是这些特征先满足、再破坏"货币三性"的过程。先看金银，金银的本质特征是商品，商品本身就有价值，而金银作为贵金属的价值就是支持其成为货币的底气。在很长一段时间内，这种底气满足了货币的三性，但随着经济社会的加速发展，金银作为商品的优点又变成了抑制其发挥货币职能的缺点。作为商品，金银是一种实物，以使用为目的的话，实物的物理分割是有极限的，全球经济规模迅猛扩张引致了货币需求的急速膨胀，金银作为实物的分割和供给远远不能满足货币需求，货币的普及性受到破坏。而各国借由国际贸易吸引金银内流并窖藏金银的趋势，则进一步导致货币的稳定性受到破坏。三性中有两性受到打击，金银只好退出货币体系，回归商品本位。

随后，货币进化为纸币。纸币的本质特征是信用，国家用权力实现了纸币的普及，并用主权信用保障了纸币的稳定和清偿。不过，随着信息科技的发展，纸币的使用受到局限，虽然"币"不会灭亡，但以"纸"为媒的局限却日益凸显，纸币的普及性受到冲击。而随着国际贸易的发展，跨国界的经济活动渐趋频繁，但以国家信用为背书的纸币却不是超主权的，受各种主观和客观因素的影响，货币的汇率波动剧烈且频繁，货币稳定性由于主权的差异性存在而受到挑战。此外，在次贷危机和主权债务危机爆发的背景下，全球货币政策在2008—2013年经历了三轮全局性宽松浪潮，货币的普遍、连续超发，也引发了人们对纸币清偿性的担忧，毕竟纸币基本算不上商品，其清偿力并不会像金银那样得到天然的保证。

在纸币的货币三性受到冲击的背景下，比特币的出现让人振奋。比特币最大的特征是虚拟，作为一种虚拟的存在，它不与任何现实有天然的关联，这使其具有屏蔽诸多现实烦恼的优势。它不与任何国家关联，因此具有超主权性，这一点让人们看到了完全规避纸币汇率无谓波动的希望；它不与任何发行方关联，且具有2100万单位的天然发行上限，增量发行也有成本递增的特点，这一点让人们看到了完全规避纸币超发风险的希望；它不与任何监管权威关联，这一点让一些人对其蕴藏的货币自由充满了向往。不过，从货币三性出发，比特币不仅现在不是货币，未来进化为货币的可能性也正由于当下的炒作而受到致命打击。就普及性而言，绝大多数人连比特币是什么都不知道，更遑论普及了，而比特币价格被炒得越高，其未来普及就越困难；就稳定性而言，缺乏必要的监管、缺乏对炒作的抑制手段，比特币价格高起高落，它完全不具备价值表征和财富储藏的作用；就清偿性而言，比特币虽然是虚拟商品，但不像金银那样有内在价值，也不像纸币有国家信用做背书，因此清偿的可能性几近于无。

由此可见，比特币不具有货币的本质属性，比特币被热炒，只是人们对纸币失望的一种另类表现，信用货币体系的确需要加强货币节操和内在约束，但由此对比特币的货币进化寄予厚望，未免有些不切实际。比特币突然出现和快速崛起的真正意义，并不是取代美元，更不是大赚美元，而是让人们在危机混乱中看清国际货币体系改革的方向：加强货币发行的内在约束、削弱霸权货币的体系影响、尊重微观群体的货币权力、满足信息时代的货币需求、体现平等多元的货币精神。也正是因为如此，即便现在比特币泡沫快速消退，比特币带来的时代寓意和思想启迪也不会随之消亡。

总之，比特币就像一个从未来穿越到现在的精灵，它本身无力取代现在的货币，但它带来的思想光明将有助于世人走出信用货币体系的混乱和黑暗。

成文于 2013 年 11 月 5 日。欧美股票市场的表现优于新兴市场国家的股票市场，是全球经济多元化退潮的一个市场倒影。

欧美股市收复危机失地的深层寓意

金融市场令人敬畏之处，恰在于，它从不按世人预想的方式和方向去运行，更令人无奈的是，市场永远是对的，它就像一面镜子，冷漠无情地映射出我们的无知、浅薄和片面。2013 年 10 月末，道琼斯工业指数创出 15639 点的历史新高；11 月 4 日，STOXX 欧洲 50 指数又走上 2878 点，创得 2008 年 5 月以来的最高点。一边，欧美各自的危机看上去还远未绝迹；另一边，欧美股市却已凌厉地收复了全部危机失地。应该说，欧美股市收复危机失地是全球经济西热东冷趋势持续演化过程中的标志性事件，截至 11 月 4 日，美国道琼斯工业指数、纳斯达克指数、标普 500 指数、英国富时 100 指数、法国 CAC40 指数、德国 DAX 指数和日经 225 指数分别较 2013 年初上涨了 19%、30%、24%、15%、18%、19% 和 37%，而 MSCI 新兴市场指数同期下跌了 2.67%。

欧美股市收复危机失地，表面上看有些出人意料，实际上却深层反映了过去、现在和未来金融危机演化、全球经济复苏和市场心理变化等诸多基本面信息。

首先，透过股市异动看过去，次贷危机和欧债危机更多表现为宏观层面的

"危"，并未过多伤及微观层面的"机"。国际金融危机的影响虽然是全局性的，但其根源风险却集中于局部行业或宏观层次，例如，次贷危机的根源性风险是美国房地产行业的非理性繁荣和银行业的行为失慎，欧债危机的根源性风险是欧猪国家的财政失序。危机作为风险集中爆发和渐次出清的过程，不可避免地通过信心渠道、金融渠道和社会渠道给微观层面的全部企业带来短期冲击，却并不会大幅损伤劳动力、资本、技术和企业家精神这些决定长期增长自然率的要素。相反，在宏观和局部风险出清的过程中，抑制企业发展的固化格局反而会被打破，要素再组合、技术再发展的长期环境将更具有确定性。因此，借助危机来去风险，承受必要的增长短痛来为长期增长进一步夯实微观基础，也是一国经济周期运动、可持续发展的必要一环。

其次，透过股市异动看现在，发达国家层出不穷的风险貌似危险，实则是伤害有限的"显性"风险；新兴市场经济增长放缓的风险虽然本质上并不危险，却由于"隐性"而令人担忧。近一段时间以来，发达国家的风险事件被媒体广为报道，美国有政府停摆、国债触顶和 QE 退出风险，欧洲有希腊第三轮救助、欧洲议会选举、爱尔兰融资等可能问题，日本也将面临消费税上调的挑战，但股市表现表明，这些"显性"风险对复苏造成实质性打击的可能性并不大。而新兴市场由于始终没有经历必要的风险暴露和风险释放过程，所以潜在风险无法被定位和预估，对隐性风险的担忧导致新兴股市承压。因此，对于新兴市场而言，不刻意追求高增长，在经济增速放缓过程中让隐性风险显性化，也是去伪存真、打造新兴经济增长升级版的必要过程。

最后，透过股市异动看未来，股市结构业已充分反映了市场对全球经济"西进东退"的预期，欧美经济当前的触底反弹也已一部分预支了资产市场复苏的助力，另一种"物极必反"的力量已经在悄然蓄势。股市当前的表现是市场对过去、现在和未来认识的集中反映，尽管新兴市场在危机中实现了快速崛起，但自 2012 年以来，美国经济实现周期性领跑，欧洲和日本经济也逐渐走出衰退泥淖，而新兴市场则出现增长趋缓的态势。全球经济"西进东退"的新格局悄然形成，并改变了市场对多元化持续推进的笃定预期，IMF 就在 2013 年 10

月的《世界经济展望》中首次提出全球经济增长引擎将发生从新兴向发达的"再转换"。应该说，全球股市当下的格局已经充分体现了市场对未来"西进东退"格局持续强化的预期。但值得强调的是，刚刚过去的历史已经表明，一旦预期广泛形成、大幅强化并充分显现于金融市场，那么，实体经济和金融市场的下一步运行很可能会发生"偏离一致预期"的新变化。在笔者看来，欧美股市收复危机失地这一标志性事件的出现，也许恰是趋势即将再度发生逆转的前兆。物极必反，新兴市场经济放缓、股市低迷也已时日良久，一系列短期应对和长期结构调整政策也正在印度和中国等重要新兴国家陆续出现，有理由相信，新兴市场即将在经济放缓过程中迎来风险出清、增长再聚力和微观基础夯实的契机，新兴股市也会由此迎来由弱转强的现实拐点。

成文于 2014 年 1 月 15 日。中国经济和中国股票市场之间的相关性很弱，很多人认为这是因为中国经济有问题。本文从另一个视角切入，强调了股票市场长期羸弱对实体经济发展的不利影响。

警惕股市与经济的"脱钩"

　　如果说彩票是对不相信数学的人的一种征税，那么，股市看上去也像是对过于相信经济学的人的另一种征税。虽然是句调侃，但这么说中国股市也并非全然没有道理。经济学教科书里并没有把"股市是经济的晴雨表"写作铁律，但从经济学视角审视，股市和经济间存在相关性还是有逻辑的，尤其是在长期中，可持续的经济增长必然伴随着产业结构的不断优化和企业整体的滚动成长，而股市通过融通资金功能的持续发挥则会给经济增长提供资金助力的正向反馈，笔者对美国股市的实证研究也表明，有质量的经济发展往往都伴随着股市的长周期繁荣。但显而易见的是，中国股市短期和长期的表现均与理论逻辑和国际经验大相径庭，危机之后，中国经济表现抢眼，中国股市却羸弱不堪，即便在近十多年里，中国股市大起大落之中的整体表现也是乏善可陈，与中国经济崛起的态势形成较大反差，和美国股市在危机和衰退后一路高歌相比，更是相形见绌。

　　现实就是，中国股市与经济并不同步，2014 年初中国股市的连番下挫又激起了人们对这一现象的关注。1月13日，《华尔街日报》就发表了一篇名为《破解中国股市与经济缺乏相关性之谜》的文章，该文强调了源自股市和经济两方面的原因，就股市而言，参与者缺乏理性，就经济而言，强劲数据掩盖了潜在困难。笔者以为，从经济或股市单方面寻求解释固然是有益的，但更重要的是，经济和股市的"脱钩"本身，似乎正在从一种短期的"异常现象"，悄然变成一种具有内在稳定性的"长期特征"，这种潜在转变反映出三个值得警惕的问题。

第一，股市可能演变为双向"酸柠檬市场"。将股市和经济缺乏相关性归因为参与者的非理性是片面的，将股市绝大多数个人投资者长期内亏钱归因为运气不好更是有失公允，因为人天然就有逐利、自私和贪婪的本性，关键是机制设计能否将个人效用与市场发展连接成一个整体。目前中国股市的顶层设计并没有做到这一点，进而导致股市里的资金供需双方都存在"劣币驱逐良币"的现象，作为经济发展中坚力量的稳健投资者越来越多地远离长期回报不足的股市，作为经济增长新动力的标志性高成长企业很多选择了境外上市。缺乏留住成熟投资者和优质筹资者的市场氛围和机制设计，股市和经济的联系纽带自然在不断弱化。

第二，股市和经济的互促作用正在削弱。很多人将股市视作零和博弈，实际上并不是这样，只要股市能够起到对实体经济的舒经活血作用、企业发展能给股市提供长期回馈，那么博弈整体是会有利益增幅的。但中国股市和经济并没有走入这个良性循环，少部分具有相当力量的人和机构，将股市视作了取款机，进而导致市场运转在向实体经济输血过程中又悄然发生着失血，最终结果可能是，博弈甚至连零和都谈不上，极少部分人的超额收益伴随着整体的利益减幅，股市对实体经济输血不足，实体经济自然也难以给股市提供繁荣助力。

第三，股市和经济的演化理念悄然背驰。经济发展伴随着社会进步，社会进步又会推动经济发展发生模式变化，现在，中国经济正进入一个改革深化的转型阶段，经济发展更加强调市场的"决定性作用"，更加注重促进并依赖于微观崛起。但中国股市的氛围、生态和机制演化却并没有发生明显共振，市场中的"权力"可能在不同类型机构间不断转化，但其整体力量不减反增，市场发展越来越像是"权力的游戏"，资源配置和利益分配中弱势微观群体的利益难以得到充分保障。这种理念背驰使得股市和经济渐行渐远具有了一种内在惯性。

总之，中国股市和经济的"脱钩"可能已不再是一种异常现象，越来越像是一种长期态势，监管机构对此应高度警惕，并通过机制优化，引导市场朝向更具时代感、更便于参与、更强调市场机会公平、更体现个人投资者利益保护、更具有权力制衡和约束效应、更好地服务于实体经济、更好地吸引理性投资者和优质企业的方向演化。唯有如此，股市与经济才有望"再挂钩"，命运多舛的中国股市才能得到投资者的长期支持，才能回归到资金融通的本位，才能不至于沦为"鸡肋"市场。

成文于 2013 年 10 月 20 日。本文首次区分了"经济学·家"和"经济·学家"两种不同概念，并强调了动态预测的重要性。

经济学家的预测管用吗？

经济学家的预测管用吗？相信这个问题一说出来就会招致无数嘲讽，从现实结果看，经济学家的预测精确度的确和中国男足的射门成功率类似，低到令人无语。就连经济学家自己都自嘲：在过去五次股市大跌里预测到了十次。所以，真正具有专业素养的经济学家，往往都不会四处标榜预测到了某某危机。但有意思的是，2013 年诺贝尔经济学奖却对"长期预测"褒奖有加，瑞典皇家科学院将经济学最高荣誉授予尤金·法玛（Eugene F. Fama）、拉尔斯·彼得·汉森（Lars Peter Hansen）和罗伯特·席勒（Robert Shiller），以表彰他们在资产价格实证分析方面做出的突出贡献。

从学术角度评价，这三位经济学家得奖确是实至名归，但从现实角度评价，瑞典皇家科学院似乎有点疯狂。站在现实投资的立场，不仅短期预测不靠谱，长期预测也并非如瑞典人颁奖时说的那样"可行"。原因有二。

第一，长期预测说白了只是寻常智慧。无论是经济学家，还是寻常投资者，都明白一个道理：有潮涨就有潮落，长期中没有只涨不跌的，也没有只跌不涨的，价格太低就会涨，价格太高就会跌。诺贝尔经济学奖宣布后，席勒预言到次贷危机的轶事就广为流传，但仔细看席勒的畅销书《非理性繁荣》以及他对资产价格趋势的评价，就不难发现，席勒预言到美国房市危机的原因说白了也就是房市太火、房价过高。不过，这种朴素的寻常智慧未必对实际投资有太大指导意义，因为你很难确定价格是太高还是太低了。其实，这本质上涉及经济学的深层尴尬，经济学的思维范式始终是"均衡导向"，长期内，任何变量都有回归均衡的内生动力，但遗憾的是，均衡即便被证实是存在的，却很难定位。举个简单的例子，席勒也曾将股市市值和 GDP 规模之比视作判断股市未来走向的重要依据，如果数据取用 2013 年 10 月 15 日的市值和 2014 年的 GDP 规模，美国的这一比值为 118%，日本为 86%，英国、德国和法国为 142%、49% 和 72%，中国、印度和巴西为 35%、62% 和 50%，全球比值则是 77%。仅从这个数据看，中国、巴西和德国股市似乎很有吸引力，美国和英国股市则似乎过热，但相信很多投资者并不认为美国股市未来 2 到 3 年的长期走势会大幅弱于中国股市。经验表明，寻常智慧在理论上很有说服力，本身也充满强弱转换的内在哲理，但并不会显著提高资产价格现实预测的准确性。

第二，长期中预测已经死了。其实法玛的有效市场假说已经注定了长期预测"很难正确"的宿命，如果技术方法是共享的，且市场是有效的，那么长期预测的影响已经体现在了现实价格之中，资产价格的长期走势最终将取决于未知的不确定性。也就是说，能够导致价格超常规变化的因素，都是不可预测的，特别是经济金融危机，大多是由"黑天鹅"事件所引爆，因此经济学家即便能够观察到长期风险，也无力预测危机会不会发生以及何时发生。长期中，经济学家不仅无力预测危机，对经济走势和资产价格的预测也经常性出错，仔细观察一下现实经济和金融市场的实际运行就会发现，与"共识性"预测的背离是一种常态。这种背离的例子俯拾皆是。2008—2010 年次贷危机期间，市场对全球经济从单极世界转向多元世界形成了共识，长期预测普遍倾向于认为新兴市场的经济发展势头将明显强于日薄西山的美国。但数年之后，形势却与长期预测发生方向性背离，美国经济自 2012 年起强势复苏，并表现出可持续的内生驱动模式，新兴市场经济体却遇到了经济普遍走弱的尴尬，甚至有部分新兴市场经济体发生金融危机。而根据 2013 年 10 月 IMF 的预测，2014 年，美国经济增速预估值为 2.59%，不仅高于 2008—2013 年的 0.93%，还高于新世纪以来历史平均的 1.92%；2014 年，新兴市场经济体的经济增速预估值则为 5.07%，不仅低于 2008—2013 年的 5.36%，还低于新世纪以来历史平均的6.05%，新兴市场经济增长的相对势头明显弱于美国经济。再举个金融市场的例子，2013 年初以来，美联储将择机退出 QE 政策是最大的已知信息，市场由此对美元和美国国债收益率两个变量的走势形成了共识性预期，几乎所有人都认为，美国货币政策正常化将导致美元长期升值和美国国债长期收益率升高。但现实演化却是，美元短期波动很大，但并未显露出一点长期走强的迹象，2013 年 10 月 3 日，美元指数一度跌破 80 点，与一年前水平将将持平；而美国国债收益率走势则充分显示了有效市场假说的力量，9 月初，美联储议息会议还没开，美国 10 年期国债收益率就一度冲破 3% 大关，较年初上升了近 1.2个百分点，在退出预期已经体现于当前价格的状态下，无论美联储退不退出QE，国债收益率都只剩下下跌一个方向，随后的这一个月，10 年期美国国债收益率就已快速下降了近 0.4 个百分点。事实表明，对于资产价格而言，在预测统一的过程中，投资者相应的策略调整也同步进行，当共识真正形成，大部分投资者的策略调整也已到位，这时候共识所代表方向的边际驱动力量也接近枯竭，相反方向的较小力量可能就会导致趋势变盘，这恰恰说明了预测越是一致、背离发生可能性越大的原因。

说实话，不仅短期预测经常出错，长期预测也不靠谱。那么，诺贝尔经济学奖颁错了吗？在笔者看来，答案恰恰相反。经济预测可能并不靠谱，也并不精确，但却是有用的。短期预测和长期预测共同为投资者描绘了经济运行的基准情景，短期预测的调整为投资者提供了现实经济表现优于还是次于预期的重要信息，并由此让市场定位并发现未被察觉的新风险，而长期预测的变化则告诉投资者，这些已出现的不确定性是否已经积累到足以影响长期趋势的量级。无论对于金融投资还是宏观政策制定，预测绝对水平可能并不重要，但预测的变化却对投资决策和政策变化提供了事实依据。举个例子，2013 年 10 月，IMF 公布了长期预测数据，单看 10 月的预测数据可能没有太大的意义，但 IMF每年 1 月、4 月、7 月和 11 月都会更新一次预测，预测数据的变化则提供了全球经济运行的丰富信息。10 月，IMF 对 2013 年和 2014 年全球经济的预测较 7 月调降了 0.3 个和 0.2 个百分点，2012 年以来，IMF 的预测就始终处于下调状态，这表明全球经济尽管在复苏通道之中，但整体表现令人失望；此外，10 月，IMF 并未调降发达国家的增长预测，却将 2013 年和 2014 年新兴市场的增长预测下调了 0.5 个和 0.4 个百分点，这表明全球经济 2012 年以来"西进东退"的格局不仅没有结束，还在进一步深入演化，新兴市场的发展风险令人担忧。事实表明，形成一个时间序列上连续的、力求理性并充分反映已知信息的经济预测十分重要。

既然如此，是不是经济学家都应该去预测？笔者以为，这要一分为二。世人对经济学家存在极大的误解，经济学家实际上不是一种职业，而是两种职业。一种是"经济学·家"，这种经济学家致力于抽象世界的理论研究；另一种是"经济·学家"，这种经济学家则致力于对现实经济运行的客观分析。一般而言，前者大多置身于象牙塔内，后者则大多身处投行和政府机构，两者关系就像研制天文望远镜的科学家和用这些望远镜观察天体运行的科学家，经济学理论研究为更好地理解和预判现实经济运行提供了基础。因此，热衷预测的"经济学·家"是不靠谱的，而不预测的"经济·学家"则是不称职的。2013 年诺贝尔经济学奖授予三位"经济学·家"是对的，因为正是基于他们的基础性贡献，"经济·学家"的预测工作才更有现实意义。

成文于 2013 年 7 月 28 日。这是一篇书评，评价的是一本名为《失宠的美元本位制：从布雷顿森林体系到中国崛起》的书。这本书有很多叛逆但言之有物的好观点，点出了多元化退潮这个叛逆时代的时代隐语。

值得中美政策高层细听的十大麦氏金言

爱因斯坦说过："人类解决世界上的问题，靠的是大脑思维和智慧，而不是照搬书本。"对于经济世界而言，如何在危机后重建经济秩序、如何在冲突中弥合体系裂痕、如何在短期内找到长期方向，是全球政策制定者迫切需要求解的核心问题。而大多数经济学家一度认为，全球经济去霸权化和国际货币体系多元化不仅是解决问题的关键，也是未来发展的主流方向。但世事的诡谲和真实之处恰恰在于，它从不按大多数人事先想好的套路去演绎。于是乎，在次贷危机爆发五年之后，美元的霸权地位反而在经济涅槃过程中不降反升，新兴市场的崛起之路却日益维艰。按照多元化的本本主义去推进国际货币体系改革，不仅收效甚微，还带来了意料之外的波动性风险。那么，该如何务实思考货币体系的发展问题？

对此，美国著名经济学家麦金农教授给出了一些"叛逆观点"，这些观点收录在他最新的专著《失宠的美元本位制：从布雷顿森林体系到中国崛起》中。这应该是我近期读到的最富有洞见的一本经济专著，也是让我留下最多读书笔记的一本书。在我看来，该书有五大特点：一是自成体系，麦金农教授用经济学家固有的逻辑性循序渐进地讨论了三个问题，即美元本位制为何失宠，中国崛起扮演了什么角色，以及未来该如何重建。无论是否同意麦金农教授最后的结论，他在逻辑推演过程中展现出的思维张力和理论创新都值得细致思考。二是不和众言，对于国际货币体系改革和中国金融对外开放这种非常宏观的话题，主流言论大多味同嚼蜡，但麦金农教授却大胆假设、小心论证，得出了许多与所谓市场共识大相径庭的判断，令人耳目一新，让人不忍释卷。三是素材新鲜，看到这本书的标题，我起初认为又是一本对霸权稳定论的学院式批判，但细读内容才发现，麦金农教授的观察和思考包容了很多危机以来的新变化，而这些截至 2012 年的新变化，大多还没有进入象牙塔里的研究视野，麦金农教授却已经把它们吸纳进自己的理论体系。四是论据有力，在这本 15 万字的小书里，麦金农教授不仅抛出了许多不同凡响的结论，还给这些结论提供了清晰有力的模型论证和数据论证，可谓句句掷地有声。五是有破有立，对于美元本位制，麦金农教授不仅点明了当前的问题所在，还指明了未来重建的方向，就美国政策选择和中国金融改革，麦金农教授也不失时机地给出了颇为与众不同的政策建议。

在我看来，不仅是政策建议，包括整个论证过程中的许多"叛逆观点"，都值得中美政策高层细细品味。在本书前言的最后，麦金农教授说："如果两国政策制定者都能阅读本书，那可算是向正确的方向前进了一步。"乍一看，颇有些野心勃勃，但在我看来，此言不虚。对于中美政策高层而言，模棱两可的陈词滥调已经太多，现在这个时候，需要仔细聆听的，应该是有事实依据、有逻辑推演、有专业素养、有鲜明观点、有务实风格、有全球视野、有历史考量、有创新思维的麦氏金言。

麦氏金言一：美元本位制失宠却未失灵。

从历史演化看，"美元本位制强有力的网络效应在很大程度上促进了多边贸易的金融效率，可没人喜欢它"；而从机制运行看，尽管次贷危机之后美元霸权终结的诅咒几乎不绝于耳，但"美元在推动国际商品或金融资产交易中的作用仍然让人吃惊的无处不在"。"我们面临着一个巨大的悖论，尽管没人喜欢美元本位制，但它是无价的幸存之物，也是难以替代之物。"美元本位制虽已失宠，但从未失灵，麦金农教授就给出了有力的数据证据：2010 年，美元在全球外汇交易中的占比为 42.5%，美元在全球官方外汇储备中的占比为 64.4%，和危机前没太大变化；而美元在国际债务工具净发行中的占比为 74.4%，较危机前跃升了 32 个百分点。2008—2012 年的危机演化表明，"欧元的全球角色似乎注定会缩小，而不是扩大"，"美元本位制仍相当有生命力"。

麦氏金言二：美元本位制失宠的根源不是众叛亲离，而是孤立主义。

无论是危机前、危机中还是危机后，美元本位制的运行都更有效地促进了全球范围内的资源配置和要素流动。但美元本位制却遭到越来越多的诟病，应该说，次贷危机的爆发只是让世界找到了一个非议和颠覆美元本位制的宣泄口，事实表明，"之前关于不受约束的美国货币和财政政策可引导美国经济实现宏观稳定——进而实现世界宏观经济稳定的假定，实在太过于乐观了"。更进一步看，导致美元本位制失宠的根本原因是由来已久的美国经济哲学上的孤立主义，表现为：一方面，美国经济政策具有内视性，"尽管在国际性的危机时期扮演了最后贷款人的角色，美联储并没有改变美国国内货币政策的主流立场以包容世界经济的走势，这个问题过去是，现在仍是国际货币体系中最严重的裂缝"，美国的内视性政策给全球带来了伤害，例如，"由于美联储迫使中国将国内利率压得过低，中国的金融抑制如今成为一个大问题"。这种外溢性伤害导致全球对美元本位制充满了敌意。另一方面，美国表现出较强的汇率攻击性，"美元本位制的游戏规则中，外国政府可以选择设定本国货币相对美元的汇率，美国政府通常不加以干预，然而，美国人经常抱怨外国人并没有公正地设定其货币对美元汇率"，这种违背体制规则的攻击性不可避免地招致了反感。

麦氏金言三：美国内视性政策的根源是三大宏观谬误。

孤立主义损人不利己，"自 1945 年以来，美国货币政策就一直保持着内视性特点，这使得美国自身常常成为最大的输家"。"那到底是什么阻止了并仍在阻止美联储克服其传统上的孤立主义？三种宏观经济上的谬误对美国和世界经济的货币稳定造成妨碍"：一是"菲利普斯曲线的谬误"，长期中货币政策并不具有增长效应，但政策制定者仍然相信货币政策可以实现通胀和失业间的短期替代；二是"有效市场的谬误"，外汇市场上的套利交易常常导致浮动汇率的大幅波动同样具有类似泡沫的特点，而大多数经济学家仍相信自由浮动的汇率是更受青睐的市场方案；三是"汇率和贸易平衡的谬误"，政策制定者始终认为汇率应是纠正贸易失衡的主要工具。实际上，前两种宏观谬误更容易被察觉，因此其对经济政策偏向内视性的影响正在悄然减弱，但"第三种谬误对全球货币稳定极为有害，它仍是形成一个更加国际化、更外向型而也更稳定的美国货币政策过程中最大的观念障碍"。

麦氏金言四：汇率调整并非医治贸易失衡的灵丹妙药。

在我看来，这个观点是这本书的核心观点，也是最有别于传统经济学理念的理论创新。本书中，麦金农教授用一个章节的篇幅引用了乔虹关于汇率调整和贸易失衡纠正的理论模型。模型的道理很简单，贸易盈赤本质上是产出扣除国内吸收后的部分，对于有贸易顺差的债权国而言，本币升值虽然会对出口和产出产生抑制效应，但也会减少债权的本币价值，进而通过财富效应抑制消费，在产出和国内吸收都降低的情况下，升值带来的贸易余额净影响可正可负，未必会起到缩小顺差、缓解失衡的作用。由此，麦金农教授认为："与经济学专业中普遍认同的观点不同，美元贬值本身不是改善各国间贸易（储蓄）失衡的灵丹妙药"，"贸易失衡使得美国遍布中国制造的产品，由此引致打压中国式的政治摩擦，所谓明达的美国舆论将这一问题错误地诊断为中国压低了人民币对美元汇率，这使得事情变得更糟"，"对于拥有经常账户盈余的美元本位制边缘的债权国，如中国，通过贸易压力使其货币升值或变得更有弹性是错误的。汇率升值或升值的威胁会通过热钱流动引起宏观经济衰退，而对债权国的贸易盈余无任何可预期的影响"。这一观点具有太强的现实意义，如果人民币升值并不一定有助于中美贸易结构平衡，那么美国施压人民币完全是无理取闹，而中美围绕这个问题的反复纠缠则更属空耗精力。

麦氏金言五：中国对美元本位制的稳定做出了巨大贡献。

人们始终认为，在货币体系领域，中美关系天然就具有对抗性，但麦金农教授的研究表明，中国经济崛起有助于美元本位制的稳定，这深层扩宽了中美战略合作伙伴关系的经济内涵。"当中国在 1994 年将多重汇率体制转变为单一的人民币／美元汇率，并在 1995 年实现经常账户可兑换时，美元本位成为其价格水平及更一般意义上金融系统所急需的锚。但当时我没有想到，中国今日会成为世界美元本位制的一个支柱，纵然仅属无意。""中国在不经意间成为了美元本位制的重要支柱，这主要源于三种效应：雪球效应、宏观稳定效应和融资效应。这三种效应在经济文献中很难发现，更不用说在各国政府间的政治协商中。中美经济交往给双方带来的共同利益已经大大超出了人们所理解的传统智慧的范畴。"但值得强调的是，"不同于钻石恒久远，作为美元本位制下世界经济的稳定器，中国的高速经济增长并不会永远持续下去"，因此，从某种程度上看，中国经济的未来发展也牵动着美元本位制的命运，中国经济稳增长对中国和美国都具有正向效应，因此，无论是在经济增长方面还是在美元本位制重建方面，中美都更应加强协作，而不是明争暗斗。

麦氏金言六：新兴市场停购美国资产的统一行动会导致美国危机。

所谓水能载舟亦能覆舟，以中国为代表的新兴市场，既是美元本位制的重要支撑，也能通过美元本位制对美国产生巨大的反制效应。"只要新兴市场一起行动，集体停止购买美元资产，那么各新兴市场的出口都不会相对处于劣势。然而，集体放弃支持美国国际收支将暴露出美国巨大的财政赤字，结果会导致信贷危机并重创美国经济。"新兴市场未能有效反制美国内视性政策，根本原因在于新兴市场内部合作的"囚徒困境"，未能形成统一行动，进而导致美国政策制定并未受到外部的有效牵制。

麦氏金言七：对于人民币而言，汇率灵活性可能十分危险。

这又是一个极具思想颠覆性的观点，很多人认为相比固定汇率制，浮动汇率制更市场化，也应是人民币汇改的努力方向。但麦金农教授指出，"灵活性在英语中是一个非常讨人喜欢的词汇，但我们不能被语感上的表象所欺骗"，"如果中国尝试将人民币汇率自由浮动，市场上将不会存在接手中国外贸盈余所形成的大量美元的净购买者，人民币对美元汇率毫无疑问将会不断盘旋上升，这种上升没有明确的上限，直到中国人民银行重新干预外汇市场并设定基准利率"，而"如果人民币持续升值，中国可能会步日本的后尘，陷入通货紧缩甚至零利率的流动性陷阱中"。在警示了贸然浮动可能的危险后果后，麦金农教授更进一步指出了汇率灵活性可能弊大于利的根本原因："对于作为不成熟债权人的大型经济体的汇率而言，并不存在所谓的市场解决方案。"这实际上意味着，人民币汇改应该以中国金融市场机制建设为前提，唯有金融体系成熟起来，人民币浮动产生的风险才能被市场有效吸收。

麦氏金言八：对于中国经济而言，适时适度的资本管制可能并非坏事。

美元本位制之所以失宠，根本原因是美国内视性政策产生了不利于全球经济的货币冲击。最新的冲击就是"伯南克冲击"，伯南克超宽松的货币政策引致了大量的息差交易，而在麦金农教授看来，"息差交易是一种风险对冲几乎无效的危险交易"，新兴市场则是这种危险最大的可能受害者。而"降低发达国家和新兴市场经济体之间的利差，虽然可以有效抑制，但是并不能完全阻止息差交易和热钱的流动。因此，承认新兴市场经济体采取资本管制及其他任何有效措施阻止热钱流入的合法性应为 G20 讨论的重要内容"。在全书最后提出的"理想化美元本位制的新游戏规则"中，麦金农教授给新兴市场列出的第一条规则就是"在《国际货币基金组织协议》第八条款下维持经常项目下货币可兑换的同时，意识到货币错配问题，控制银行和其他金融机构的风险敞口，并且在必要时进行资本管制"。

麦氏金言九：纠正贸易失衡，中美的努力应该聚集在财政方向，而非货币方向。

美元本位制已经失宠，因此即便它尚未失效，依旧需要深层改变。作为美国的经济学家，麦金农教授给出的最终建议是中美携手"重建美元本位制"。

不管是选择麦金农教授的改良建议，还是另选别的道路，未来，"任何新的国际《广场协议》应该把重点放在直接调整国际储蓄失衡而不是汇率上。美国的支出必须相对于收入下降，而东亚国家和其他地区的支出则应相对于收入上升，各国必须共同努力协调它们的财政政策和其他辅助政策来达到该效果"。贸易失衡，本质上是一个经济问题，货币政策和汇率调整能起到的失衡纠正作用可能并不大，因此，重建一个旨在促进贸易结构均衡的新国际货币秩序，中美也应更注重财政政策的协调。从这个角度看下任美联储主席的归属，耶伦尽管更具人气，也更具货币专业性，但有财长经历的萨默斯可能更有助于美国政策突破重货币、轻财政的惯性瓶颈。

麦氏金言十：重建稳定的国际货币秩序，中美需在共识下同向施力。

美元本位制依旧是国际货币秩序行之有效的制度安排，而美元本位制和中国经济发展之间存在着稳定互促的双向关系。因此"美元本位制以任何形式的突然崩溃将会给包括中国在内的世界各国带来极其破坏性的影响，当然最重要的是，这也将影响美国本身。撇开欧元区的问题不说，中美两国框架下的建设性合作将会避免欧洲以外美元本位制崩溃的发生"。在麦金农教授看来，"世界经济两大巨头之间需要某种妥协"，这种妥协短期需要：美国执行更具有外视性的经济政策，中国更稳健地推动金融体系能力建设，中美则要共同促进人民币对美元汇率的稳定。从长期看，人民币崛起可能是比想象中更长期的一个过程，正如麦金农教授指出的"美元在保持其国际货币的中心地位上拥有两项巨大优势，即便中国经济规模超过美国，这些优势仍将继续。首先，拥有仅仅一种主要的国际货币是一种自然垄断；其次，已安坐国际货币交易的主权货币存在巨大的先行者优势"。有鉴于此，长期中，美国应包容并接受人民币的渐进崛起，而中国也应以更大的耐心培育人民币崛起的物质基础，并在此过程中以更大的相互理解维护当前体系的稳健运行和不断改良。

后记：潮汐的未来

　　这是一个叛逆的时代，人们很想知道，命运究竟会如何出牌。多元化的退潮业已发生，潮汐的未来又将如何演绎？无论是过去，还是现在，这个问题始终萦绕在我的心头，但我并没有把太多的笔墨用在对这个问题的思考上。

　　其实，对于每一个经济研究者而言，预测未来都是一件充满诱惑的事情，因为一次侥幸的成功可能就会带来不菲的回报，让预言者赢得赞誉、赌注和自我满足。当然，我也不能大言不惭地故作清高，出世之人又岂能将声名利益完全看作身外之物？但我还是努力抑制住了自己妄想预言未来、引领时代的冲动。因为身处多元化退潮的叛逆时代，我越来越认识到，基于理论常识的预测和带着美好企图的祈愿，往往是不切实际的，甚至是危险可怕的。

　　潮汐的未来，不以人的意志为转移，更不受故步自封的人类认识的影响。决定未来的，不是经济学家的念想和政治家的口号，而是每一个人现在的行动。现在决定未来，行动改变现在。所以，与其站在岸边畅想浪头下一秒会击向何方，不如走进水里，切身感受当下退潮的力度和方向。只有真真切切地感知现在、认识现在、理解现在，才能对现在正酝酿着的、正发生着的变化有所体悟，才能对任何可能形成的潮汐的未来都应对有度。

　　在写这个后记的时候，一些事情正在发生，这些事情让很多人感到迷惑、不安和忧虑。一方面，中国似乎越来越难以在新兴市场危机中独善其身，实体经济增长乏力，人民币突然大幅贬值，中国房市出现松动，市值排行榜上中国企业集体下滑，甚至昆明还发生了令人发指的恐怖主义事件；另一方面，整个世界也越来越混乱动荡，比特币最大交易网站关闭，泰国和意大利政治局势一步步走向彻底失序，乌克兰战争一触即发，俄罗斯和美国两个超级大国的摩擦和对立愈发激烈。

这样一个阴霾密布的现在，让很多人无法接受，甚至对未来失去了希望。在我看来，无论是过去的踌躇满志，还是现在的忧心忡忡，都是一种天真的表现。多元化退潮本身就代表了一种叛逆，一种对共识和愿景的叛逆。在这样一个叛逆的时代，全球资源配置、秩序重建和权力制衡都在重新洗牌，发达国家和新兴市场之间、各个国家之间、各个国家内部的利益博弈都会更趋复杂、更趋激烈。因此，多元化退潮必然伴随着混乱、失序和动荡，就如现在我们看到的这样。不过，博弈最终还是会趋向一个新的稳定均衡，而究竟会用多长时间、趋向怎样一种稳定均衡，这在很大程度上取决于人们对多元化退潮的认识及建立在这基础上的行动。

所以，在我看来，在多元化退潮的现在，经济研究者的重要任务，不是去假想、揣测和豪赌一个自己都不相信的所谓未来，而是尽己所能将现实展现在世人面前，引导人们远离虚幻又危险的愿景，对真实的现在形成理性认知。唯有越来越多的人看清"势之所在"，才会有越来越理性的"顺势而为"，潮汐的未来才不会在混乱阴霾中摇摇欲坠。

其实，真实、全面地展现多元化退潮的现实，也不是一件容易的事情。虽然过去已成历史，但藏匿在万千数据中的趋势信息并不会自我展现，而串联无数信息的逻辑主线更难以被捕捉。我所做的，就是挖掘海量数据、发现潜在信息、寻找趋势逻辑。通过十多年宏观研究的积累和 2013 年全情投入的努力，我对全球经济现在的运行逻辑形成了一个大框架的认识，并在很多局部领域做出了一些理论创新的尝试，这些成果集中体现在本书之中。

2013 年是我个人研究生涯的一个重要转折点，随着研究年岁和写作经验的增长，我突然意识到，专业写作和通俗写作是两码事，想同时满足不同类型读者的需要是一种贪念。所以，在专业文章中秀文笔、在通俗文章中玩数据，都是无意义的，我开始尝试新的研究和写作模式，让专业文章真正体现出专业性，把通俗文章尽量写得浅显易懂。这种尝试的效果非常好，一方面让我自己在做专业研究时更心无旁骛，在用通俗文字表达经济理念时也更加真诚，另一方面，不同的读者可以根据自己的需要选择阅读，两条通道让更多读者能够借由我的文章了解到真实的经济趋势和市场变化。

本书是专业写作的成果，数据用得非常多，甚至还包含了一些学术性内容，所以，阅读起来可能并不轻松，希望读者朋友们能够耐心一点、包容一些。正因为本书专业性较强，所以编辑起来需要耗费许多心力，但中国金融出版社仲垣和张黎黎两位编辑在审校工作中展现出了极高的专业素质和敬业精神，令人敬佩。

本书的编辑出版过程，是一个充实、高效而又愉快的过程。从交出初稿到最终成书，只用了不到三个月的时间，如此高效与我和编辑相互理解、充分沟通和齐心协力是分不开的。本书是有时效性的，为了让它能在保证品质的基础上更快地和读者见面，仲垣和张黎黎两位编辑一边主动加速推进了大量工作，对本书架构、版式和设计提出了很好的建议，一边又细致入微地进行了审稿，挑出了书稿中百余处难以发现的小问题，并督促我进行了及时修改。

整个过程中，我和两位编辑进行了很多次沟通，不仅接受了诸多有益建议，还受到了很多意料之外的启发。她们对本书的信心让我备受鼓舞，她们对工作的专注和付出更令我深受感动。特别是仲垣，在工作生活双重压力之下，她依旧对本书寄予了大力支持，记得有一次中午讨论书稿，她是在彻夜看护家人之后赶来的，面带疲惫却丝毫没有怨言，那一次的讨论也一如既往地卓有成效。仲垣的QQ签名是"生活粗砺，我们爱而不怨，我们痛而不言，我们悲而不伤"，每当我在研究和写作中稍生懈怠，总是会想到这句话，它朴实无华又激人振奋。出书是一个复杂的过程，能够和两位专业、敬业又投缘的编辑合作，是我的荣幸，在此向她们表示衷心的感谢。

还要感谢我的专栏编辑们，他们是《第一财经日报》的黄宾、《上海证券报》的沈飞昊和《东方早报·上海经济评论》的郑景昕，本书收录的文章大部分曾发表在他们负责的版面。本书和我日常工作中的研究积累密不可分，因此非常感谢我所在单位领导和同事对我研究工作的支持，以及在平时交流中给我的诸多启发。我一直以为，研究是一个孤独而辛苦的旅程，所以，一路有人同行是非常幸运的，我要感谢身边的学术小伙伴和研究界朋友，他们的陪伴让我的研究孤旅时有共鸣的惊喜。

此外，我要感谢 Selective Memory 公会所有成员多年来的鼓励和支持，是他们让我研究之外的生活更加丰富多彩。当然，最需要感谢的，是我的父母、岳父母、姐姐、姐夫和两个可爱的外甥女，他们的默默支持让我的内心温暖而又安静，能够用心去思考复杂的经济问题。特别要感谢我的妻子刘芳，她不仅无微不至地照顾我的生活，还一路陪伴我的求知求索，全力支持我的研究工作，对本书的出版，她也做了许多审稿和校对工作，贡献良多。

最后，希望本书能够让读者有些收获。每个人的能力总是有限的，本书一定还有一些我没发觉的失慎之处，希望读者不吝指正。潮汐的未来，就是我的未来，为了更好地读懂现实、体味趋势，未来我还将继续努力。过去的 2013 年，对我而言，是从未有过周末的一年，虽然研究和写作难免枯燥，但我的内心世界却前所未有地丰富多彩，我想，这也是一种幸福吧。

2014 年 3 月 2 日作者于北京陋室